HEYNE
JUBILÄUMS
BAND

Rose-Marie Nöcker

Körner
Sprossen
Keime

Die Kunst, sich in Harmonie
mit der Natur zu ernähren

Bausteine für eine
vollwertige Kost

WILHELM HEYNE VERLAG
MÜNCHEN

HEYNE JUBILÄUMSBÄNDE
Nr. 50/57

Die Texte wurden zusammengestellt von Sabine Braun
und stammen aus folgenden Taschenbüchern:
07/4362 *Körner und Keime*, 07/4404 *Gesundheit aus
dem Zimmergarten* und 07/4325 *Sprossen und Keime*
Innenillustrationen: Sylvia von Braun und Sabine Fischer
Umschlaggestaltung: Atelier Ingrid Schütz, München
Druck und Bindung: Ebner Ulm

ISBN 3-453-04690-0

INHALT

Abkürzungen und Erläuterungen

Die Mengenangaben in den Rezepten beziehen sich auf
4 Personen

EL   = Eßlöffel
TL   = Teelöffel
Msp = Messerspitze
l   = Liter
g   = Gramm

Im Buch vorkommende Zutaten, wie Kombu (Alge), Tamarinde
oder Sojasauce, Tofu (Sojabohnenquark), Shiitake (chinesische
Pilze) sowie andere Sojaerzeugnisse sind in Reformhäusern, asia-
tischen Spezialgeschäften oder auch in den Lebensmittelabteilun-
gen der großen Kaufhäuser erhältlich.

Einleitung

»Die größte Umwälzung im Leben des Menschen auf Erden muß fraglos die Einführung des Kornanbaus gewesen sein. Die Idee, Korn anzubauen, zeugt von tausendmal mehr Genie, erfordert tausendmal mehr unbegreifliche Schöpferkraft der Fantasie und birgt in sich für die Geschichte des Menschengeistes tausendmal mehr Bedeutung, als irgendeine der gerühmten Erfindungen und Entdeckungen unserer Tage ...«

H. St. Chamberlain
(englischer Historiker, 1855—1927)

Aus einem winzigen Samen wächst ein Baum, prächtige Blüten, nährende Früchte, der sauerstoffspendende Wald!

Welch eine Kraft verbirgt sich unter der schützenden Schale des Samens?

Im Kern ruht der Keim; er ist das Leben. In ihm lagern die Gene für die spätere Gestalt und Farbe der Pflanze. Im Samen stecken Stoffe, die sein erstes Wachstum ermöglichen, bevor der Keimling sich aus der Erde und mit Hilfe der Photosynthese nährt.

Die Formen der Samen sind vielfältig. Flüchtig betrachtet scheinen sie alle gleich, doch dann entdecken wir ovale, eckige, flache, bauchige, rhombenartige Samenkörper mit schillernden Farben — vom frechen Violett bis zum unentschlossenen Rosa, vom erdigen Braun bis zum lebhaften Grün, von Schwarz bis Purpurrot. Und sie sind lebhaft gesprenkelt! Welche Geheimnisse komprimierter Lebenskraft! Ob klein oder groß — jeder Samen hat seine einmalige Signatur.

So auch die gigantische Seychellenpalmnuß. Sie kann trotz ihrer 20 Kilo lange Seereisen überstehen. Ihre Faserhülle trägt sie, bis sie, irgendwo angespült, ein neues Pflanzenleben beginnt. Wie staubartig klein ist dagegen das Orchideenkörnchen. Wir können es nur mit dem Vergrößerungsglas orten.

Ein Phänomen, wie aus dieser Samenspur eine große Blüte wächst! Seit alters her wußten wir um die im Samen ruhende Kraft. Samen waren nicht nur von jeher eine Medizin, sondern wurden als Leben schlechthin betrachtet. Samen sind die Stützen allen biologischen Wachsens — sie sind das Geheimnis des Lebens.

Von Ehrfurcht zeugen Getreidegaben in Gräbern. Sie waren nicht nur als Reiseproviant, sondern auch für den Anbau im jenseitigen Leben gedacht. In den frühen Hochkulturen waren Pflügen, Säen und Ernten sakrale Handlungen. Im Frühjahr weihte der Priester symbolisch mit einem vergoldeten Pflug die ersten Furchen und säte das Korn.

Von jeher wurde das Sprießen von Samen als Gleichnis für den Sieg des Lebens über den Tod angesehen. Im alten Testament heißt es: »Ich habe euch alle Kräuter, die auf dieser Erde wachsen und Samen tragen, gegeben, und jeder Strauch wird Samen tragen, damit diese euer Fleisch seien.« (Genesis 1,29). Fleisch ist hier als Pflanze und Frucht zu verstehen. War nicht jedes Fleisch vorher Samen oder Strauch?

Kalt und trocken gelagert, bewahren Samen ihre Keimkraft sehr lange. Forscher fanden in der Mandschurei in einem ausgetrockneten Flußbett Lotussamen. Sie schätzten das Alter auf 12 000 Jahre — und der Samen war noch keimfähig!

Eine trockene Unterkühlung bringt den Stoffwechsel des Samens fast zum Stillstand und hält Essenzen für die Keimung am Leben. Die eingebetteten Vitalstoffe sind auch die für uns lebensnotwendigen Nährstoffe.

Selbst unter schlechten Bedingungen, etwa auf kargem Boden, werden die geernteten Körner immer noch von hohem Nährwert sein. Sie extrahieren aus ihrem Umraum Kräfte, damit sie das Bestmögliche für die Erhaltung ihrer Art gewährleisten.

Für Biologen ist das köstliche Fruchtfleisch nur schützende Hülle für den wichtigsten Teil der Pflanze, den Samen. Dabei werden heute widersinnige Anstrengungen unternommen, ausgerechnet diesen wichtigen Teil der Pflanze, den Samen, wegzuzüchten (z. B. bei Apfelsinen und Bananen).

Saatzucht, kritisch betrachtet

Einst verwehte der Wind die Samen, oder körnerfressende Tiere brachten sie an die verschiedensten Plätze. Saatzucht dagegen beginnt mit der Seßhaftigkeit des Menschen.

Heute sind wir durch die Gentechnik an einen extremen Punkt gelangt. Die Zucht zielt fast nur noch auf hohen Ertrag und die Widerstandskraft gegen Krankheiten, ebenso auf leichte maschinelle Bearbeitung, vor allem bei der Ernte.

Das Getreide fließt, von Menschenhand unberührt, über Mähdreschmaschinen in Lagerhäuser und Schiffsbäuche. Die Revolution in der Verbesserung der Saatguteigenschaften stand für den Sieg über den Hunger wie die Erfindung der Schädlingsbekämpfungs- und Düngemittel. Die Überzüchtung der Sorten führt zu einer beklagenswerten Uniformität — gleich der Uniformität, der wir auch in unserem Alltag ausgesetzt sind.

Die sogenannten »Landrassen«, vital und mit unterschiedlichen Genen, erbrachten früher keine Höchsterträge, aber sie waren über Jahrhunderte, Jahrtausende hinweg stabil: Sie hatten eine enorme Anpassungsfähigkeit an ihre Umwelt und, wie man heute nachweist, auch eine höhere Nahrungsqualität.

Die Uniformierung hat unser Getreide degeneriert und anfällig gemacht für völlig neue Krankheiten, die den Einsatz von Schädlingsbekämpfungsmitteln als bittere Konsequenz steigern. Samen müssen und werden in der Ernährung wieder eine größere Rolle spielen. Die wachsende Menschheit kann nur ernährt werden, wenn sie sich der Körner, der Früchte und der Samen erinnert und sie direkt nutzt, statt die in ihnen liegende Energie auf dem Umweg über produziertes Fleisch zu essen. (Zur Produktion von 1 kg Rindfleisch werden 16 kg Weizen und Soja verfüttert.)

Gesundheit durch Körner und Samen

Nur durch Körner und Samen können auch ernährungsbedingte Krankheiten reduziert werden. Es ist nicht nur bekannt, daß pflanzliche Nahrung weniger Pestizidrückstände hat als Fleisch, Samen liefern auch hochwertigere Proteine, essentielle Fettsäuren, Mineralien, Spurenelemente und Vitamine, biologisch einzigartig ausgeglichen, wie es unser Körper braucht. Wir essen heute zwar mehr Obst, aber wir brauchen auch mehr Vitalstoffe, da Streß und denaturierte Nahrung dem Körper mehr Vitamine abverlangen. Hinzu kommt, daß den Früchten und Gemüsen wegen der industriellen Behandlung (Zucht, Überdüngung, zu frühes Ernten, zu lange Lagerung) wertgebende Inhaltsstoffe verloren gehen.

Die für unsere Gesundheit wichtigen Vitalstoffe sollten wir möglichst aus Gemüsen, die aus biologischem Anbau stammen, oder aus Körnern, Hülsenfrüchten, Samen, Nüssen und Sprossen ziehen.

Die Nahrungsqualitäten unserer Gemüse und Früchte schützen auch gegen Krankheiten, erhalten unsere Erbanlagen und bauen der Degeneration vor. Aus anthroposophischer Sicht stärken die Inhaltsstoffe echter Nahrung die Sinne: sie verbessern Konzentration und Kreativität.

> »Wenn es die klügste Handlungsweise der Menschen war, mit den Urgetreiden aus Wildgräsern eine kulturelle Lebensgemeinschaft einzugehen, dann ist es höchste Zeit, die leichtfertige Unterbrechung dieser gegenseitigen Abhängigkeit rückgängig zu machen und, wo es nur irgend möglich ist, zu vollwertigen Getreideprodukten und daraus hergestellten Gerichten wieder überzugehen. Die moderne Technik und das Transportwesen erlauben es uns, nicht nur optimale Ernten zu gewinnen, sondern sie auch so zu behandeln, daß die Getreide ihren möglichst vollen Naturwert behalten, und daß aus diesen Früchten des Feldes Lebensmittel und Gerichte hergestellt werden können, die zur Grundlage einer gesunden Ernährung für große Bevölkerungskreise werden können.«
>
> Prof. Dr. W. Kollath

Die Inhaltsstoffe der Körner und Keime

Die Vitalstoffe / Vitamine

Vitamin A: Eine ausreichende Menge stabilisiert unsere Abwehrkräfte, unterstützt unsere Sehkraft und fördert Aufbau und Wachstum unserer Knochen. Mangel an Vitamin A kann zur Blindheit führen. Wir finden dieses Vitamin in Körnern und Keimen.

Vitamin-B-Komplex:

Vitamin B_1 (Thiamin) ist wichtige Nervennahrung — ein bedeutender Bestandteil der Kleie des Getreidekorns und des Weizenkeims.

Vitamin B_2 (Riboflavin) fördert Stoffwechsel und Sehkraft. Riboflavin ist im Kern und in allen Getreiden enthalten.

Vitamin B_3 (Niacin): Mit Enzymen bewirkt Vitamin B_3 den Stoffwechsel von Fett, Kohlehydraten und Eiweiß und sorgt für die Funktionstüchtigkeit des Magen-Darmtraktes. Wir finden Niacin in Getreide, Hülsenfrüchten und Sprossen.

Vitamin B_{12} (Cobalamin): Zur Bildung der roten Blutkörperchen im Knochenmark und fürs Nervensystem. Vegetarier können sehr leicht einen Vitamin B_{12}-Mangel erleiden, wenn sie ihren täglichen Bedarf nicht durch Sojaprodukte oder Sprossen decken. Wir finden Cobalamin in gekeimten Sojabohnen, Linsen, Kicher- und grünen Erbsen.

Biotin: der Fettstoffwechsel wird mit Hilfe des Biotins als Coenzym umgewandelt.

Vitamin C (Ascorbinsäure): Vitamin C ist für eine Fülle von Lebensvorgängen verantwortlich. Die Geschichte der Sprossen ist gekennzeichnet durch Heilerfolge gegen die lebensbedrohende Krankheit Skorbut, die durch Vitamin-C-Mangel ausgelöst wurde. Ascorbinsäure heilt Wunden schnell und vitalisiert den Körper. Ein Mangel führt u. a. zu Müdigkeit, Abwehrschwäche und Zahnfleischerkrankungen. Vitamin C kommt extrem stark in Luzernensprossen vor.

Vitamin D (Cholecalciferol): Wir finden es nur in wenigen Nahrungsmitteln, doch die vitalstoffreiche Luzerne ist ein Träger dieses Vitamins. Der Vitamin-D-Gehalt steigt besonders, wenn die Luzernensprossen für kurze Zeit der Sonne ausgesetzt werden.

Vitamin E (Tocopherol): Kein Vitamin verhindert vorzeitiges Altern so sehr wie Vitamin E. Es gibt keinen besseren Träger als Weizenkeime, die diesen Stoff, der als »Sexvitamin« bekannt ist, in unsere Nahrung fließen lassen. Auch Hülsenfrüchte und Nüsse enthalten Vitamin E.

Mineralstoffe und Spurenelemente

Calcium wird zum Zahn- und Knochenbau und zur Bewegung unserer Muskeln, besonders des Herzens, gebraucht.
Im Grün der Sprosse, aber auch in Nüssen und in den Randschichten des Getreides finden wir dieses wichtige Mineral.

Eisen begünstigt die Bildung von Hämoglobin, wie auch die Vitamine B_1, B_2 und C. Eisenmangel vermindert die Aktivität, da Sauerstoffzufuhr und -transport reduziert werden. Blässe und Störungen im Haut- und Haarbereich sind Anzeichen von Eisenmangel. Wir können unseren Bedarf durch Hülsenfrüchte und Getreide decken, aber in der assimilierbarsten Form finden wir Eisen in der Sprosse.

Fluor: Kein Stoff verhindert die Bildung der Karies wirksamer als Fluor. Fluormangel kann auch zu Arteriosklerose führen. Dieses essentielle Spurenelement finden wir in Getreide und in Sprossen.

Kalium: Für den Transport zwischen den Zellen und zur Kontraktion der Muskeln benötigen wir, neben Calcium und Magnesium, den essentiellen Mineralstoff Kalium. Die besten Quellen für dieses Element sind Hülsenfrüchte, Getreide, Nüsse und Sprossen.

Kupfer: Das Fehlen dieses Spurenelementes beeinträchtigt unsere Atmung und die Bildung von Hämoglobin.
Hülsenfrüchte, Nüsse und Sprossen sind eine gute Kupferquelle.

Magnesium: Enzyme werden durch Magnesium mobilisiert und bewirken die Umsetzung von Fett, Kohlehydraten und Eiweiß.

Mangel an Magnesium führt zu Muskelspasmen, Müdigkeit und Depressionen. Wir finden Magnesium in Körnern und Keimen.

Mangan: Als Bestandteil vieler Enzyme ist Mangan wichtig für den Stoffwechsel. Es wirkt am Knochenaufbau mit und ist in Nüssen, Getreiden, Hülsenfrüchten und Sprossen zu finden.

Phosphor: Wir benötigen Phosphor zum Erhalt der Zähne und des Knochengerüstes, außerdem zur Umsetzung von Fett und Fettsäuren. In allen Getreiden, besonders in der Gerste, in Hülsenfrüchten, Nüssen und Sprossen ist das Mineral enthalten.

Zink: Als essentielles Spurenelement ist Zink ein wichtiger Bestandteil der Haare, Augen und Nägel. Ein Mangel führt zu Appetitverlust und extreme Knappheit zur Anämie.

Enzyme

Enzyme sind Katalysatoren (Beschleuniger).
Sie regeln, steuern und beschleunigen den Stoffwechsel.
Enzyme sind sehr temperaturempfindlich. Nach einer Erhitzung von 50 Grad haben sie ihre Aktivität eingebüßt.
Getreide, Samen, Hülsenfrüchte und Sprossen decken schon in kleinen Mengen den täglichen Bedarf an

Vitaminen,
Spurenelementen,
Mineralien und Enzymen.

Der Mangel an diesen Stoffen führt zu den rapide ansteigenden Zivilisationskrankheiten.

Gedanken zur Küche der Körner, Hülsenfrüchte und Samen

Immer heißt es: »Ach, Hülsenfrüchte, um Gottes willen, die machen Bauchweh, und Getreide — das liegt mir wie ein Stein im Magen.«

Unsere Darmtätigkeit ist durch die Industrienahrung besonders angegriffen, gehört doch die Verstopfung zu einer unserer klassischen Zivilisationskrankheiten.

Wenn wir zu einer Nahrungsumstellung kommen und vor allem den weißen Zucker fortlassen, wird sich unser Organismus schneller auf die neue Ernährungsweise einstellen können.

Zucker raubt dem Körper wichtige B-Vitamine. Die sind aber gerade unentbehrlich zur Umsetzung von Stärke. Lernen wir aus diesem Beispiel, daß alles seine Folgen hat, und versuchen wir, täglich ein wenig zu ändern — aus Liebe zu unserem Körper!

Vertrauen wir den Lehren der Vergangenheit!

Wir bleiben gesund, wenn Getreide und Hülsenfrüchte Basis unserer Ernährung sind, gemischt mit biologisch gezogenem Gemüse und natürlich gewachsenen Früchten unserer Landschaft sowie möglichst vielen Sprossen und Keimen — besonders im Winter.

Alle tierischen Produkte sollten sparsame Beilage sein. Das gilt für Vegetarier auch in bezug auf Milchprodukte. Jeder erfährt nach und nach, was für seinen Körper die rechte Lebens- und Ernährungsweise ist.

Dazu sagt der Ernährungswissenschaftler Waerland:

»Wir haben es nicht mit Krankheiten zu tun, sondern mit Fehlern in der Lebensführung. Beseitigt diese Fehler, und die Krankheiten werden verschwinden!«

16

Zusammenfassung

I. Unsere tägliche Kost

Wir bleiben gesund, wenn wir sie durch folgende Lebensmittel bereichern (nach Dr. Bruker):

1. Körner und Vollkornbrot,
2. 3 EL Frischkostbrei (S. 50),
3. 1 Teller Rohkost (Gemüse, Salat, Sprossen, Obst), möglichst zwei unter der Erde (Wurzeln) gewachsene und zwei über der Erde (Blätter) gewachsene Teile,
4. Butter und kaltgeschlagene Öle.

Wir süßen mit naturbelassenem Honig oder Trockenfrüchten und aromatisieren mit frischen Kräutern, Gewürzsamen oder Sprossen.
So sparsam wie möglich salzen.

II. Wir schaden uns durch:

1. Auszugsmehle, Graubrot, Weißbrot usw.,
2. Zuckerarten aus der Fabrik wie: weißer und brauner Zucker, industrieller Trauben- oder Fruchtzucker, sowie alle Nahrungsmittel, die damit gesüßt sind: Kuchen, Marmelade, Eis, Cola, Limonade, Schokolade, Bonbons, usw.,
3. raffinierte Fette (sämtliche Margarinesorten und gewöhnliche Öle),
4. Obst- und Gemüsesäfte, die industriell hergestellt sind. (Magenempfindliche Menschen sollten auf selbstgepreßte Säfte verzichten, es sei denn, der Saft wird »gekaut«.)

1

Körner

Körner in der Kulturgeschichte

Werfen wir einen Blick zurück! Welche Stationen durchlief der Mensch, bis er vom Jäger und Sammler, der sich von seiner Jagdbeute, von Wurzeln und Beeren ernährte, zur Eßkultur fand? Vor etwa 10 000 Jahren wurde er seßhaft. Die ältesten Funde weisen auf einen Getreideanbau im Gebiet des heutigen Syrien, Irak und Iran hin. Die guten klimatischen Bedingungen, verbunden mit der Fruchtbarkeit dieses Landes, begünstigten die ersten tastenden Schritte in Richtung auf die wohl größte Veränderung in der menschlichen Kulturgeschichte. Aus diesen noch primitiven, zaghaften ersten Erfahrungen entwickelten sich neue Lebensformen. Nicht nur das Verweilen an einem Ort, auch das in der Landwirtschaft erforderliche planmäßige Handeln, die Beobachtung der Natur, die Auswirkung ihrer Gesetzmäßigkeiten auf das Wachsen der Pflanzen, zwangen unsere Urahnen zu einem für uns heute unvorstellbaren Umdenken.

Schon damals wurde der Einfluß von Sonne und Mond auf das Wachstum und den Reifungsprozeß entdeckt und für die Landwirtschaft genutzt. Dabei wurden die ersten entscheidenden Beobachtungen von Frauen gemacht. Steht doch die Frau mit dem kosmisch-naturhaften Element Erde zyklisch in Verbindung.

Während die Männer jagten, um den Fleischbedarf zu decken, sammelten die Frauen Beeren und Samen von Gräsern, die jedoch nicht nur zum sofortigen Verbrauch, sondern auch für die Aussaat bestimmt waren. Dies alles geschah in unendlich kleinen Schritten und begründete das, was unsere heutige Kultur ausmacht. Der Weizen, das bevorzugte Getreide in jener Zeit, wird heute als »Samen der Zivilisation« angesehen.

Die früheste Art, Körner zu essen, war sicher, sie gleich aus den Ähren zu reiben und an Ort und Stelle wohlkauend zu verspeisen.

In ägyptischen Reliefs entdecken wir die verschiedensten Bearbeitungsmethoden. Da wurde gestampft, aber auch schon auf Steinen geschrotet und gemahlen.

Mit wenig Flüssigkeit gemischt ergab das den Getreidebrei, der lange Zeit Grundnahrung war; auf sonnenheißen Steinen trocknete er zu Brot und Fladen.

Gesäuertes Brot und dazu das Bier — aus der Gärung des Getreides — sind frühe Entdeckungen der erfinderischen ägyptischen Köche. Das Land war reich, und die überquellenden Kornkammern brachten Handel, Luxus und somit die Eßkultur.

Der Weg vom einfachen Fladen bis zum gesäuertem Brot, süßem Gewürzkuchen und feinem Gebäck konnte erst gelingen, nachdem die ersten Backöfen modelliert waren. Ja, sie wurden aus dem Schlamm des Nils geformt!

In der römischen Heeresverpflegung galten 750 g Getreide täglich als Pflichtration für die Legionäre. Die Zugabe von Fleisch betrachteten die Soldaten als Hungernahrung und Mangelkost! Jede Kohorte führte Getreidehandmühlen mit sich, und die Rationen wurden $\frac{1}{3}$ Brei zu $\frac{2}{3}$ Fladen verzehrt.

Seit vielen tausend Jahren sind wir nun schon mit dem Getreide verbunden. Es ist die Grundlage unserer Existenz, und wir bilden eine Lebensgemeinschaft mit ihm. Ist es von daher nicht widernatürlich, daß der Getreideverbrauch in den letzten 150 Jahren ständig abnahm? Dazu kommt noch, daß dem Korn die Kleie weggemahlen wird; aber gerade in ihr lagern wichtige Ballaststoffe, Spurenelemente, Mineralien und Vitamine, die doch zu unserer Stärkung und Erhaltung so notwendig sind. Das verfeinerte weiße Mehl dagegen läßt uns »hungrig« und führt außerdem leicht zu Fettpolstern.

Wie im menschlichen Körper hat auch im Getreidekorn alles seine Funktion und wirkt aufeinander ein. Beim Mahlvorgang büßt das Getreide nicht nur seine Keimfähigkeit, seine »Vitalität« ein, sondern zugleich auch seine Fähigkeit, von unserem Organismus optimal aufgenommen zu werden.

Die Änderung unserer Eßgewohnheiten — der Verzicht auf vitalstoffreiche Nahrung aus Körnern, Hülsenfrüchten und Samen zugunsten denaturierter Industrienahrung — hat zu einer Menge von Zivilisationskrankheiten wie Karies, Arteriosklerose, Diabetes, Herzerkrankungen und insbesondere zur Degeneration von Magen und Darm geführt.

Wie die Ameise Bauer wurde!

Es war ein friedvoller Herbsttag. Die Sonne stand schon tief am Himmel, doch schickte sie noch unerwartet glühende Strahlen über das abgeerntete Feld.

Eine Ameise, die Eintracht der Stunde mißachtend, schleppte sich, mit einem Weizenkorn bepackt, durch die unwegsamen Furchen des Feldes auf dem Weg nach Hause. Die Schwere des Korns lastete auf ihr, übertraf es doch das Eigengewicht der Ameise um ein Beträchtliches.

Da geschah es, daß die Ameise stolperte und das Korn von ihrem Rücken rutschte. Das Weizenkorn atmete auf! Hatte ihm doch bis jetzt der Atem gestockt, wohlwissend, Beute zu sein und dem sofortigen Verzehr nicht mehr entrinnen zu können. Seine Todesangst verflog so schnell, wie es vom Rücken gesaust war, und aus diesem erlösenden Gefühl wurde es von einer herrlichen Idee durchdrungen. »Hör zu, liebe Ameise«, sagte es, »ich bitte dich von ganzem Herzen, laß mich noch ein Jahr leben!« Die Ameise streckte sich, erleichtert, von der schweren Last befreit zu sein. »Wenn du mich hier eingräbst«, sprach es weiter, »wartest, bis das Jahr vergangen ist, werde ich dir an dieser Stelle hundertfach dienen.«

Die Ameise zauderte, aber je mehr sie den Vorschlag prüfte, desto besser gefiel er ihr, und während sie sich so in Gedanken wog, begannen ihre Beinchen schon instinktiv ein Loch auszuheben. So nahm sie denn das Korn, umschlang es und versenkte es — auf daß die Jahreszeiten über das Feld gehen und das Korn zu hundertfachem Leben erwecken mögen.

Mehr als ein Körnchen Wahrheit …

Nach Leonardo da Vinci

Getreide — allgemeine Hinweise

Getreide, Hülsenfrüchte und Samen werden in der Vor- und Zubereitung sehr ähnlich behandelt.

Kontrolle der Keimfähigkeit

Um die Qualität eines Samens zu überprüfen, können wir nach der alten Bauernregel eine Keimprobe ansetzen. Nur ein keimender Samen hat die Lebendigkeit eines echten Lebensmittels.

Säubern

Die Körner werden im stehenden Wasser (nicht im Sieb!) gewaschen, damit Schmutzteile und leere Hülsen oben schwimmen. Manchmal muß die Saat verlesen werden — es ist unangenehm, auf einen Stein zu beißen.

Vorquellen — Einweichen

Zum besseren Aufschließen, zur leichteren Verdauung werden Körner in gefiltertem Wasser eingeweicht, und zwar je nach ihrer Größe zwischen 4 bis 10 Stunden, aber nie länger, da sonst der Keimprozeß zu schnell fortschreitet. Das Einweichwasser sollte etwa die 4fache Menge des Samens betragen. Schon nach kurzer Zeit beginnt im Samen die Umsetzung durch Enzyme. Die Vitalstoffe gelangen ins Einweichwasser, das damit kostbar wird; deshalb nie fortschütten!
Der Geschmack jedes Getreides kann durch Würzen des Einweichwassers verändert werden.

Pikantes Einweichwasser

1 l gefiltertes Wasser
1 Nelke
1 kleines Lorbeerblatt
½ TL Kümmel
1 kleine Zwiebel, geviertelt

Würziges Einweichwasser für exotische Getreidegerichte

1 l gefiltertes Wasser
1 Sternanis
1 Stückchen Zimtrinde
1 Stückchen Vanilleschote
2 Scheiben frischer Ingwer

Darren

Eine weitere Art, Getreide aufzuschließen, ist das Darren (Dörren). Geweichtes Getreide wird auf dem Backblech ausgebreitet und bis zu einer Stunde bei ca. 70 Grad getrocknet. Dabei die Körner ab und zu wenden. Gedarrtes Getreide gart schneller, ist leichter verdaulich, und die Körner sind besonders rösch.

Schroten

Jedes Korn kann in einer entsprechenden Mühle zerkleinert geschrotet werden; es ist extrem wichtig, Getreide immer frisch zu mahlen, damit luftempfindliche Bestandteile nicht an Wert verlieren.
Ich mahle mit Vorliebe *alle* Körner von Hand, weil die schnellen elektrischen Maschinen einen negativen Einfluß auf die »lebenden« Teile des Korns haben können. Es gibt jetzt erfreulicherweise Geräte mit geringerer Umdrehungszahl, die das Getreide schonender zerkleinern. Unübertroffen sind neuzeitliche Mühlen, deren echte Mahlsteine das Getreide auf natürliche Art zerkleinern. Fragen Sie im Reformhaus danach!

Kochen

Die Körner werden in kaltem Wasser aufgesetzt (Einweichwasser immer mitverwenden) und gekocht. Auf kleinster Flamme ca. 1 Stunde garen.
Die Wärme zum Garen des Getreides sollte so schwach wie möglich sein. Helfen wir uns mit der Vorstellung eines sonnendurchglühten Steins, denn der Koch-Garungs-Prozeß ist als letzte Ausreifung des Getreides zu betrachten.
Ich stelle den Kochtopf in eine Kochkiste oder lasse das Getreide, in Zeitungspapier und Wolldecken verpackt, nachquellen.

Ist Getreide schwer verdaulich? Sicher, das Korn verlangt dem Körper Kraft ab, doch wenn wir gut kauen und einspeicheln (eine Vorverdauung), gewöhnen wir uns schnell an die Körnerkost. Bei der Ernährungsumstellung beginnen wir mit leichtverdaulichem Reis, Hirse oder Buchweizen.

Würzen

Soweit ein Gewürz die Verdaulichkeit eines Gerichtes unterstützt, kann ich Ihnen eine bestimmte Geschmacksrichtung empfehlen. Doch probieren wir selbst aus, welches Gewürz unser Getreide am besten ergänzt. Majoran, Basilikum, Liebstöckel, Dillsamen — erspüren wir, was uns bekommt und gleichzeitig schmeckt.
Zusätzlich frischgehackte Kräuter in Schälchen auf den Tisch stellen!

Brot und Salz gehören zusammen, und das Salzen geschieht im besten Fall am Tisch. Es verbindet schon in feinster Dosierung alle Geschmacksanteile.

Was essen wir zum Getreide?

Gegartes Getreide läßt sich vollenden mit

Milch, Eiern, Käse, Sprossen, Gemüsen, Salaten, Hülsenfrüchten und Obst
(und wenn Sie das Bedürfnis haben, mit Fisch oder Fleisch).
Wer glaubt da schon, Körner seien nur Hühnerfutter?
Es gibt nichts Spannenderes in der heutigen Küche als diese Wiederentdeckungen.

Geräte für die Körnerküche

1. Eine Getreidemühle.
2. Eine kleine Handmühle oder ein Mörser zum Mahlen der Würz- und Ölsamen.
3. Schüsseln und Siebe zum Waschen und Abtropfen der Körner.
4. Gute schwere Eisentöpfe und -pfannen. Sie können den Eisengehalt des Kochguts erhöhen.
5. Eine Kochkiste, die man leicht selbst anfertigen kann, indem man einen Holzkasten mit Styropor ausschlägt und mit einem Deckel verschließt.

Gerste *Hordeum vulgare*

Die Gerste gehört neben dem Weizen zu den ältesten Getreiden.
Da sie in tropischen Gebieten genauso gut gedeiht wie in Europa,
wird sie fast überall in der Welt angebaut.
Ihre klimatische Anpassungsfähigkeit hat dazu geführt, daß die
Gliederung der Ähren je nach Anbaugebiet unterschiedlich ist.

In allen Hochkulturen Mittelasiens, Ägyptens und Europas hat
die Gerste einen großen Ruf als nahrhafte Kraftspeise. Doch ganz
besonders in Griechenland wird sie erwähnt. Viele Funde bezeu-
gen, daß sie bei kultischen Handlungen verwendet wurde. Steht
sie doch hier als Zeichen für Kraft und männliche Potenz.
In den Gesängen der *Ilias* wird sie neben Wein und Ziegenkäse
als heilig gepriesen.
Die alten Griechen stählten ihre Körper vor kriegerischen und
sportlichen Auseinandersetzungen ausschließlich mit Gersten-
brei.
Kein Wunder — Gerste stärkt und wird trotzdem leicht aufgenommen. Ihre körperaufbauende Fähigkeit wird noch übertroffen von
der kühlenden Wirkung, die einzigartig gegen Fieber hilft.
Für darmempfindliche Menschen ist Gerstenschleim ein ideales
Frühstück. Er lindert und stärkt.

Inhaltsstoffe

10 % Protein, 2,1 % Fett, 72 % Kohlehydrate;
Vitamine B_1, B_2, B_3 und eine Menge Vitamin E;
Eisen, Magnesium, Phosphor, Zink, Mangan, Kalium, Kieselsäure.

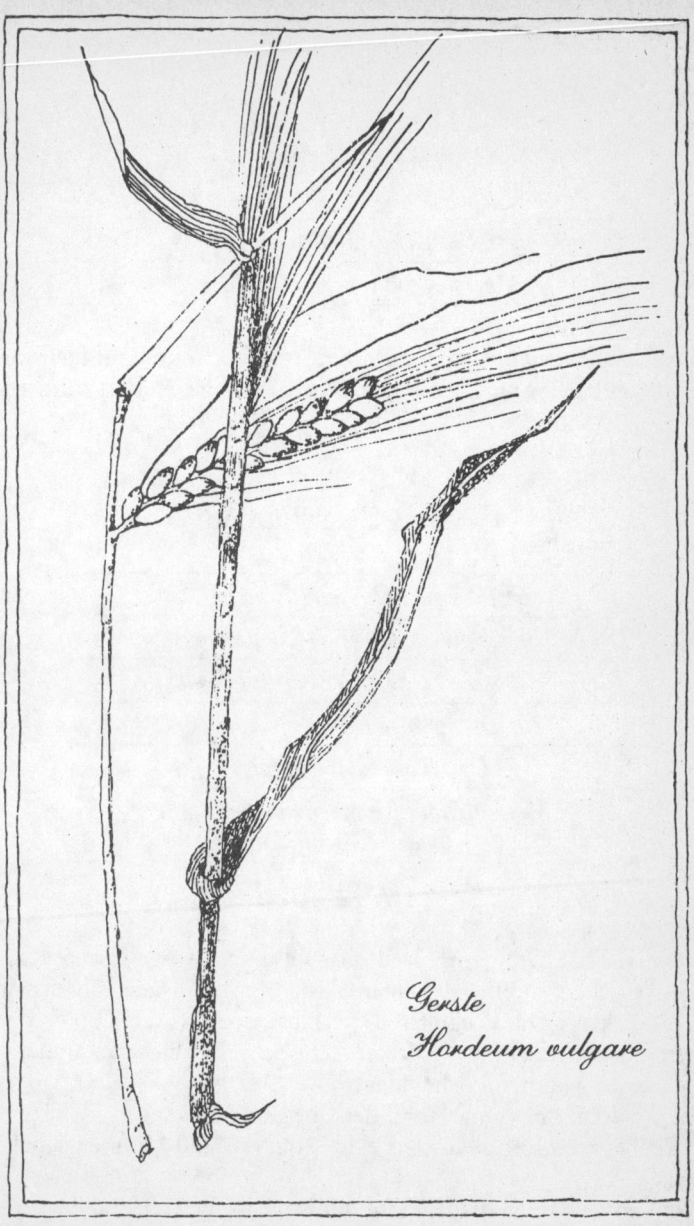

Gerste
Hordeum vulgare

Gerste-Grundrezept

250 g Gerste, 5—10 Stunden geweicht · ³/₄ l Wasser

Meersalz (so wenig wie möglich)

Die Gerste wird auf großer Flamme angekocht und auf kleinster Stufe bis zu 1 Stunde gequollen. Nachziehen lassen und würzen.

Gersten-Quarkauflauf

2 EL Sonnenblumenöl, kaltgepreßt

1 mittelgroße Zwiebel, fein geschnitten

1 Tasse Gerste, über Nacht geweicht

3 Tassen Gemüsebrühe · 1 Tasse Quark

1 Tasse saure Sahne

Meersalz und frischgemahlener Pfeffer nach Geschmack

1 EL frischgehackte Petersilie

Ofen auf 175 Grad vorheizen! Das Öl in eine vorgewärmte Kasserolle geben und die Zwiebeln glasig dünsten. Dann rühren wir die Gerste ein und regulieren die Hitze so, daß die Körner mit den Zwiebeln bräunen. Mit der Gemüsebrühe ablöschen und die Gerste 35 Minuten köcheln lassen.

Sie wird mit dem Quark und den übrigen Zutaten vermischt und dann bei geschlossenem Deckel im Rohr etwa 30 Minuten gebakken.

Vor dem Servieren den Auflauf mit Petersilie bestreuen.

Gersteneintopf

---

250 g Gerste · ³/₄ l Wasser

---

2 EL Öl · 2 Möhren, gewürfelt

---

¹/₂ Sellerieknolle, in feine Streifen geschnitten

---

frische Kräuter nach Wahl

Die Gerste wird nach dem Grundrezept vorbereitet. In einem Topf werden die Gemüse kurz angedünstet und die Gerste vorsichtig zugegeben. Wir streuen die Kräuter erst bei Tisch über das Gericht.

In angelsächsischen Ländern ist Gerstensud ein Volksheilmittel (Barley-water). Zur Magen- und Darmheilung, zur Beruhigung und Stärkung der Nerven, zur Unterstützung des Bindegewebes, bei Erkältungen und Grippe ist dieser Sud eine wahre Wundermedizin. So wird sie bereitet:

Gerstensud

---

50 g Körner, geweicht · 1 l Wasser

Wir lassen das Getreide im Wasser kurz aufkochen und 2 Stunden köcheln. Den Gerstensud nach Wahl mit Zimt, Nelke, Ingwer, Sternanis, mit Fruchtsäften, Honig oder Ahornsirup würzen.

Gerstenschleim

2—3 EL Gerstenkörner, geweicht · 1 l Wasser

---

30 Minuten sanft kochen und durch ein Sieb streichen.

Seit Urzeiten wurde Brot aus Gerste gebacken. Es war die Haupt-
zutat, wenn Hebräer, Griechen und Römer buken.
Auch in Nord-Europa, ganz besonders in Schottland und Irland,
war und ist sie das beliebteste Brotgetreide.
Hier ein biblisches Rezept! Versenken wir uns in die geschmackliche Welt unserer Vorfahren!

Ezechiel-Brot

$^1/_2$ *Tasse Gerstenmehl*
$^1/_2$ *Tasse rote Linsen, gekocht und püriert*
2 $^1/_2$ *EL Sojamehl · 2* $^1/_2$ *EL Hirseschrot*
1 *TL Meersalz · 2 Tassen sehr heißes Wasser*
2 *EL Olivenöl ·* $^1/_2$ *Tasse lauwarmes Wasser*
2 *Päckchen Trockenhefe ·* $^1/_2$ *Tasse Honig*
2 *Tassen Weizenschrot · 5—6 Tassen Weizenmehl*

Linsenpüree, Gerste, Soja, Hirseschrot und Salz werden in einer
Schüssel mit dem Wasser übergossen und, nach dem Abkühlen,
gut vermischt. Das Öl einarbeiten und abschmecken.
In einem kleinen Gefäß übergießen wir die Hefe mit dem warmen
Wasser. Wenn sie nach ca. 5—10 Minuten Blasen wirft, alle Zutaten in einer großen Schüssel vermischen. Den Teig mit sanften
gleichmäßigen Bewegungen kneten, bis er glatt und geschmeidig
ist.
Zu einem großen Kloß geformt, wird er in einer gefetteten Schüs-
sel zum Aufgehen an einen gleichmäßig warmen Ort gestellt. Wir
bedecken die Schüssel mit einem Tuch und schützen den Teig vor
Zugluft.
Bitte den Ofen auf 175 Grad vorheizen!
Nach ca. 45 Minuten den Teig noch einmal durchkneten und erneut aufgehen lassen. Nach 15 Minuten teilen wir den Kloß in
zwei Teile und lassen ihn nochmals 1 Stunde gehen.
Zwei Brotlaibe formen und auf ein gefettetes Backblech legen.
Mit dem Messer Muster in die Brotrücken ritzen und das Blech

in die Röhre schieben. Nach 1 Stunde prüfen wir mit einem Holz-
stäbchen, ob die Brotlaibe durchgebacken sind.

Das Ezechiel-Brot muß sanft auskühlen. Lagern wir es luftig und
trocken, so gewinnt es an Geschmack und Reife. Es wird dann
auch bekömmlicher.

Backen wir dieses urige Brot, wenn wir zur Hauseinweihung ge-
laden sind. Es wird Segen bringen. Die Prise Salz nicht vergessen
— sie bringt zum Segen auch Genuß!

Hafer   *Avena sativa*

So unverkennbar wie der Reis zu Asien, gehört der Hafer in die
europäische Landschaft. Der Hafer liebt besonders das nordische
Klima, er ist winterhart und gedeiht bis zum Polarkreis. Bis ins
18. Jahrhundert war Haferbrei die Ernährungsgrundlage für die
sogenannten unteren Schichten, bis die Kartoffel ihn ablöste.

Doch unsere Pferde profitieren noch heute vom Hafer! »Ihn sticht
der Hafer« ist ein treffendes Wort — darum muß der Bauer diese
Kraftnahrung wohl dosieren!

»Ihn sticht der Hafer«, übertragen auf uns, ist ein Synonym für
cholerisches Temperament.

Im Gegensatz zu Roggen und Weizen trägt der Hafer seine Früchte an beweglichen Rispen: die Haferkörner sind fest mit Spelzen
umschlossen. Bevor man den sogenannten Nackthafer gezüchtet
hat, mußten die Spelzen fortgemahlen werden, weil sie unverdau-
lich sind.

Inhaltsstoffe

Der Hafer ist das Getreide mit den höchsten Anteilen an Protein
(14 %) und Fett (7,5 %);

Vitamin A, B_1, B_2, B_3, C und sehr viel E;

Phosphor, Eisen, Kupfer, Fluor, Zink, Magnesium, Calcium. Das Jod
im Hafer mag die geheimnisvolle Kraft dieses Getreides erklären,
ist doch Jod lebenswichtig für die Funktion der Schilddrüse.

Hafer   Avena sativa

Hafer schafft Energie. Er ist das wärmende Getreide bei Frost und Kälte. Haferbrei lindert bei allen Magen- und Darmschwächen, er fördert die Verdauung. Kompressen aus Haferbrei lassen Abszesse und Schwellungen abklingen.

Kochen mit Hafer

Hafer-Grundrezept

250 g Hafer, geweicht · ca. $\frac{1}{2}$ l Wasser
Meersalz (so wenig wie möglich) · 1 EL Butter

Der Hafer wird im Einweichwasser aufgesetzt und 1½ Stunden auf kleinster Flamme geköchelt. Vor dem Nachquellen würzen und die Butter zugeben.
Zum Hafer passen alle frischgehackten Kräuter, aber auch Fenchelsamen, Thymian und Koriander.
Wollen wir den Hafer süßen, damit er uns an unsere Haferflockensuppe erinnert, so würzen wir ihn mit Honig oder Trockenfrüchten und übergießen den Brei mit kalter Sahne.

Haferauflauf

200 g Hafer, gekocht
1 Stange Porree, in feine Scheiben geschnitten
$\frac{1}{2}$ kleine Sellerieknolle, geraspelt · 1 EL Butter
2 Boskopäpfel, geraspelt · 1 Tasse süße Sahne
Meersalz (so wenig wie möglich)
gehackte Petersilie zum Bestreuen

Bitte den Ofen auf 170 Grad vorheizen!
In einer Kasserolle die Butter auslassen und die beiden Gemüse

kurz andünsten. Dann mischen wir alle Zutaten und füllen sie in eine gefettete Form.

Bei geschlossenem Deckel wird der Auflauf 20 Minuten gebakken und vor dem Servieren mit der frischen Petersilie bestreut.

Einen trockenen Auflauf mit gewürztem Joghurt essen.

Hirse *Panticum miliaceum*

Seit prähistorischen Zeiten wird Hirse angebaut, und es gibt *keine* Getreideart, die einen so ausgewogenen Vitalstoffanteil stellt, wie dieses kleine Korn.

Hirse kann sich in nur hundert Tagen schon zur Reife entwickeln, wenn die Sonne sie wärmt und ihr Kraft schenkt.

Die Inhaltsstoffe, vor allem Fluor, zieht die Pflanze durch ihre starken Wurzeln selbst aus kärgstem Boden. Kein Mineral kräftigt unsere Haut, Haare und Nägel so gut wie Fluor.

Inhaltsstoffe

71 % Kohlehydrate, 10 % Protein;
alle 10 essentiellen Aminosäuren, 3,9 % Fett;
Alle wichtigen B-Vitamine, sowie A, C und E;
Kalium, Natrium, Calcium, Kupfer, Magnesium, Eisen, Phosphor und Fluor.

Die leichtverdauliche Hirse ist nicht nur gesund, sie ist auch von großer Heilkraft bei Nieren- und Blasenentzündungen. Der Hirsesamen entwässert und heilt wie der Gerstensud den Magen- und Darmtrakt.

Kochen mit Hirse

»Töpfchen koche, Töpfchen steh ...« das war die wichtigste Formel im Märchen vom süßen Hirsebrei.

Es war einmal ein armes Mädchen, das lebte allein mit seiner

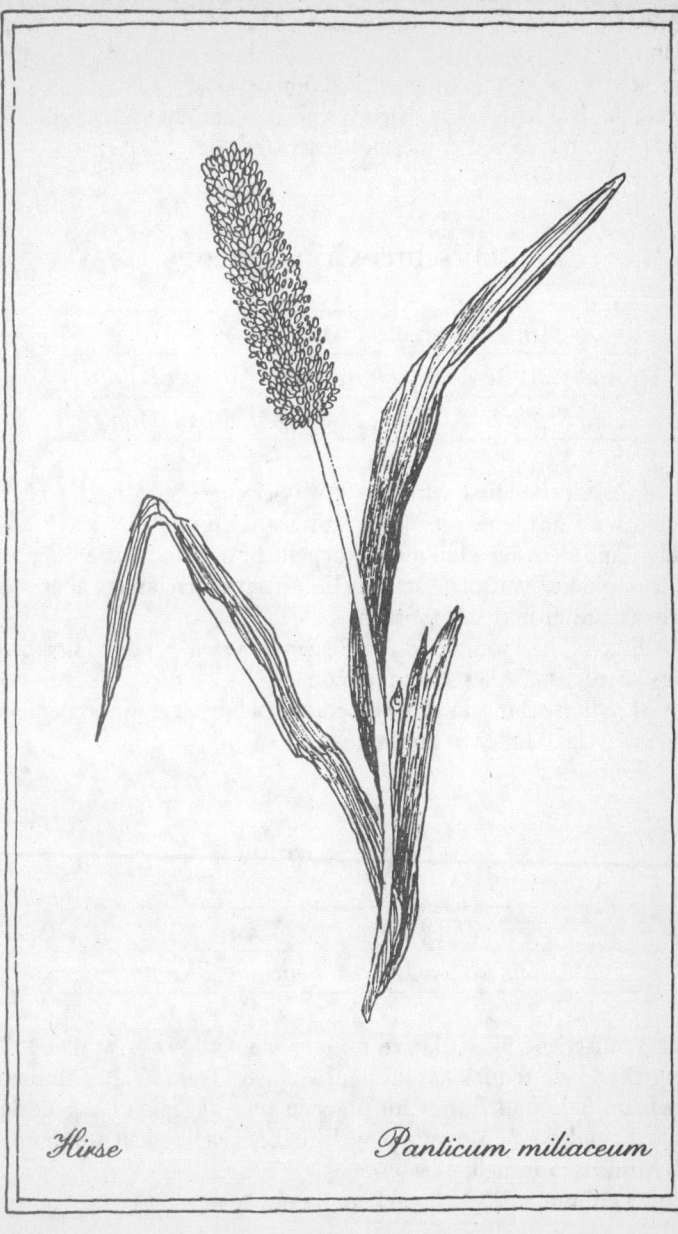

Hirse   Panticum miliaceum

Mutter und hatte nicht satt zu essen. Das Mädchen suchte Wurzeln im Wald. Da begegnete ihm eine liebe Frau, die die Not des Kindes sah. Sie schenkte ihm ein Töpfchen.

Sagte das Mädchen »Töpfchen koche«, dann füllte sich das Gefäß mit Hirsebrei, so wie er hier beschrieben steht:

Hirsebrei-Grundrezept

250 g Hirsekörner, nicht vorgequollen · 1 l Wasser
Meersalz (so wenig wie möglich) · 1—2 EL Butter
2 Eigelb · 2 Eiweiß, geschlagen · 1 EL Honig

Die gewaschene Hirse wird in ½ l Wasser angekocht, nach 10 Minuten wird das fehlende Wasser aufgegossen und für ca. 30 Minuten auf kleinster Flamme geköchelt. In der Kochkiste oder an einem anderen warmen Ort die Hirse nachziehen lassen, aber vorher mit Butter und Salz würzen.

Das Eigelb, der Honig und der Eischnee verfeinern den Hirsebrei aufs köstlichste. Alles sanft unterziehen.

Im Märchen schmeckt der Hirsebrei *noch* besser, und das nicht nur, weil das Mädchen hungrig war …

Hirse, körnig

250 g Hirse · ½ l Wasser
Meersalz (so wenig wie möglich) · 2 EL Butter

Die gewaschene Hirse darren und im Wasser kurz aufwallen lassen. Die Hitze reduzieren und auf kleinster Flamme 20 Minuten köcheln. Salz und Butter hinzugeben und die Hirse, abgedeckt mit einem dicken Frotteetuch, welches die Feuchtigkeit aufnimmt, 40 Minuten ausquellen lassen.

(Eine Drahtauflage kann die Flammenhitze mildern).

Aus Hirse lassen sich Bratlinge formen, oder man gibt die Hirse in eine gefettete Ringform, die nach dem Backen wiederum mit gedünstetem Gemüse gefüllt wird.

Und denken wir immer daran: Hirse hilft unserer Haut mehr als jede Creme und stärkt die Sehkraft.

Mais *Zea mays*

Als Columbus 1492 Amerika entdeckte, fand er den Mais. Und wenn auch heute Ströme von Weizen aus den USA fließen, so bestimmen immer noch die Maisfelder ihre weiten Landschaften.

Inkas, Azteken und Mayas erklärten den Mais zu ihrem Getreide, und es heißt, sie verdankten diesem »Sonnenkorn« ihre Kultur. Im Vergleich zu unseren kleinen, zarten Getreidekörnern ist der Mais kaum als Getreide zu erkennen, doch gehört er botanisch zu seiner Gruppe. Gemahlener Mais findet seit langer Zeit in der europäischen Küche Verwendung. Schonend gemahlen bewahrt er die ihm eigene Vitalität.

Die Landarbeiter aus Piemont wählten das Maismehl zu ihrer Hauptnahrung und nannten es Polenta. Der süßliche Mais spendet dem Körper durch seinen Zuckeranteil leicht aufzunehmende Kohlehydrate, was schnell assimilierbare Energie bedeutet.

Die Maispflanze wird ihren Inhaltsstoffen nach sehr unterschiedlich eingeordnet. Das liegt an den vielen verschiedenen Sorten und an der Abhängigkeit der Pflanze von Wärme und Niederschlagsmenge.

Inhaltsstoffe

Mais hat 71 % Stärke und nur 9,5 % Protein bei 3,8 % Fett; ein Drittel besteht aus ungesättigten Fettsäuren;

Vitamine: A, B_1, B_2, B_3 und viel Vitamin E;

Eisen, Phosphor, Mangan, Zink, Calcium, Magnesium.

Mais   Zea mays

Maisfladen

---

250 g Maiskörner, mindestens 12 Stunden geweicht

$1/2$ l Wasser · Meersalz (so wenig wie möglich)

---

1 Prise Cayennepfeffer · 2 EL Öl, kalt geschlagen

Der eingeweichte Mais wird auf kleinster Flamme gar gekocht. Das dauert je nach Sorte 2—3 Stunden. Die ausgekühlten Körner werden durch den Fleischwolf gedreht und gewürzt.
Diese Paste kann nun ausgerollt (eventuell etwas Mehl überstäuben), und in der Pfanne oder auf dem Backblech zu Fladen gebakken werden.

Variation:
Der Maisfladen kann mit Scheiben aus gedünstetem Gemüse, mit Früchten belegt oder mit Käse überbacken werden. Wie auch immer — jede Zutat verleiht der Süße des Fladens Nachdruck.

Maisgemüse

Es ist schwierig, zarten Gemüsemais auf dem Markt zu entdekken. Doch wenn wir ihn finden, zeichnet er sich durch seine strahlende gelbgrüne Farbe aus, und er schmeckt wie türkischer Honig …
Wir schneiden den Stengel am Kolbenansatz ab und entfernen die Außenblätter; die inneren weißen Blätter werden mitgekocht, und zwar in einem Sud aus:

---

2 l Wasser · $1/2$ l Milch · 2 EL Butter

Zitronenschale · 4 Stangen Mais

Wir lassen den Sud aufkochen und geben den Mais hinein. Nach ca. 10 Minuten ist das Gemüse gegart.

Welch ein Vergnügen, die Kolben abzuknabbern!
Man kann sie sanft salzen und mit wenig Zitronensaft beträufeln.

Anmerkung:
Niemals Futtermais mit Speisemais verwechseln!

Maisbrot aus der Form

1½ Tassen Mais · 1 Tasse Maismehl
2 Eier, verquirlt · 2 EL Olivenöl
Meersalz (so wenig wie möglich) · 2 EL Sahne
½ Tasse geriebener Parmesan
3 EL frischgehackter Dill

Die Zutaten in einer Schüssel verrühren und ausquellen lassen.
Den Ofen auf 175 Grad vorheizen.
Die Masse in eine gefettete feuerfeste Form gießen und ca. 45 Minuten im Ofen backen.
Wir servieren das Brot heiß und garnieren es vorher mit dem frischen Dill. Ein Klacks kühle Crème fraîche auf dem heißen Brot ist ein Genuß!

Polenta

250 g Maisgrieß · 1 l Wasser
Meersalz (so wenig wie möglich)
2 EL Olivenöl, kalt geschlagen

Ofen auf 150 Grad vorheizen.
Wir vermischen den Grieß mit dem lauwarmen Wasser und geben Butter und Salz hinzu.
Die Polenta soll im geschlossenen Topf sanft in der Röhre garen und bei ausgeschalteter Hitze 20 Minuten nachquellen.

Soll die Polenta auf der Flamme bereitet werden, streut man sie ins kochende Wasser und rührt so lange, bis sie gar ist — ca. 20 Minuten. Sicher bringt dieser Aufwand dem Feinschmecker eine besonders duftige Polentacreme. Sie läßt sich mit frischen Kräutern würzen, und auch geriebener Käse verbindet sich bestens mit der Polenta.

Anmerkung:
Mais wird mit der Mangelerkrankung Pellagra in Verbindung gebracht. Das soll uns aber nicht hindern, den guten Mais und auch das wertvolle Öl mit seinem hohen Vitamin-E-Anteil in unserer Küche zu nutzen. Die Pellagra ist eine Folge von einseitiger Maisernährung.

Reis *Oryza sativa*

Vor 3000 Jahren wurde in Indien mit der Züchtung von Reis begonnen, und seither ist er das Hauptnahrungsmittel der Asiaten. Die Reispflanze entwickelt sich im Wasser, und mit ihren Rispen erinnert sie an Hafer. Das Verhältnis von Saatgutmenge zum Ertrag ist bei Reis sehr hoch; es heißt, daß er sich tausendfach vervielfältigt.
Reis gilt als heilige Pflanze, und im Sanskrit wird er als »Erhalter der Menschheit« dargestellt. Immer wenn Kriege, Unwetter und Mißernten die Asiaten in Not brachten, galt eine Handvoll Reis als Existenzminimum. Dieses kleine Maß schafft Kraft und Energie. Der reisessende Asiate ist bekannt für seine Langlebigkeit bei bester Gesundheit.
Doch seit der Reis geschält wird, um ihn besser lagern zu können, fehlen ihm wichtige Inhaltsstoffe, vor allem das im Silberhäutchen lagernde Vitamin B_1.
So entstand die Mangelkrankheit Beriberi, die ein solches Ausmaß annahm, daß die fernöstliche Vereinigung für Tropenmedizin vorschlug, den Verzehr von weißem Reis zu verbieten. Dieser Vorschlag blieb erfolglos. Doch führte er zur Entdeckung einer neuen Behandlungsmethode des Reises zum Schutze der B-Vitamine. Dieser Prozeß geschieht unter Druck mit kochendem Wasser und preßt die Vitamine in den Stärkeanteil des Korns. »Par-

Reis   Oryza sativa

boiled Rice«, der englische Name, hat sich auch bei uns eingebürgert.

Obwohl der Reis abhängig ist von der Ausgewogenheit zwischen Wasser und Wärme und sehr viel Pflege und Sorgfalt beansprucht, ist es gelungen, ihn auf biologisch-dynamische Weise in der Poebene anzubauen.

Reis ist das leicht verdaulichste Getreide, und jeder, der von der Kraft der Getreide profitieren möchte, kann seine Ernährungsumstellung ohne jede Darmgewöhnung mit Reis beginnen.

Das Eiweiß im Reis lagert nicht nur in den Randschichten, es durchdringt den ganzen Mehlkörper. Reis enthält extrem wenig Natrium, ein Element, welches das Wasser im Gewebe bindet. Wer abnehmen möchte und trotzdem bestens ernährt sein will, der esse Reis. Die chemische Zusammensetzung des Reiskorns begünstigt die Flüssigkeitsausscheidung. Verglichen mit unseren Getreiden ist der Reis außergewöhnlich. Kein anderes Korn besitzt ein solches Gleichgewicht von Kalium und Natrium.

Reis ist bedeutsames Beispiel dafür, wie sehr ein Grundnahrungsmittel — über Jahrtausende gegessen — Körper, Seele, Kultur und Religion prägen kann.

Inhaltsstoffe

8 % Protein, 2,2 % Fett, 75 % Kohlehydrate;
Vitamin B_1, B_2, B_6 und das Provitamin A;
Kalium, Eisen, Magnesium, Phosphor, Calcium.

Reis-Grundrezept

250 g Reis, gequollen · ¹/₂ l Wasser

Der Reis wird kurz aufgekocht und das Wasser abgeschüttet. Erneut den Reis in ¹/₂ l Wasser geben und zum Kochen bringen, die Flamme bis zur kleinsten Stufe drosseln und, ohne den Deckel zu heben, 45 Minuten ziehen lassen.

Ein altes chinesisches Sprichwort beschreibt, welche Sorgfalt beim Waschen des Reises walten soll:

> *»Denkt an den Reistopf wie an euren eigenen Kopf und glaubt, daß das Waschwasser für den Reis euer eigenes Leben ist.«*

Variation:
Der Reis wird kurz aufgekocht, gut abgetropft und anschließend in

2 EL Öl · 1 Zwiebel, in feine Würfel geschnitten

ausgedünstet und in Wasser gegart.

Da Reis proteinarm ist, läßt er sich wundervoll von Hülsenfrüchten ergänzen — mit Linsen und Azukibohnen schmeckt er ganz besonders.

Zur geschmacklichen Veränderung des milden Reises läßt sich das Kochwasser mit folgenden Zutaten würzen:

1 Kräutersträußchen aus Thymian, Sellerie, Möhre und Lorbeerblatt

1 gespickte Zwiebel mit Nelke

1 kleine Portion Algen, wie Hiziki, Kombu oder Nori

einige getrocknete Pilze oder getrocknete Früchte

Durch die Kriegszüge Alexanders des Großen wurde der Reis schon sehr früh in den Westen gebracht und auch angebaut. Der bekömmliche Reis hat in der ganzen Welt eine unerschöpfliche Anzahl von Rezepten kreiert.

Wie pikant schmeckt eine spanische Paella mit Safran, ein türkischer Pilaw, ein indischer Reiscurry oder ein Risotto alla Milanese. Reis ist eine harmonische Beilage zu einer Vielzahl von Gerichten.

Und vergessen wir nicht den »Süßen« aus Rundkornreis!
»Nachts kannst du mich wecken«, so locken die Liebhaber des süßen Reises — Zucker und Zimt, ein Löffelchen Schmant — mit Liebe gekocht. Ein Traum aus Kindertagen!

Roggen *Secale cereale*

Wie unser Hafer war auch Roggen ein Wildgras aus Kleinasien. In unserem Land schuf er das dunkle Brot. Die Römer nannten es die Roggenspeise der Barbaren. Im Verzehr von Roggen lag eine Abgrenzung zu den Nachbarn, die helles Weizenbrot bevorzugen.

Roggen wächst auf anspruchslosem Boden bis in die kältesten Regionen der Erde. Er wird hauptsächlich als Wintergetreide bestellt. Im September ausgesät, sammelt er bis zum August im Kreislauf des Jahres seine Kräfte. Wenn der Roggen ausschlägt, zeigen seine Sprößlinge eine rosa Färbung — im Gegensatz zu den gelblichgrün wachsenden Schößlingen anderer Getreide. Er treibt seine Wurzeln sehr tief, um Mineralien aufzunehmen, und lockert dabei den Boden auf.

Inhaltsstoffe

12 % Protein, 1,6 % Fett;
Vitamin B_1, B_2, B_3 und E;
Magnesium, Phosphor, Eisen, Fluor und besonders Kalium.

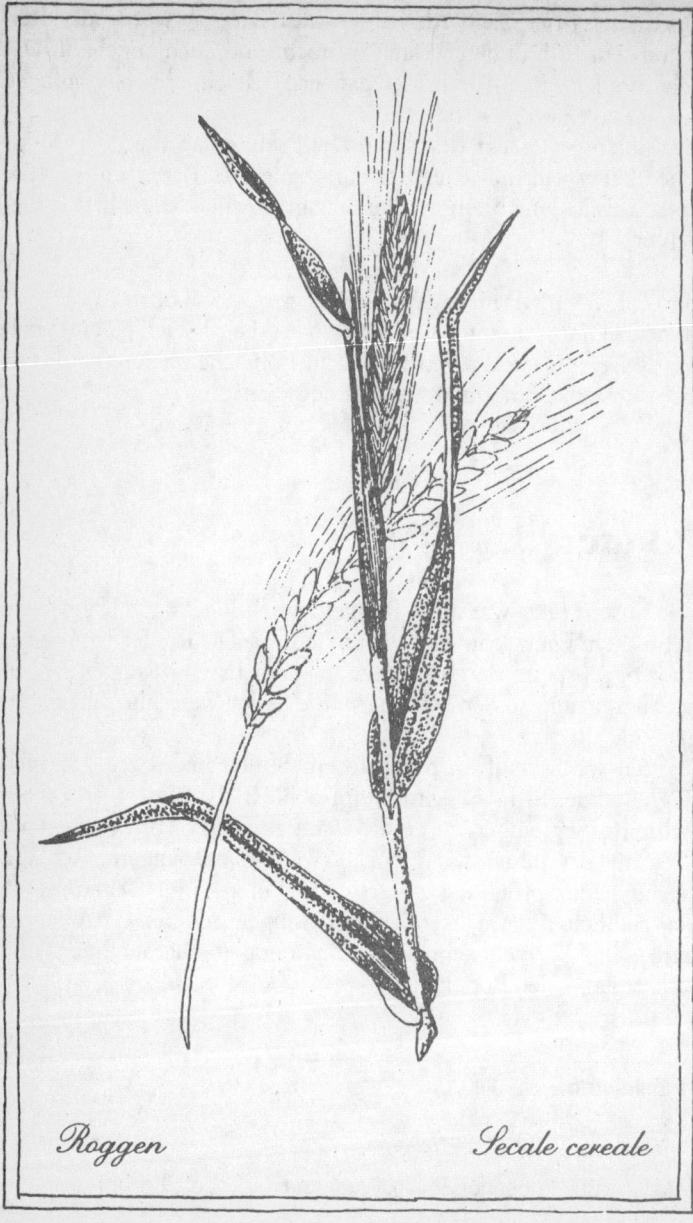

Roggen   *Secale cereale*

Roggen-Grundrezept

---

250 g Roggen, gequollen · 1 l Einweichwasser

Meersalz (so wenig wie möglich) · 2 EL Butter

Der Roggen wird in kaltem Wasser aufgesetzt und kurz zum Kochen gebracht. Das erste Wasser abgießen und den Roggen anschließend, diesmal im Einweichwasser, wieder aufsetzen und erneut zum Kochen bringen. Dann die Hitze reduzieren und das Getreide auf kleinster Flamme mindestens 1 Stunde köcheln.
Wir würzen den Roggen, geben die Butter hinzu und lassen ca. 30 Minuten bei gleichmäßiger Wärme nachquellen.

Roggenauflauf

---

500 g Roggenkörner, gegart · 2 EL Butter

---

1 große Zwiebel, fein gewürfelt

Pfeffer, frisch gemahlen · 1 Prise Muskat

---

1 Knoblauchzehe, gepreßt

---

1 TL Fenchelsamen, gemahlen

Meersalz (so wenig wie möglich)

---

1 kleiner Kohlkopf, entblättert und blanchiert

---

2 Tassen Sahnequark · ½ Tasse Milch zum Aufschlagen

---

4 EL geriebener junger Gouda · Butterflöckchen

Bitte den Ofen auf 170 Grad vorheizen! Wir dünsten die Zwiebel in der Butter und geben die Gewürze zu. Anschließend die Roggenkörner unterrühren. Dann den mit Milch verschlagenen Quark und den Käse unterziehen und alle Zutaten gut vermischen.

Eine gebutterte feuerfeste Form mit den Kohlblättern auslegen und die Roggenquarkmasse einfüllen. Den Auflauf mit den restlichen Blättern bedecken. Wenn wir nun noch einige Butterflöckchen aufsetzen, bildet sich auf dem Kohl durch das Backen eine glänzend-bräunlich schimmernde Schicht.

Der Auflauf schmeckt traumhaft, wenn er von dieser kalten Sauce begleitet wird:

---

1 ½ Tassen Crème fraîche · 1 Knoblauchzehe, gepreßt

1 Prise Cayennepfeffer · grober schwarzer Pfeffer

2 EL frischgehackte Petersilie · 1 Prise Meersalz

Alle Zutaten gut verrühren und zum Auflauf reichen.

Weizen *Triticum sativum*

Seit Echnatons Sonnenreligion gilt der Weizen als Mittler zwischen Sonne und Mensch. Denn kein anderes Getreide tankt so viel Sonne und Licht.

Durch Weizen, so glauben die Menschen, hatten sie teil an den kosmischen Kräften der Sonne, und für die Ägypter war der Weizen Bindeglied zu ihrem Sonnengott Aton.

Der Weizen, das beliebteste Korn, wird in allen Teilen der Welt angebaut — immer der Sonne folgend!

Inhaltsstoffe

Protein 11,7 %, Fett 2,0 %, Kohlehydrate 69,3 %;
Vitamin B_2, B_3, B_5, C und sehr viel E;
100 g verzehrbarer Weizen hat einen Calciumanteil von 43 mg;
Eisen, Phosphor, Magnesium und Zink.

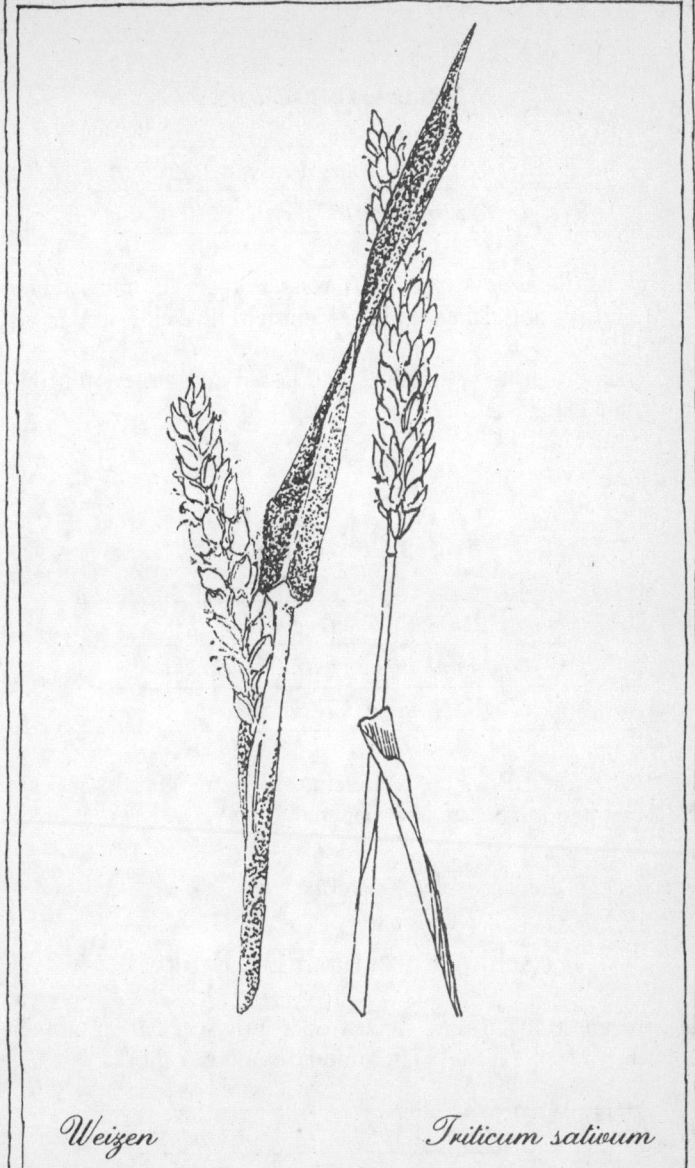

Weizen   *Triticum sativum*

Weizen-Grundrezept

---

250 g Weizen, geweicht · 1 l Wasser, gefiltert

Meersalz (so wenig wie möglich) · 2 EL Butter

Den Weizen kurz aufkochen, das Wasser abgießen, mit frischem Wasser erneut aufkochen und bei kleinster Hitze eine Stunde köcheln lassen.
Wir geben Butter und Salz hinzu und lassen die Körner 30 Minuten nachquellen.

Variation:

Süßes Weizenkorn

---

100 g Rosinen, geweicht

---

50 g Mandeln, geschält und gehackt

---

1 EL Honig · ¼ l süße Sahne

Den Weizen, mit Rosinen, Mandeln und Honig gesüßt, in Schalen geben und mit Sahne übergießen.

Ungekochter Brei aus vielen Körnern:

Frischkornbrei nach Dr. Bruker

Er wird aus Roggen und Weizen oder aus einer Mischung von Roggen, Weizen, Gerste, Hafer und Hirse hergestellt.

---

3 geriebene Äpfel · 12 EL Körner

---

3 Tassen Wasser

Die Körner zu grobem Schrot mahlen. (Nie auf Vorrat mahlen!) Mit gefiltertem Wasser zu einem Brei verrühren und 5—12 Stunden zum Quellen stehenlassen.

Obst zum Frischkornbrei:
Geriebener Apfel lockert den Brei besonders, aber versuchen wir auch Birnen, Beeren, Kirschen, Pflaumen, Aprikosen oder, im Winter, geweichtes Trockenobst.

Milchprodukte zum Frischkornbrei:
Milch, Joghurt, Sauermilch, Sauerrahm … die himmlischste Zutat ist ein Klacks geschlagene Sahne!

Nüsse zum Frischkornbrei:
Haselnüsse, Walnüsse, Pinienkerne, Mandeln, Sonnenblumenkerne, Kürbiskerne. Wählen Sie! Ich liebe gerösteten Sesam im Brei — oder frischgemahlenen Leinsamen und Sprossen.

Würze im Frischkornbrei:
Der gequollene Schrot hat eine natürliche Süße, besonders, wenn er gut gekaut wird.
Wollen wir den Frischkornbrei besonders würzen, so empfehle ich eine Spur gemahlenen Fenchel, Zimt, Nelke, Anis oder Vanille.

Warum heißt es nur immer, Körnerkost sei langweilig?

Hülsenfrüchte — allgemeine Hinweise

Samen, die in Hülsen reifen, stehen seit Urzeiten in engem Verbund mit Körnern.
Altertumsforscher fanden Hülsenfrüchte, oft zusammen mit Getreide, in Schalen und Gefäßen verwahrt, und ordneten sie gemeinsamer Entstehungszeit zu. Hülsenfrüchte und Getreide wurden *zusammen* genossen!
Wußten die Menschen früherer Zeiten, wie ideal sich diese beiden Früchte ergänzen? Heute erbringt die chemische Analyse den Nachweis:
Hülsenfrüchte liefern das in den Getreiden geringer vorkommende Protein und ergänzen sich ideal in Inhalt und Geschmack. Es

gibt weltweit eine Menge typischer Rezepte, die keinen anderen Sinn haben, als ihre Inhaltsstoffe gegenseitig zu ergänzen, um eine komplette Mahlzeit zu ergeben.

In Asien finden wir die Verbindung von:
Hülsenfrucht (Soja) mit Getreide (Reis);

in Europa:
Hülsenfrucht (Bohne, Linse, Erbse, Kichererbse) mit Getreide (Roggen, Hafer, Hirse, Gerste, Weizen);

in Amerika:
Getreide (Mais) mit Hülsenfrucht (Bohne);

in Nordafrika:
Getreide (Weizen, Hirse) mit Hülsenfrucht (Kichererbse).

Allgemeine Grundregeln

Wir kaufen biologisch gewachsene Hülsenfrüchte frisch aus der letzten Ernte mit einer glatt anliegenden Haut.
Alte Samen sind runzelig.
Früchte, die durch Erntemethoden oder Nachbehandlungen gebrochen sind, haben *nicht* den Nährwert und den Geschmack der ganzen Frucht; sie müssen verlesen werden.
Wir waschen Hülsenfrüchte in kaltem stehenden Wasser. Hülsen und gebrochene Anteile steigen nach oben und können mit der Hand herausgefischt werden.
Hülsenfrüchte sollten nur in gefiltertem Wasser geweicht und gekocht werden.
Die Einweichzeit ist von der Größe des Samens abhängig, sie sollte aber nie die Maximaldauer von 10 Stunden überschreiten, da zu diesem Zeitpunkt die Keimung beginnt. Ins Einweichwasser gehen wertvolle Stoffe des Samens über; es muß unbedingt zum Garen weiterverwendet werden.

Hülsenfrüchte-Grundrezept

250 g Hülsenfrüchte · 1 l Wasser

Die vorgeweichten Hülsenfrüchte werden in kaltem Wasser aufgesetzt und zum Aufwallen gebracht. Wir schütten die Hülsenfrüchte auf ein Sieb und übergießen sie kalt, um sie dann im *Einweichwasser* aufzukochen.

Hülsenfrüchte entwickeln beim Kochen leicht einen Schaum, der abgeschöpft werden muß. Nach dem Vorkochen jedoch ist eine Art Säuberung vollzogen, und die Früchte können im angereicherten Einweichwasser weiterkochen. Das geschieht je nach Alter und Größe der Frucht zwischen 45 Minuten und 2 Stunden auf kleinster Flamme.
Wir können allen Hülsenfrüchten durch das Zufügen von Gemüsen oder Kräutern verschiedene Geschmacksnoten geben, z.B. Dill, Fenchel, Kümmelsamen, Wacholderbeeren, Knoblauch, Lorbeer, eine mit Nelke gespickte Zwiebel, Muskatnuß, Piment, ein wenig Honig.
Die im Geschmack sanften Hülsenfrüchte bieten eine gute Unterlage für jede ausgefallene Würze, die außerdem unsere Körperfunktion anregt und die Hülsenfrucht leichter verdaulich macht.

Und zu guter Letzt: Der Gourmet schmeckt seine Hülsenfrüchte mit einem Schuß Rot- oder Weißwein ab.

Bohnen *Phaseolus vulgaris*

Wie vielfältig sind die Bohnenarten! Fast jedes Land hat seine typische Sorte und ein nationales Bohnengericht.
In Frankreich sind es die *haricots verts,* in England die nierenförmigen *Kidneybohnen,* in Spanien und Lateinamerika die *Friolen* und in China und Japan die *Soja-* und *Azukibohnen.*
Wer liebte in unserem Land nicht die ersten zarten Wollböhnchen, im Volksmund grob Saubohne genannt; sie gehören zu den Sommerköstlichkeiten besonderer Note.

Prähistorisch gehört die Bohne nach Afrika, doch läßt sie sich seit mehr als 6000 Jahren in Amerika nachweisen, besonders in Mexiko. Von den Eroberern Amerikas wissen wir, daß Bohnen ein fester Bestandteil der dortigen Küche waren und sich in einem großen, vielfältigen Sortenangebot in den verschiedenen Gerichten wiederfanden.

Bohnen haben interessante Formen, schillernde Farben, aber sie scheinen von einem Geheimnis umgeben, denn sie wurden trotz ihres hohen Nährwert von alters her mit einer gewissen Ablehnung gestraft. Da heißt es z.B.: »Dumm wie Bohnenstroh«, »Bohnen bringen Unglück« oder sie sind nur »für die Ärmsten der Armen«. Pythagoras verbot seinen Schülern sogar, Bohnen zu essen.

Bis heute haben sich die Vorurteile gehalten. Oder sind die Bohnen verdrängt worden vom Eiweißlieferanten Fleisch und gelten als dickmachendes, blähendes Wintergemüse? Früher waren sie aus der Vorratskammer nicht fortzudenken, doch der Kühlschrank, das Treibhausgemüse und die Versorgung mit frischen Früchten aus warmen Ländern haben unsere Eßgewohnheiten geändert.

Inhaltsstoffe

18—25 % Protein;
Vitamin B_1, B_2 und C in hoher Konzentration;
Eisen, Phosphor, Calcium, Magnesium, Kalium, Kupfer, Mangan, Zink.

Die Gruppe der Menschen, die in der »modernen« Ernährung eine große Gefahr sieht, wächst, und es gibt in den letzten Jahren eine Tendenz, sich wieder an die Rezepte aus Großmütterchens Zeiten zu erinnern und landschaftsbezogen zu essen.

Es gilt, die Bohne *neu* zu entdecken. Sie ist reich an Inhaltsstoffen, und die Möglichkeiten, sie in unseren Speiseplan aufzunehmen, sind schier unerschöpflich.

Bohne						Phaseolus vulgaris

Marinierte weiße Bohnen

---

1 Tasse große weiße Bohnen · 1 l Wasser

$^1/_2$ Tasse Olivenöl · 1 Lorbeerblatt

---

2 Knoblauchzehen, ganz

MARINADE:

$^1/_2$ Tasse Olivenöl · $^1/_2$ Tasse Weinessig (Apfel oder Estragon)

---

4 EL gehackte Petersilie · 1—2 EL Oregano, gestoßen

$^1/_2$ EL Basilikum · frischgemahlener Pfeffer

Meersalz (so wenig wie möglich)

Die Bohnen werden in gefiltertem Wasser 10 Stunden geweicht (s. auch Grundrezept Hülsenfrüchte), dann im Einweichwasser mit den würzenden Zutaten ca. 1—2 Stunden geköchelt. Die Bohnen während der Kochzeit prüfen, damit sie knackig bleiben.

Wir geben die Bohnen in eine Schüssel, übergießen sie mit der Marinade und stellen die verschlossene Schüssel zum Durchziehen an einen kühlen Platz.

Diese marinierten Bohnen sind eine Delikatesse zu Bandnudeln, aber sie sind auch eine aufregende Zutat zu allen grünen Salaten.

Azuki-Bohnen

Wie kernig-fest ist diese kleine rote Bohne, die seit Jahrtausenden in China, Japan und Korea gezüchtet wird. Sie ist die kleine Schwester der großen roten Feuerbohne aus Südamerika. In Japan finden wir die feine Azuki sogar in vielen Kuchenrezepten.

Sie wird zu Füllungen verarbeitet, zu Mehl vermahlen und ist eine begehrte Zutat für Konfekt.

In China war es Tradition, zum Geburtstag des Kaisers besonders viele Speisen mit dem teuren Azukimehl anzureichern — zur Verehrung seiner Majestät.

Prof. Oshawa, der japanische Ernährungswissenschaftler, schätzt den Heilwert der Azuki-Bohne besonders hoch ein. Er beschreibt ihre Wirkung auf erschlaffte Gewebe und empfiehlt besonders Nierenkranken täglich kleine Portionen zur Stärkung.

Anmerkung:
Mit ihren nur geringen Hektarbeträgen ist die Azuki-Bohne entsprechend teuer — aber eine wahre Medizin!

Inhaltsstoffe

25 % Protein;
Vitamin B_1, B_2, B_3;
Eisen, Calcium, Magnesium, Phosphor.

Kochen mit Azuki-Bohnen

Azuki-Bohnen-Suppe

1 ½ Tassen Azuki-Bohnen, geweicht
2 EL Öl, kalt geschlagen
1 große Zwiebel, in Würfel geschnitten
1 Stange Porree, in Streifen geschnitten
1 l Wasser · 1 Blatt Kombu, 6 cm lang (Alge)
1 Bouquet garni (Petersilienwurzel, Möhre, Sellerie, Thymian, Knoblauchzehe)
2 Scheiben Vollkornbrot · 1 EL Butter

Die geschnittenen Gemüse werden kurz im Öl angedünstet, danach im Wasser mit den weiteren Zutaten 1 Stunde auf kleinster Flamme gekocht. Das Vollkornbrot schneiden wir in Würfel und rösten es in sehr wenig Öl von allen Seiten knusprig-braun. Mit frischen Kräutern bestreut, besonders mit Minze, ist diese Suppe unübertrefflich. Ich serviere sie gerne mit einem Klacks Joghurt, gewürzt mit einem Hauch Knoblauch.

Die gerösteten Brotkrumen erst bei Tisch über die Suppe streuen, damit sie kroß bleiben.

Anmerkung:
Wenn wir Azuki-Bohnen mit Reis mischen, haben wir eine klassische Kombination von Getreide und Hülsenfrucht, die als die ideale Nahrungsergänzung anzusehen ist.

Gelbe Sojabohnen   *Glycine max*

Uralt ist die Geschichte der Sojabohne — sie wird in China nachweislich schon mehr als 13 000 Jahre gezüchtet. Bevor der große Botaniker und Kaiser Nung sie in sein großes Buch der Pflanzen aufnahm, war sie schon das wichtigste Nahrungsmittel der gelben Rasse. Sie gehört zu den 5 heiligen Früchten der Chinesen.

Seit dem 18. Jahrhundert ist die Sojabohne auch in Europa eingeführt, aber erst in den letzten 20 Jahren zu einem bedeutenden Futtermittel geworden. Mit der Aktualität einer fleischlosen Kost, im Kampf gegen den Hunger in der Welt, sieht man im Pflanzenprotein der Sojabohne den idealen »Fleischersatz«. Keine Hülsenfrucht hat mehr Protein.

Aber die Sojabohne ist nicht nur Nahrungs- und Futtermittel. Sie wird in den verschiedensten Industriezweigen als Grundstoff benutzt, zum Beispiel bei der Herstellung von Tinte, Gummi und Seife.

Inhaltsstoffe

37 % Protein mit allen essentiellen Aminosäuren (das ist doppelt so viel Protein wie im Fleisch lagert);
18 % Fett mit einem Anteil von 10 % ungesättigten Fettsäuren;
Vitamine B_1, B_2, B_3, A, C und K;
Calcium, Magnesium, Kupfer, Eisen, Mangan, Phosphor.

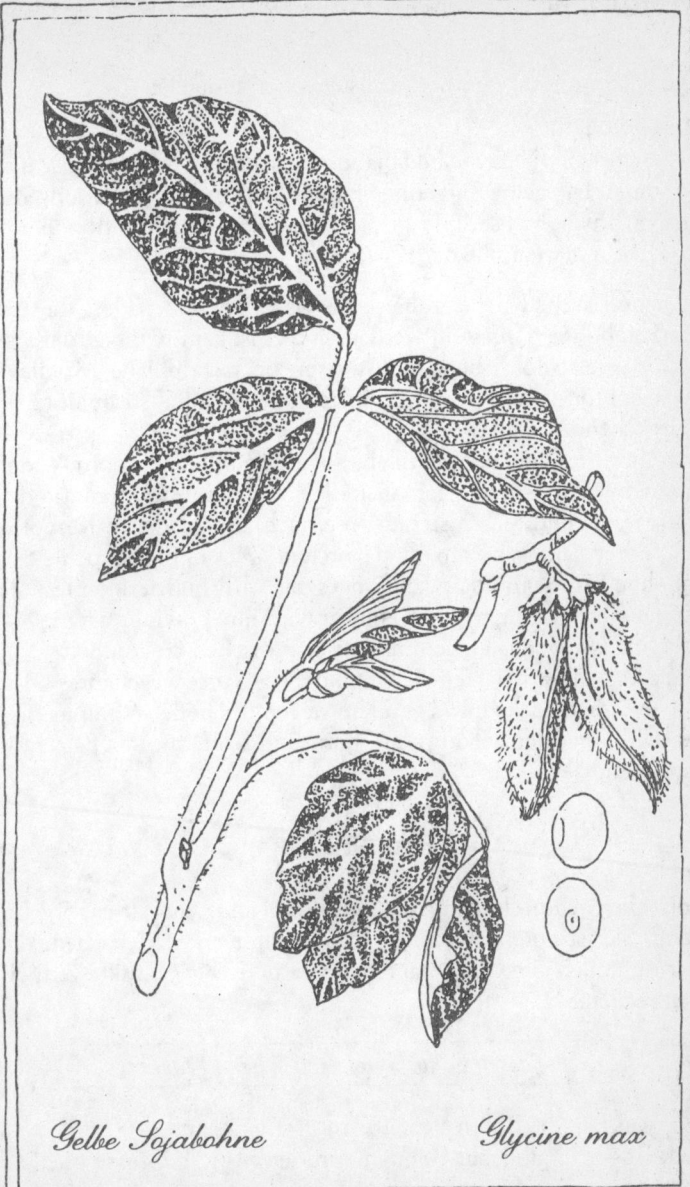

Gelbe Sojabohne   Glycine max

Die Sojabohne ist eine der reichsten Lecithinquellen.

Anmerkung:
Verwechseln wir die gelbe Sojabohne nicht mit der grünen Mungobohne. Die gelbe Sojabohne hat große Ähnlichkeit mit unserer großen Küchenerbse, und tatsächlich gehört auch die Bohne botanisch zu der Familie der Erbsen.

Die chinesische Küche enthält eine Vielzahl von Beilagen, die aus der Sojabohne hergestellt werden, und es ist kein Wunder, daß die nahezu fleischlos lebenden Chinesen unerschöpfliche Möglichkeiten entdeckten, sich die unübertrefflichen Inhaltstoffe nutzbar zu machen.
So gibt es Sojamehl, Sojamilch, Sojaflocken, Sojaöl, Tofu — der Bohnenquark — und schließlich die Sojasauce, auch Tamari oder Shoyu genannt. Sie entsteht, wenn nach verschiedenen Rezepturen, unter Zumischung von geröstetem Weizen, die gekochte Sojabohne mit Schimmelpilzen angesetzt wird und fermentiert. Je länger eine Sauce gärt, desto besser wird ihre Qualität. Ist die Sojabohnensauce das Geheimnis der chinesischen Gesundheit?
Viele Vegetarier schätzen die vitaminreiche Sauce wegen ihres köstlichen Geschmacks und vor allem wegen des hohen Vitamin-B$_{12}$-Anteils, einer der wichtigsten Ergänzungsstoffe für den fleischlos lebenden Menschen.

Sojamilch

Sojamilch schmeckt samtig weich. Eine Tasse enthält ca. 5 g Eiweiß. Sie ist eine ausgezeichnete Alternative für Menschen, die auf Kuhmilch allergisch reagieren oder tierische Produkte vermeiden wollen.

---

3 Tassen Sojabohnen · 6 Tassen Wasser

Wir weichen die Bohnen ca. 10 Stunden lang ein.
Jede Tasse gequollener Bohnen wird jeweils mit 2 Tassen heißen Wassers püriert.

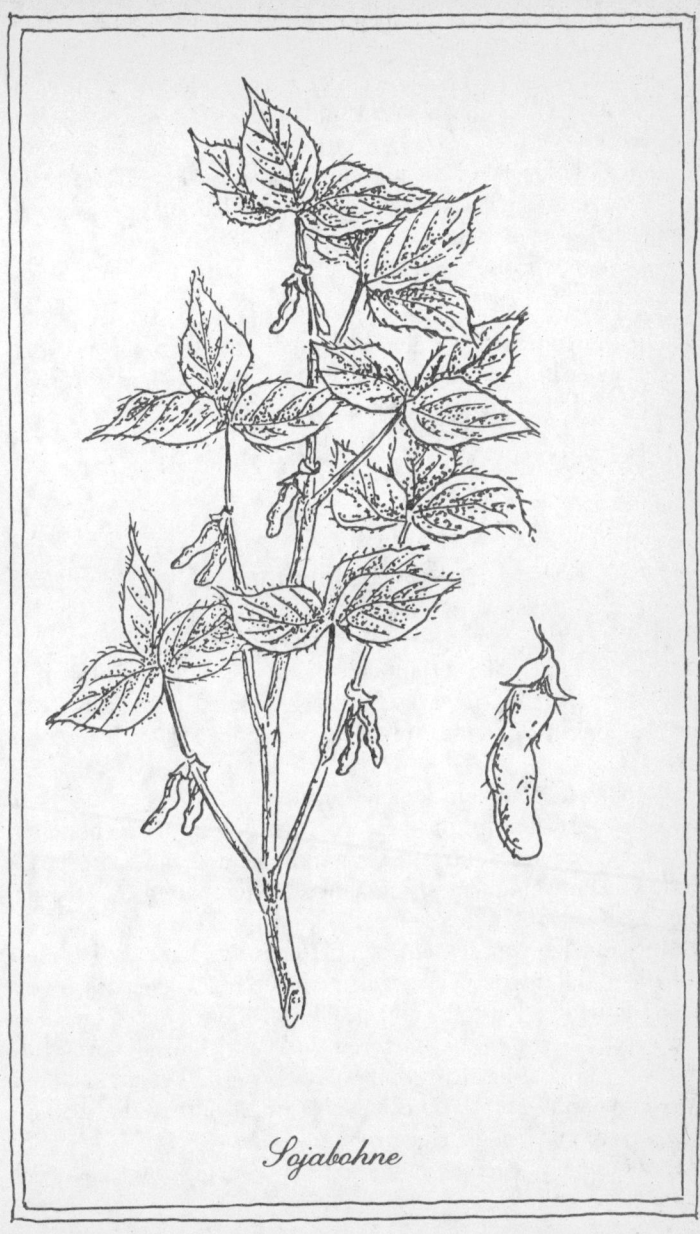

Sojabohne

In einem Topf wird das Bohnenpüree aufgekocht und bei kleinster Flamme 15—20 Minuten geköchelt. Ein Sieb mit einem dünnen Baumwolltuch auslegen und den Brei durchseihen. Es trennt sich die Milch von einem Rückstand, der im Japanischen »Okara« genannt wird.

Wir wiederholen den Vorgang mit 2 Tassen kalten Wassers, die nochmals über den Rückstand gegossen werden, und pressen wiederum die Milch heraus.

Nun können wir die Milch mit oder ohne Zutat genießen. Sie ist cholesterinfrei.

Okara: Die zurückbleibenden Restanteile enthalten wichtige Ballaststoffe der Bohne. Sie lassen sich wundervoll weiterverwenden zu Suppen, Füllungen und Cremes.

Tofu-Sojabohnenquark

Wenn wir erst die Sojamilch haben, ist es ganz einfach!

Diesmal 3 Tassen Wasser auf eine Tasse gequollener Bohnen geben. Der heißen Milch wird schubweise Apfelessig zugegeben, damit sie gerinnt ($\frac{1}{4}$ Tasse Apfelessig, verdünnt mit $\frac{1}{2}$ Tasse Wasser).

Es kommt zu einer Flockenbildung, wie bei der Quarkherstellung. Tofu ist eine Erfahrungssache, bei der die Bohnenqualität und das Gerinnungsmittel in der Wirkung aufeinander eine große Rolle spielen. Sojamilch gerinnt langsam vom Boden zur Oberfläche. In dieser Zeit bilden sich die Gärungsflocken. Sobald sich die Molke gänzlich von den Flocken getrennt hat, kann sie in einem mit einem Baumwolltuch ausgelegten Durchschlag gegossen werden. Die Molke läuft ab, und der Bohnenquark bleibt im Tuch. Wir beschweren ihn mit Holzbrett und Gewicht, damit der Tofu zu einer Form zusammengepreßt wird. Der Quark kann in kaltem Wasser oder in seiner Molke im Kühlschrank aufbewahrt werden, falls wir ihn nicht sogleich verzehren wollen.

Nahezu ohne Eigengeschmack, läßt sich Tofu geschmacklich vielseitig variieren.

Anmerkung:
Wenn wir aus der wertvollen Bohne Suppen-Pürees oder Gemüseeintöpfe bereiten wollen, richten wir uns nach dem Grundrezept für die Erbse.

Grüne Sojabohnen (Mungobohnen)

Phaseolus radiatus

Wenn die gelbe Sojabohne bedeutend ist wegen ihres hohen Pro-
teingehalts, so ist die grüne Sojabohne die berühmteste Sprosse
der Welt.
Die Sprossenzucht hat sich im Westen mit der grünen Sojabohne
durchgesetzt, und sie wird darum im Kapitel der Keime bespro-
chen.

Erbsen   *Pisum sativum*

In der Türkei hat man Erbsen gefunden, die auf ein Alter von
15 000 Jahren geschätzt werden.
Früher kannte man Erbsen nur als getrocknete Hülsenfrucht, bis
entdeckt wurde, daß Erbsen auch grün gegessen werden können.

Inhaltsstoffe

25 % Protein;
hohe Anteile an essentiellen Aminosäuren;
Vitamine A, B_1, B_2, B_6 und C;
Calcium, Phosphor, Magnesium, Kupfer, Mangan, Zink.

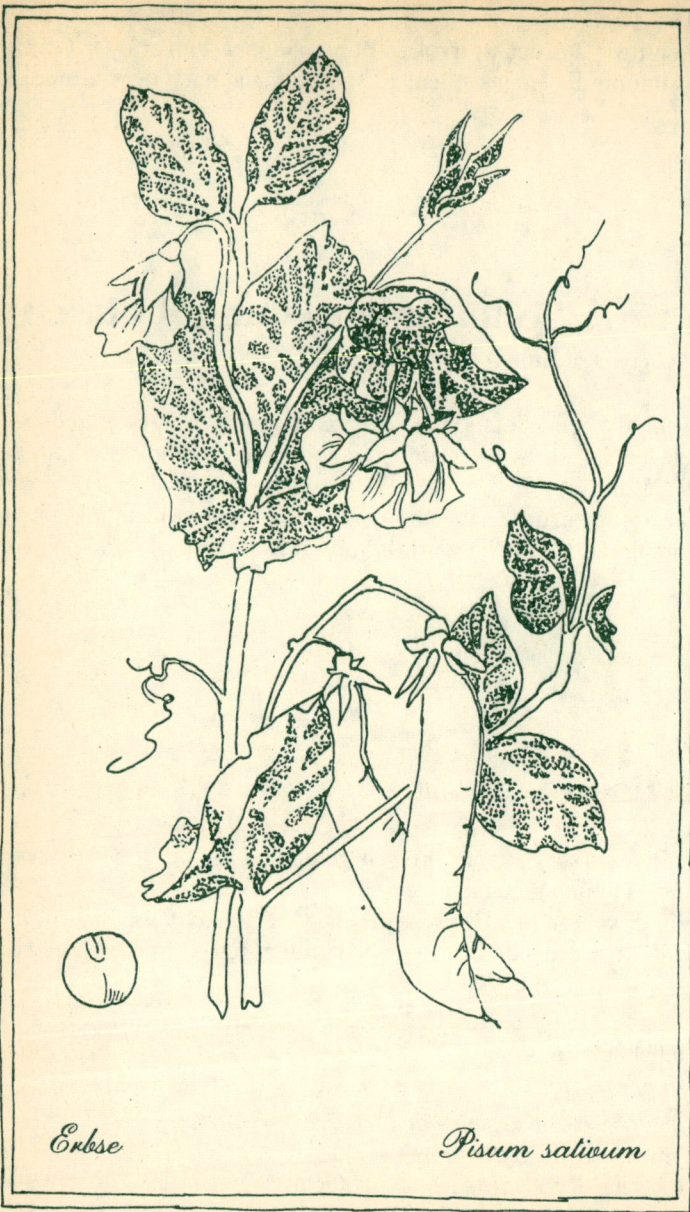

Erbse   Pisum sativum

Erbsensuppe

---

1 Tasse grüne Erbsen, 10 Stunden eingeweicht

---

1 l Wasser · 2 Zwiebeln, fein gehackt

---

2 Möhren, fein geschnitten · 1 EL Butter

---

1 Prise Salz · 1 Töpfchen Sauerrahm

---

3 EL frischgehackte Minze

Salz (so wenig wie möglich)

Wir bringen die Erbsen nach dem Grundrezept für Hülsenfrüchte zum Kochen und schäumen sie, wenn es nötig ist, ab. Sie garen innerhalb einer Stunde auf kleinster Flamme.

In einer Kasserolle die Gemüse dünsten und dann alle Zutaten, wenn sie abgespült sind, in einen Mixer geben und zu einer Creme schlagen.

Nachdem wir diese »Erbsensuppe« neu erwärmt haben, fügen wir den Sauerrahm zu und würzen mit der frischen Minze und einem Hauch Salz.

Diese Erbsensuppe ist leicht und frisch. Auch das Zerkleinern im Mixer macht sie bekömmlich. Wenn die Suppe sättigen soll, streuen wir vor dem Essen geröstete Brotkrumen oder gebräunte Sonnenblumenkerne über diese Kreation.

Kichererbsen   *Cicer arientinum*

Die Kichererbsen, auch Garbanzo genannt, verträgt extreme Hitze und ist beim Wachstum, ebenso wie bei der Ernte und der Lagerung, sehr widerstandsfähig und anspruchslos. In Mexiko und im ganzen Mittelmeerraum wandert die Kichererbse durch die Kochtöpfe, und mit ihrem hohen Protein- und Stärkegehalt ist sie eine kräftigende und sättigende Speise.

Kichererbse   Cicer arietinum

Gekochte Kichererbsen lassen sich wunderbar zu Nüssen rösten. Dazu brauchen wir nicht mehr als eine geölte Eisenpfanne und Geduld, damit sie gleichmäßig bräunen.

Mit besonderen Röstvorrichtungen kann aus der Kichererbse sogar ein Kaffee-Ersatz bereitet werden!

Doch denken wir an die duftenden Pfannkuchen, die in Nizza gebacken werden.

Ihre Grundsubstanz ist die gemahlene Kichererbse. Dafür gibt es wahrlich keinen Ersatz, denn der Geschmack ist unaustauschbar. Sie heißen »Soccas« und zergehen auf der Zunge.

Inhaltsstoffe

18—25 % Protein;
essentielle Aminosäuren;
Vitamine A, B_1, B_2, B_3, C und E;
viel Eisen, Phosphor, Zink, Mangan, Kalium.

Kochen mit Kichererbsen

Kichererbsen-Grundrezept

1 ^{1}/$_2$ Tassen Kichererbsen, 10 Stunden geweicht

1 l Wasser · Meersalz (so wenig wie möglich)

Die Kichererbsen werden nach dem Hülsenfrucht-Grundrezept vorbehandelt und dann im Einweichwasser gegart. Dies geschieht nach scharfem Ankochen mit reduzierter Hitze in ca. 1 bis 1^1/$_2$ Stunden.

Wir können die so vorbereiteten Kichererbsen in Salate streuen, sie unter Getreide mischen und mit Gemüsen der Saison als Eintopf zubereiten.

Kichererbsen vertragen sich besonders gut mit orientalischen Gewürzen.

Kichererbs-Kroketten

---

2 Tassen Kichererbsen, gekocht

$^1/_2$ Tasse Gemüsebrühe · 1 EL Weizenmehl

---

1 Ei · 1 Scheibe Brot, gebröselt

---

3 Knoblauchzehen, gepreßt

Meersalz (so wenig wie möglich)

---

je 1 Prise Kümmel, Basilikum, Pfeffer, Majoran

---

3 EL Sesamsamen, geröstet · Fett zum Ausbacken

---

frische Minze oder Petersilie

Bitte den Ofen auf 170 Grad vorheizen!
Die Kichererbsen werden durch den Fleischwolf gedreht oder im Mixer püriert.
In einer Schüssel alle Zutaten gut verkneten, damit sich die Geschmacksstoffe verbinden.
Wir ölen die Hände leicht und formen aus der Masse Kroketten, die nun wahlweise auf gefettetem Blech im Ofen oder in der heißen Pfanne ausgebacken werden.
Bei Tisch werden die knusprigen Bällchen mit dem frischen Gewürz bestreut. Sie passen wunderbar zu einem Möhrenpüree, mit dem sie sich zu einer erquicklichen Speise ergänzen.

Kichererbsencurry

3 Tassen gekochte Kichererbsen · 1 EL Butter
1 TL Koriander · 1 TL Kurkuma · 1 TL Kreuzkümmel
je 1 Prise gemahlene Nelken, Zimt, Muskatnuß und Ingwer
3 Knoblauchzehen, gepreßt
Meersalz (so wenig wie möglich) · Saft von $\frac{1}{2}$ Zitrone
4 EL gehackte Petersilie oder 4 EL gehackte Zitronenmelisse
2 Töpfchen Sauerrahm · Meersalz

Wir zerlassen die Butter in einer Kasserolle, rühren die Gewürze ein und schütten die Erbsen dazu. Während etwa 15 Minuten sollten sich die Kichererbsen mit dem pikanten Geschmack der Würze vollsaugen. Dann träufeln wir die Zitrone über und garnieren mit der frischen Petersilie.

Der mit Meersalz verquirlte Sauerrahm wird kalt zu dem Curry gereicht.

Der Kichererbsencurry hinterläßt einen sehnsuchtsvollen Geschmack — nach dem Orient.

Linsen   *Lens esculenta*

Ob in Indien, Griechenland, Italien — überall treffen wir auf diese kleine Frucht, die zu den leicht verdaulichen Hülsenfrüchten gehört.

Aus der Bibel erfahren wir die tragische Geschichte, wie Esau sein Erstgeburtsrecht für einen Linseneintopf hergibt.

Im Nildelta stoßen wir auf die Spuren der Stadt Phacussa, was »Linsenstadt« bedeutet. Stärkten sich die Erbauer der Pyramiden mit den Proteinen und Kohlehydraten der Linsen und gaben dem Platz, an dem sie lebten, den Namen der nährenden Speise?

Es gibt viele Geschichten und Vermutungen über diese Frucht, doch die römische Sitte, bei Begräbnissen Linsen und Salz zu reichen, ist authentisch überliefert.

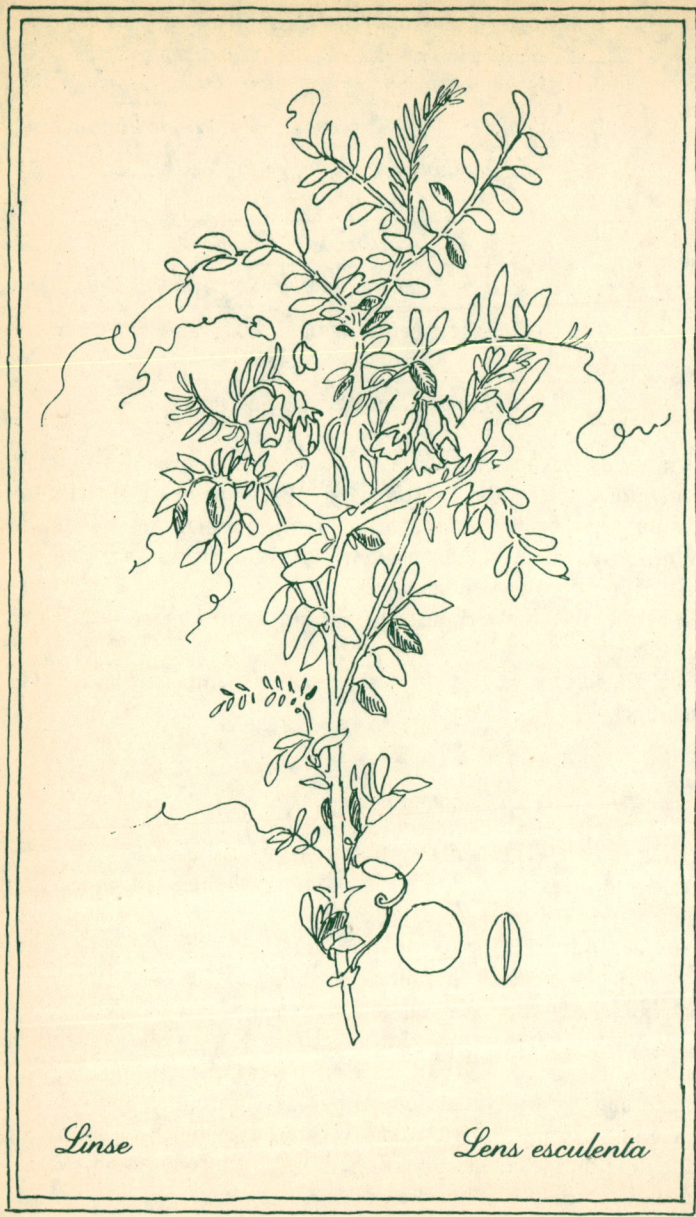

Linse   Lens esculenta

In allen Ländern, wo aus religiösen Gründen der Fleischverzehr untersagt ist, hat die Linse einen besonderen Stellenwert. Auch während der Fastenzeit war der Linseneintopf in katholischen Ländern ein beliebtes Essen.

Bei der Umstellung auf eine Kost mit einem Hülsenfrüchteanteil wird die Linse eine gute Hilfe sein. — In einer Zeit der ständig steigenden Preise ist sie auch ökonomisch ein hervorragendes Lebensmittel.

Inhaltsstoffe

24 % hochwertiges Protein;

56 % Kohlehydrate;

1,4 % Fett;

Vitamine A, B_1, B_2, B_3 und viel C;

Phosphor, Eisen, Zink, Mangan, Magnesium, Calcium, Natrium, Kupfer.

Kochen mit Linsen

Linsenpüree

---

4 Tassen Linsen, gekocht

1 Zwiebel, fein gewürfelt · 1 EL Öl, kaltgepreßt

Meersalz (so wenig wie möglich)

1 Prise Thymian, feingemahlen

1 Prise Kurkuma, gemahlen · 1 Prise Cayennepfeffer

$1/2$ TL frischer Ingwer · 2 EL frische Minze, gehackt

2 EL Sesamsamen, geröstet

Wir dünsten die Zwiebeln, mischen sie mit den Linsen und geben beide Zutaten, eventuell mit einem Schuß Gemüsebrühe, in den Mixer.

Die Linsenmasse wird gewürzt und zum Durchziehen kalt gestellt. Wir essen die Speise in Pfannkuchen gewickelt, als Brotaufstrich oder — in kleinen Schalen serviert — mit gerösteten Brotscheiben als Vorspeise zu einem kalten Rosé.

Linsensuppe

$1\frac{1}{2}$ Tassen Linsen · 1 l kochendes Wasser
4 EL Butter · 1 Zwiebel, mit 1 Nelke gespickt
1 kleine Stange Porree, in Scheiben geschnitten
1 kleine Paprikaschote, klein gewürfelt
1 kleine Stange Bleichsellerie · 2 pürierte Tomaten
$\frac{1}{2}$ TL Hefeextrakt · 1 Knoblauchzehe, gepreßt
Meersalz · Pfeffer · $\frac{1}{2}$ Tasse Rotwein
3 EL Petersilie, frisch gehackt

Die Linsen werden mit dem kochenden Wasser überbrüht und eine Stunde darin geweicht. Anschließend die Linsen eine Stunde lang auf kleinster Flamme köcheln.
Die gegarten Linsen und die kurz gedünsteten Gemüse werden in einem Topf kurz aufgekocht, gewürzt und ganz zum Schluß mit dem Rotwein verfeinert.
Am Tisch streuen wir die Petersilie über.
Es ist etwas ganz besonderes, zu dieser Suppe Sauerkrautsalat zu essen. Erquickend!

Gewürzsamen — allgemeine Hinweise

»Das Wohlschmeckende, das Schmackhafte nährt, fördert und erhält!« Hippokrates

Vereint sich eine Speise mit dem rechten Gewürz, steigert ein Kraut den Eigengeschmack einer Frucht aufs Innigste, dann sprechen wir von Kochkunst. Das Wasser läuft uns im Munde zusammen — die beste Einleitung für ein schmackhaftes Mahl. Wenn wir uns aber nach der Sättigung dennoch leicht und wohl fühlen, ist der Koch ein Meister; denn er hat es verstanden, seinen Speisen die Würze zu geben, die über eine Geschmackssymphonie hinaus das Wohlbefinden des »Genießers« beeinflußt. Weisheit liegt darin, durch Würze ein Essen auch bekömmlicher zu machen.

Gewürze regen den Speichelfluß an und fördern schon dadurch die im Mund beginnende Verdauung. Außerdem stimulieren sie die Magen- und Darmsekrete und desinfizieren.
Das Thema der Körner und Samen wäre nicht ausgefüllt, wenn wir dem Gewürzsamen nicht unsere Verehrung aussprechen würden ... Kräuterpflanzen gelten als unscheinbar, doch dahinter verbirgt sich eine vielfältige Kraft, aus der wir wunderbar schöpfen können.

Anis   *Pimpinella anisum*

Schon die Ägypter kultivierten den köstlichen Anis. Über die Alpen ist er zu uns gekommen. In Griechenland und Rom sagten ihm Gelehrte eine heilende Wirkung nach, und Pythagoras pries ihn in der Frauenheilkunde.
Anis entgiftet und beruhigt den Darmbereich, außerdem heilt er Bronchialkatarrhe.
Wir können Anis auch als Tee trinken. Gekaute Anissamen haben gute Wirkung bei Blähungen und bringen nervösen Menschen Schlaf. Gemahlener Anis macht Obstsalate zur Gaumenfreude.
Mixgetränke und Rohkostsalate, nicht zu vergessen die Anisplätzchen, sind eine Delikatesse!

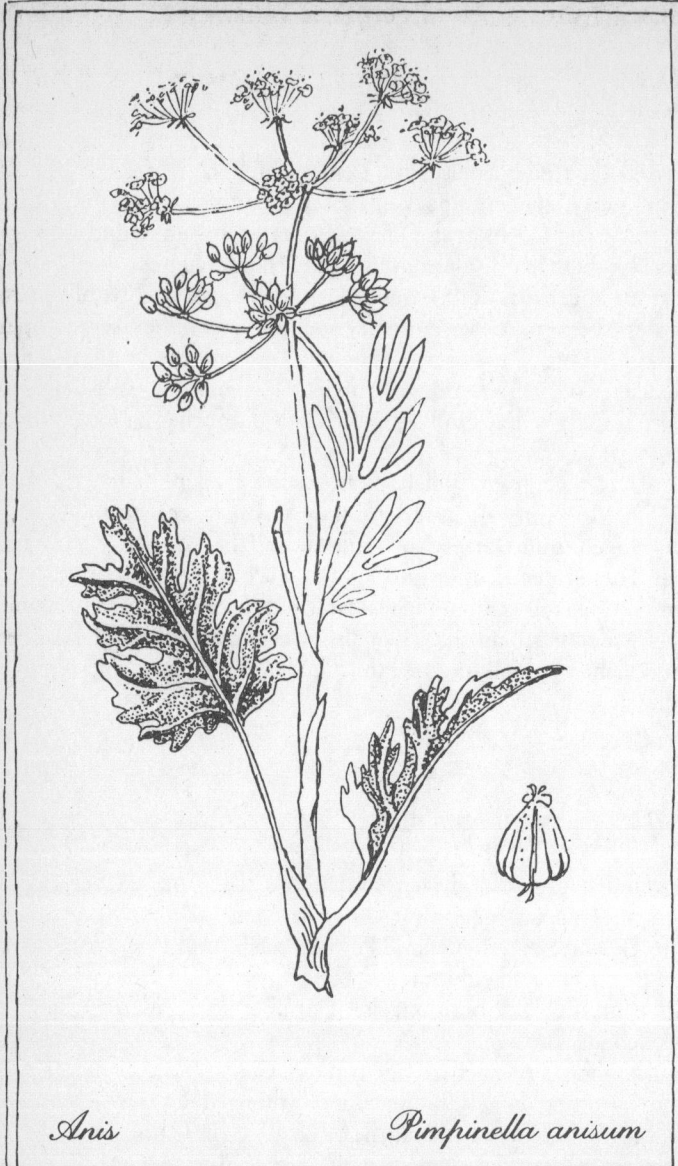

Anis   *Pimpinella anisum*

Fenchel *Foeniculum vulgare*

Der Fenchel, als Marienpflanze verehrt, war auch in der Antike im Gespräch, als nach Mitteln gegen Zauberei gesucht wurde. Schlangen, so geht die Sage, häuten sich, wenn sie vom Fenchel gegessen haben, und daher steht auch der Fenchel sinnbildlich für periodische Verjüngung und Erneuerung.

Kleinkindern geben wir bei Verdauungsstörungen Fencheltee, der auch wunderbar bei allen Krankheiten der Luftwege lindert.

Nach Kneipp fördert Fencheltee den Gallenfluß und regt den trägen Darm an; ein Dampfbad mit dem Tuch über den Kopf löst Hautprobleme.

Fenchel ist besonders angenehm in Rohkostsalaten und zu Gebäck. Ich liebe ihn, wie könnte es anders sein, zu Sprossen, und er wirkt wie ein »Zaubermittel« im Obstsalat. Außerdem klärt er die verschiedenen Geschmacksnuancen.

Tip:
Wer seine Haut reinigen und klären möchte, nehme ein wöchentliches Kopfdampfbad über einem kräftigen Fenchelsud. Das ist die natürlichste und wirksamste Hilfe, eine blühende Haut zu behalten.

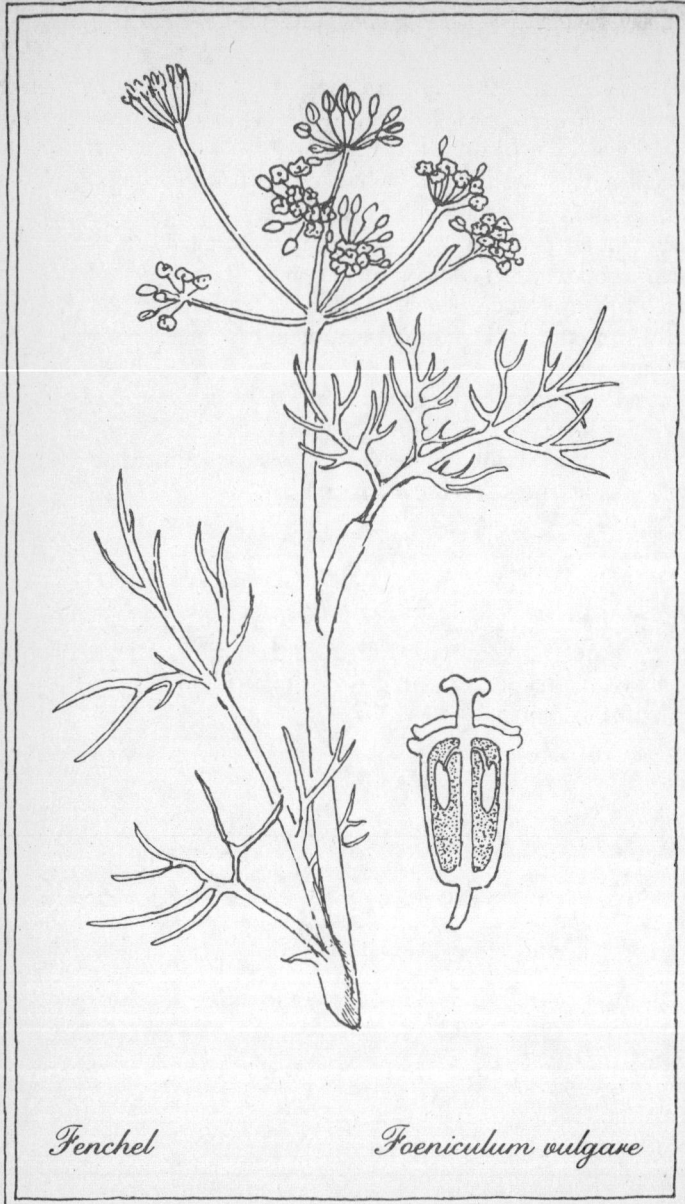

Fenchel   Foeniculum vulgare

Kümmel   *Carum carvil*

Der Kümmel ist wie so manches Gewürz von Asien und Ägypten in den Mittelmeerraum vorgedrungen und war in der langen Tradition der Klostergärten eines der begehrtesten Gewürze. Kümmel stärkt den Magen; er ist blähungswidrig und hilft der Verdauung.

Kümmel in der Küche

Wer würde nicht, wenn er Kohl zubereitet, eine Prise Kümmel mitverwenden oder ihn zu frischen Kartoffeln, Quark und roten Rüben reichen? Dem Kochwasser für Getreidegerichte zugegeben, erleichtert er die Verdauung und fördert das Allgemeinwohl.

Tee gegen Blähungen

Anis, Fenchel, Kümmel und Kamille zu gleichen Teilen mit kochendem Wasser übergießen und mindestens 10 Minuten ziehen lassen.
Dieser Tee sollte in sehr kleinen Schlückchen getrunken werden.

Anmerkung:
Kümmel wird meist als ganzer Samen verwendet.
Bei Brot und Brezeln bildet er sogar eine Kruste.
Wer intensiven Kümmelgeschmack nicht schätzt, kann ihn klein hacken oder mahlen. Schon eine winzige Prise steigert den Geschmack einer Speise und regt unseren Stoffwechsel an.

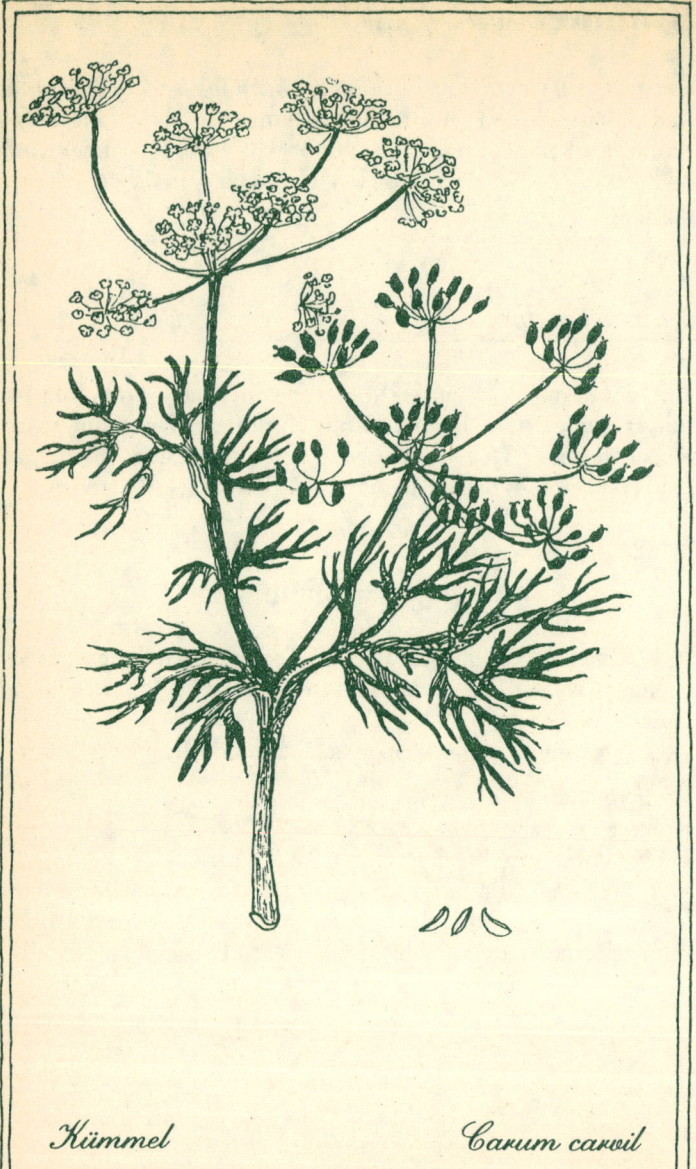

Kümmel   Carum carvi

Senf *Sinapis alba*

Das Senfkorn ist eine Wunderpflanze, denn die Kräfte des kleinen goldenen Kügelchens sind außergewöhnlich. Es reinigt, stärkt, heilt, regeneriert und desinfiziert. Gelähmte Verdauungsorgane, die zu Verschlackung führen, können durch eine Kur mit Senfkörnern wieder aktiviert werden. Alle Ausscheidungsorgane, z. B. auch Atmungsorgane, gesunden durch diese Medizin.

Seine heilsamen Kräfte sind seit alters her von allen Kulturvölkern genutzt worden; wie gut ihn bei den vielen gegenwärtigen Darmkrankheiten wieder kennenzulernen.

Fragen Sie einen Heilpraktiker nach Senfkuren! Die Senfkörner werden unzerkaut in zuerst kleinen, dann ansteigenden Mengen eingenommen. Sie wirken, obwohl sie als Ganzes wieder ausgeschieden werden.

Das Senfkorn in der Küche

Frischgemahlene Senfkörner würzen Salatsaucen und Suppen. Wer Gurken einlegt, wird immer eine Portion der kleinen Körner in den Sud geben, damit die Würze in die Gurke dringt und die ätherischen Öle für die Haltbarkeit sorgen können.

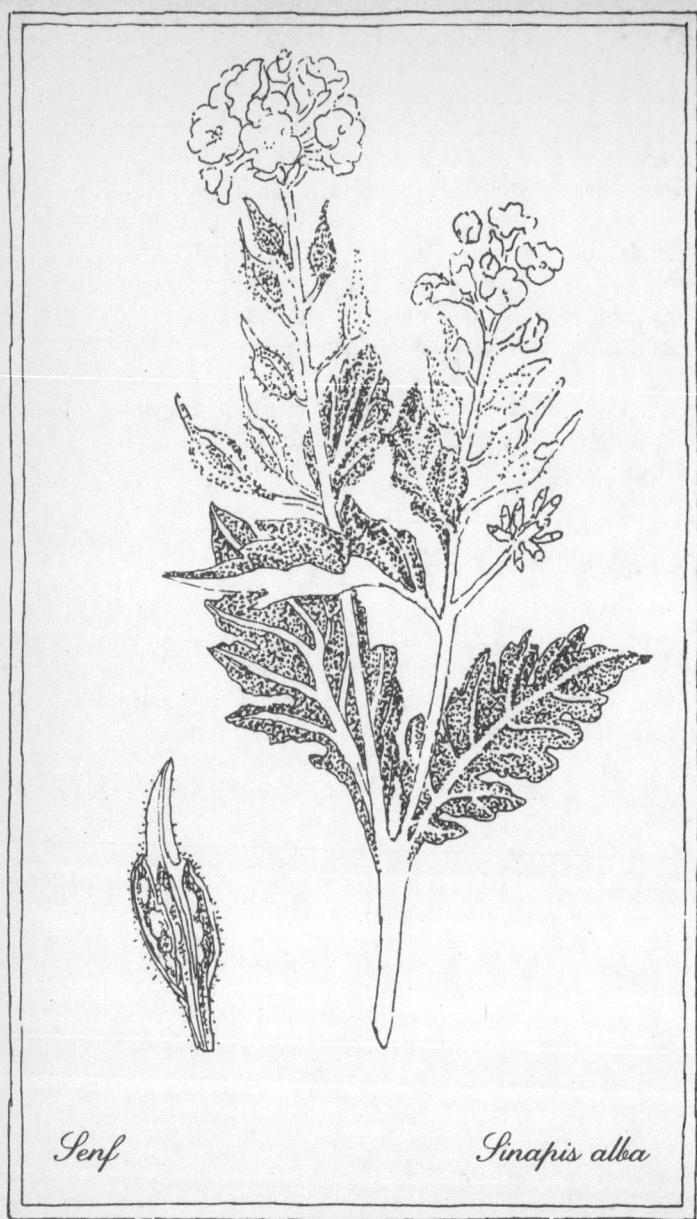

Senf   Sinapis alba

Nüsse / Ölfrüchte — allgemeine Hinweise

»Rauhe Schale — weicher Kern«, sind sie nicht eine Besonderheit, diese schönen Früchte?
Kein Öl ist so wertvoll wie die Ölfrucht selbst.
Obwohl wir glauben, mit kaltgepreßten Ölen das Beste zu kaufen, ist doch der Preßvorgang immer mit Wärme verbunden, der einen direkten Einfluß auf Geschmack und Inhaltsstoffe hat. Das Öl trennt sich erst durch Wärme von den Hülsen und Faserstoffen. Darum ist es sinnvoll, Nüsse zu essen, um von ihrer unverfälschten Vitalität zu profitieren.
Nüsse sind reich an Proteinen, Ölen, ungesättigten Fettsäuren, Vitaminen, Mineralien und Spurenelementen.
Wenn Nüsse gut gekaut und eingespeichelt werden, sind sie leichter verdaulich.

Leinsamen   *Linum usitatissinum*

Den Römern und Griechen war der Leinsamen eine Delikatesse; er wurde zwischen den einzelnen Gängen ihrer Festgelage gereicht.
Heute ist anerkannt, daß bei Magen- und Darmschleimhautentzündungen und bei Verstopfungen Leinsamen eine heilende Funktion zukommt. Doch jede Erkrankung wird durch unterschiedliche Zubereitung des Leinsamens geheilt.

a) *Für Magen- und Darmschleimhautentzündungen:* geschroteter Leinsamen. Für die Magenschleimhautentzündung ist vorgequollener Leinsamen oder Leinsamentee zu empfehlen.

b) *bei Verstopfung:* grob geschroteter Leinsamen oder Linusit (Reformhaus) mit ausreichender Flüssigkeitsmenge eingenommen. (Auf 2 EL Leinsamen 1 Glas Wasser.) Denn nur in Verbindung mit Flüssigkeit werden die Quellstoffe im Samen wirksam und können ihre Funktion im Darm ausüben.

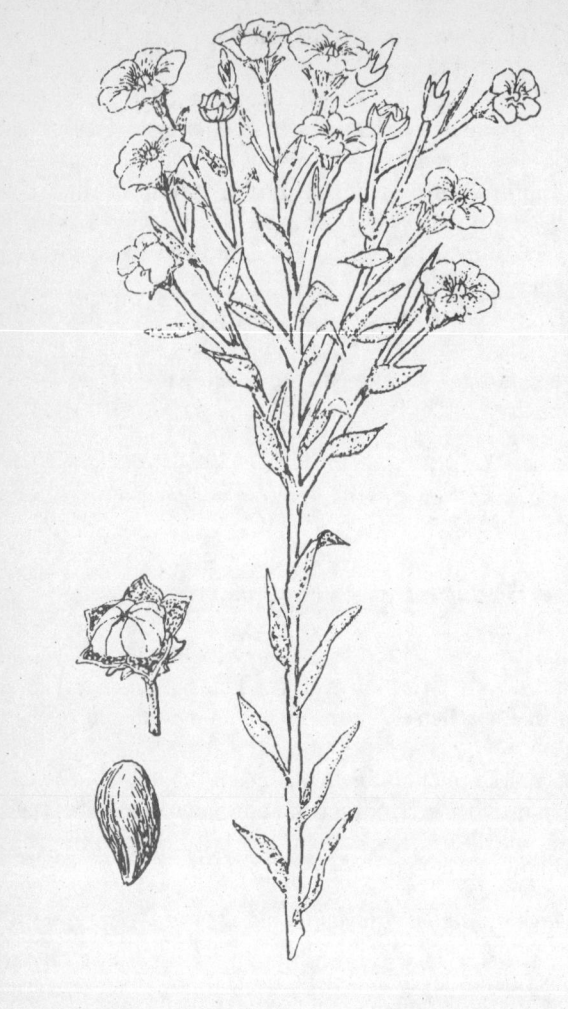

Leinsamen   Linum usitatissinum

Leinsamen wird immer frisch gemahlen, damit der eindringende Sauerstoff seine Inhaltsstoffe nicht beeinträchtigt.

Inhaltsstoffe

23 % Protein;

40 % Öl, davon 75 % ungesättigte Fettsäuren;

sehr viel Calcium, Eisen, Phosphor, Magnesium, Kupfer.

Der Leinsamen in der Küche

Der Samen kann in die verschiedensten Gerichte gestreut werden. Wenn wir nur einen frischgeschroteten Eßlöffel täglich essen — im Müsli, in Getränken, in Salaten oder zu Getreiden und Eintöpfen — haben wir schon viel für unsere Gesundheit getan.

Leinsamentee

---

3 EL Leinsamen · ¹/₂ l Wasser

Wir geben den Leinsamen ins kochende Wasser und lassen ihn 6—7 Minuten ziehen. Abseihen.

Oder den Leinsamen mit kochendem Wasser übergießen und über Nacht ziehen lassen, bevor er gesiebt wird.

Dieser Tee enthält viel darmheilendes Vitamin F.

Süße Mandeln   *Pronus amygdalus*

Eine süße Frucht in steinhartem Kern. Das Ursprungsland des Mandelbaumes ist Persien. Mittlerweile hat er sich im ganzen Mittelmeerraum verbreitet. Man sagt, wenn stillende Mütter Mandeln essen, vermehre sich ihre Milch.
Die Mandel vertreibt Schlaflosigkeit und Kopfschmerzen nach Alkoholgenuß. So gaben die klugen Perserinnen ihren Männern Mandeln mit auf den Weg zu einem Gelage.
Mythen zufolge sollen Mandeln sogar Hexen und den bösen Blick vertreiben ...

Inhaltsstoffe

18 % Protein, 11 % Öl;
mit mehrfach ungesättigten Fettsäuren; 19,5 % Kohlehydrate;
Calcium, Potassium, Magnesium, Phosphor, Mangan, Kalium, Schwefel, Chlor, Eisen, Zink, Natrium, Kupfer;
Die Vitamine B_1, B_2, B_3 und A.

Kein Wunder, daß bei der Ansammlung von Mineralien und Spurenelementen der Mandel besondere Heilkräfte nachgesagt werden.

Anmerkung:
Es gilt als »offenes Geheimnis«, daß der tägliche Genuß von drei gut gekauten Mandeln *keine* Geschwulst im Körper zuläßt.

Vorsicht!
Verwechseln wir die süße Mandel nicht mit der Bittermandel, die tödlich wirkende Blausäure enthält.

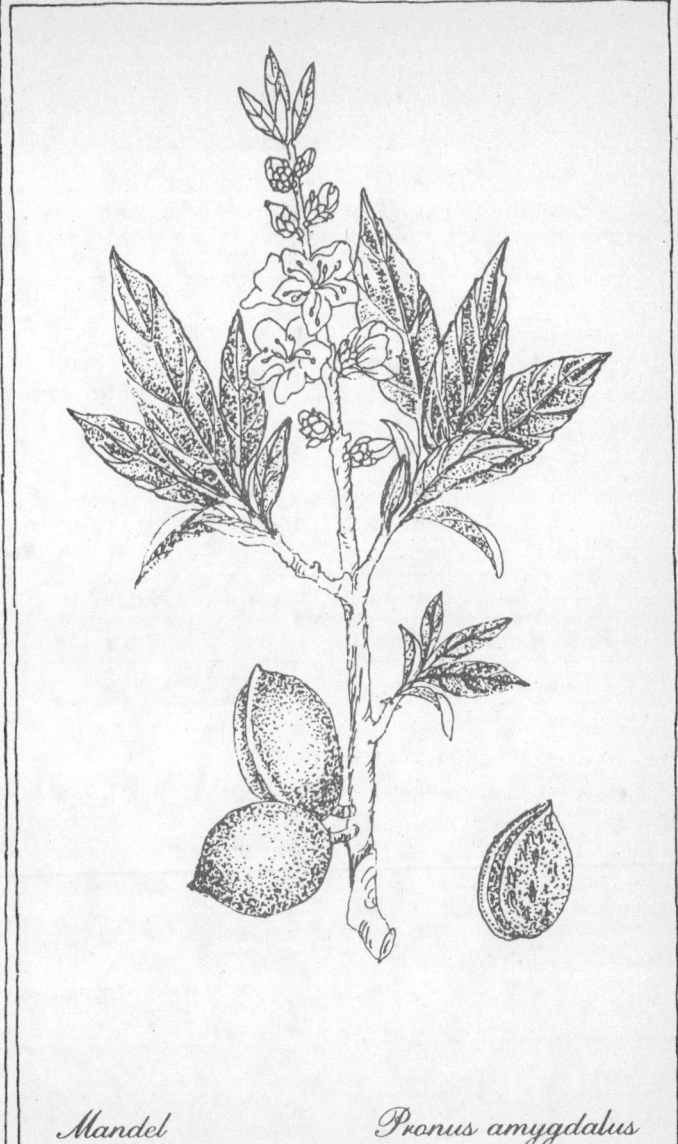

Mandel   Pronus amygdalus

Mandelcremesuppe

---

1 l Gemüsebrühe · 1 Tasse Mandeln

---

1 Tasse Sahne · weißer Pfeffer · 1 Hauch Meersalz

---

3 EL Pfefferminzblätter, gehackt

Die Mandeln werden in der Sahne püriert und in die kochende
Gemüsebrühe gerührt. Noch einmal kurz aufkochen lassen.
Anschließend die Suppe abschmecken und mit der Minze garnieren.

Anis-Mandelplätzchen

---

4 EL Sojaöl, kaltgeschlagen · $\frac{1}{2}$ Tasse Honig

$\frac{1}{2}$ Tasse Mandeln, gemahlen · 3 Tassen Vollweizenmehl

---

2 TL Anis, gemahlen · 1 Spur Meersalz

Bitte den Ofen auf 180 Grad vorheizen!
Alle Zutaten in eine Schüssel geben und einen cremigen Teig rühren.
Ein Blech fetten und den Teig mit einem Teelöffel in kleine Häufchen setzen. In 10—15 Minuten zu knusprigen Plätzchen backen.

Sesam   *Sesamum indicum*

Der lateinische Name verrät das Geburtsland — es ist Indien. Die
kostbare Pflanze ist der erste ölhaltige Samen, den der Mensch
züchtete und anbaute. Er hat sich über China und Japan schnell
bis in die Mittelmeerländer verbreitet. Sesamöl ist qualitativ unübertroffen, da es praktisch nicht ranzig wird. Es kann also sehr
lange gelagert werden, und wird sogar anderen Ölen zur Stabili-
sierung beigemischt. Außerdem hat der kleine beige Sesamsamen
einen pikanten Geschmack. Hippokrates verweist in seinen Schriften immer wieder auf die Heilkraft der winzigen Frucht.

Ein guter Rat:
1 TL Sesam am Tag dient unserer Gesundheit, denn kein Öl hat
einen so hohen Gehalt an ungesättigten Fettsäuren. Medizinisch
verwendet sorgt das Öl für einen geregelten Blutkreislauf, und
der hohe Lecithinanteil kräftigt unsere Nerven. Äußerlich angewendet pflegt es die Haut und wirkt Wunder als Haarpackung.

Inhaltsstoffe

20 % Protein, 50 % Öl, welches zu 90,4 % aus ungesättigten Fettsäuren besteht;
die Vitamine B_1, B_2, B_3, A, C und E;
Lecithin, Magnesium, Calcium und Phosphor.

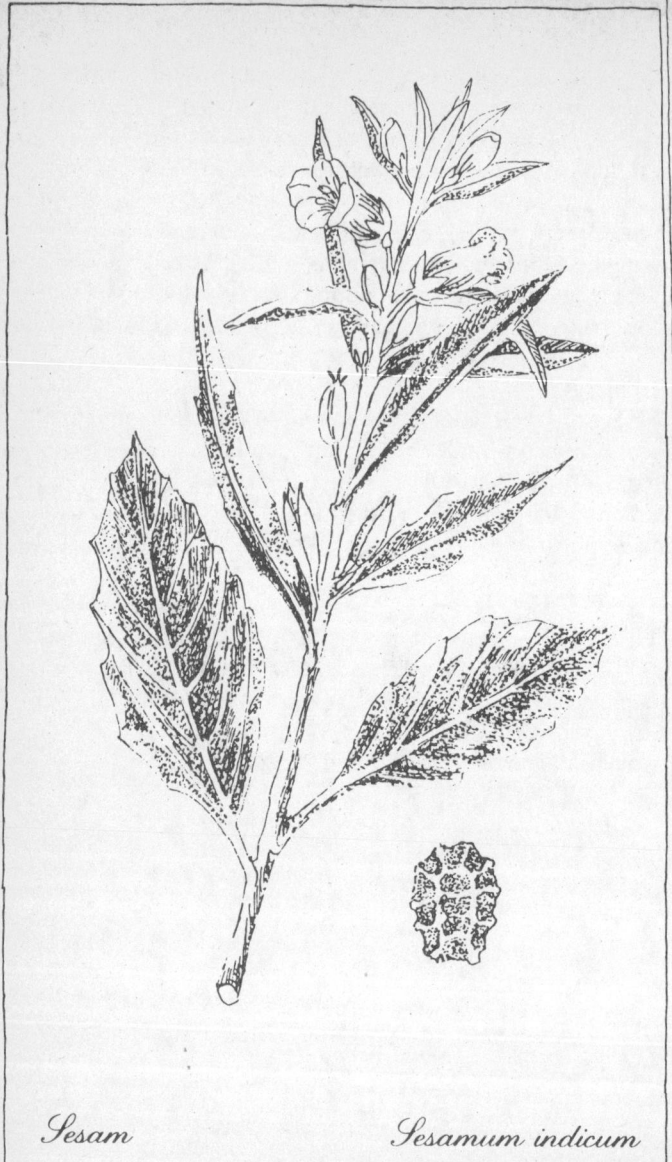

Sesam   Sesamum indicum

Wir können Sesam roh oder geröstet über jedes Müsli, Gemüse, jeden Salat oder andere ungekochte Speisen streuen.
Das zur makrobiotischen Küche gehörende *Gomasio* besteht aus Sesam.
Und so bereiten wir es zu:

Gomasio

---
1 Tasse grobgemahlener Sesam · 1 EL Meersalz

Wir vermischen die Zutaten und rühren so lange in einer heißen Eisenpfanne, bis sich der Sesam goldbraun färbt. Wegen der Luftempfindlichkeit jeder gemahlenen Ölfrucht wird Gomasio immer frisch zubereitet.

»Sesam öffne dich« — im Märchen von Tausendundeiner Nacht ist dieser Satz ein geheimnisvoller Schlüssel.
Öffnen *wir* uns den Kräften des wohlschmeckenden Sesams, denn seit Jahrtausenden ist bekannt: Er klärt den Geist und stärkt das Gedächtnis!

Sesamkrokant

---
1 Tasse Honig · 1 EL Apfelessig · 1 Tasse Sesamsaat
das Mark von ¹/₂ Vanilleschote, fein püriert

In einem Eisentopf auf kleiner Flamme lassen wir Honig und Essig so lange köcheln, bis eine feste Masse entstanden ist. Dann geben wir den Sesam hinzu und würzen.
Auf einem mehlbestäubten Brett die Sesamkrokantmasse auswalzen und in Rechtecke oder Kreise schneiden.
Wer bis dahin noch nicht genascht hat, wird die Plätzchen seinen Freunden schenken.

Sonnenblumenkerne *Helianthus annuus*

Wenn die Sonne aufgeht, streckt ihr die Sonnenblume ihren Blütenkorb entgegen, und bis zum Sonnenuntergang folgt sie dem Licht. Diese starke Einwirkung macht den Sonnenblumenkern zum Kraftwerk an Nahrungsenergie. Die absorbierte Wärme setzt sich als Nährstoff in den Samen fort.
Die Inkas verehrten diese Blume und machten sie als Sonnensymbol zu ihrem Wahrzeichen. Sind diese Blumen nicht wahrhaftige Abbilder kleiner Sonnen?

Und im Gegensatz zu anderen Nüssen haben Sonnenblumenkerne einen geringeren Brennwert. Sie machen nicht dick. Streuen wir sie in Salate und knabbern immer mal wieder ein Kernchen — für unsere Gesundheit und in Gedanken an die schöne strahlende Sonnenblume!

Inhaltsstoffe

27 % Protein, mit allen essentiellen Aminosäuren, 36 % Öl; ca. 20 % Kohlehydrate;
Vitamine B_1, B_2, B_3, A, K, E und F.
Keine Pflanze hat soviel Eisen wie die Sonnenblume.
Kupfer, Mangan, Phosphor, Kalium, Calcium, Magnesium, Zink, Kobalt, Jod, Fluor, Chlor.

Sonnenblume   Helianthus annuus

Halva, roh

je ½ Tasse Sonnenblumenkerne, Kokosraspeln,
Weizenkeime und Sesamsaat

1 Prise Kardamom · 2 EL Honig

3 EL Erdnußbutter

Alle Zutaten durch den Fleischwolf drehen, gut vermischen und
fest zusammenpressen.
Wir modellieren kleine Kugeln und stellen sie bis zum Verzehr
kalt.
Diese Nascherei ist ein rechter Gaumenschmeichler.

2

Keime

Sprossen in der Geschichte der Medizin

Schon 5000 Jahre, bevor die Heilkräfte der Sprossen von europäischen Wissenschaftlern erkannt wurden, hatte der legendäre chinesische Kaiser Sheng Nung sie ausführlich in seinem ersten Buch über die Ordnung der Nutz- und Heilpflanzen beschrieben.

Sheng Nung gilt als Vater der Landwirtschaft und der Medizin. Er teilte die Sojabohnensprossen der zweiten seiner drei Klassen zu. Diese Ordnung war medizinisch und nicht botanisch. Die erste Gruppe der 360 Heilpflanzen umfaßt die absolut ungiftigen Pflanzen — sie enthalten die Gesundheit, die Quelle unseres Lebens.

Die Sojabohnensprosse gehört, wie Orange und Pilz, zur zweiten Klasse, deren Früchte in bestimmten Dosierungen gegessen werden sollen. Sprossen entschlacken den Körper und haben eine durchdringend heilende Wirkung. Sheng Nung betonte, sie helfen bei der Rekonvaleszenz, wenn der Organismus besondere Kräfte braucht.

Die Pflanzen der dritten Klasse sind nicht giftfrei. — Sie sind reine Medizin und werden homöopathisch dosiert verabreicht. Sie vertreiben Hitze oder Kälte, klären den Atem und reinigen den Körper.

Das Werk Sheng Nungs blieb sehr lange gültig.

Doch 500 n. Chr. überprüfte T'ao Hung King alle Studien, die es über Sheng Nungs Werk gab, und erweiterte das Buch der Heilpflanzen über 365 »neue Erkenntnisse«.

Wieder werden Bohnensprossen erwähnt. Sie gelten als hervorragende Medizin bei Ödemen, Muskelerkrankungen, Kniescheibenschmerzen, Hautunreinheiten und Haarproblemen.

Erst im 16. Jahrhundert tauchten neue Schriften zum Thema Sprossen auf. Nach 40 Jahren Studium verfaßte Meister Li ein Werk über die Kräfte der Sprossen. Er bestätigte vor allem der schwarzen Sojabohnensprosse eine hohe Heilkraft und gab Anweisungen zur Sprossenzucht:

»Lasse schwarze Bohnen an einem feuchten Tag in klarem Wasser weichen und entferne dann die Hülsen. Wenn die Bohnen zu Sprossen gewachsen sind, trockne sie im Schatten.«

Nach Li fördern Sprossen die Verdauung, heilen Entzündungen, regenerieren und beschleunigen das Wachstum der Haare.

»Sprossen senken das Fieber, und sie haben eine neutralisierende Wirkung auf Alkohol«, ist eine seiner wichtigsten Aussagen.

Es hat sehr lange gedauert, bis wir im Westen den Wert gekeimter Samen erkannten. Erst 1782 wurde der Vitamin-C-Gehalt in Sojabohnensprossen entdeckt.

Von diesem Zeitpunkt an wurden Sprossen erfolgreich, vor allem gegen die oft tödliche Seefahrerkrankheit Skorbut, eingesetzt. Während des Ersten Weltkrieges gab man gekeimte Linsen wegen ihres Vitamin-C-Reichtums mit großem Erfolg in die Verpflegung der britischen Soldaten in Mesopotamien.

Der wirkliche Durchbruch aber kam erst, als der amerikanische Ernährungswissenschaftler Dr. Clive Mc Kay mit seinen aufsehenerregenden Forschungsergebnissen über die Vitaminsteigerung von Sprossen hervortrat.

Der Vitamin-C-Gehalt von gesprossenem Hafer steigt in 72 Stunden um 600 % und der Vitamin-E-Gehalt um 33 %.

Beim Wachstum der Sprossen reichern sich ebenso Mineralien, wie Calcium, Magnesium, Eisen, Phosphor, Pottasche, Soda, Silicium und Spurenelemente zu wertvollen Verbindungen an. Dr. Francis Pottenger betont zum Beispiel das Vorhandensein der essentiellen Fettsäuren in Sprossen, die zusammen mit dem hochwertigen Protein eine ausgezeichnete Nahrung sind. Sprossen enthalten die wertvollsten Proteine, weit wertvoller als die in tierischer Nahrung. Kleine Sprossenmengen haben einen hohen Nahrungswert in unserer täglichen Kost und sind außergewöhnlich arm an Kalorien.

Man kann Sprossen als »vorverdaute« Nahrung betrachten.
Sie entlasten unseren Körper und werden von ihm sofort resorbiert.

Wie die Bauern sich retteten!

Es waren einmal chinesische Bauern, die segelten den Jangtse-kiang hinauf, auf der Suche nach gutem Ackerland. Ihr Segelboot war beladen mit Proviant, Gerät und mit Sojabohnen für die Aussaat.

Nach vielen Wochen der anstrengenden Fahrt steuerten die Bauern wohlbehalten ihrem Ziel am oberen Flußlauf mit seinen fruchtbaren Ufern entgegen.

Doch da gerieten sie unverhofft in Stromschnellen, und es kamen Sturm und Regen auf. Oft sah es so aus, als würden sie in den reißenden Fluten untergehen. Nur mit äußerstem Einsatz hielten sie sich über Wasser. Bald ging auch der Proviant zu Ende, ihre Kräfte ließen nach, sie litten Hunger und hatten Todesangst. In ihrer Not erinnerten sich die Bauern ihrer Bohnenkerne, sie stürzten zu den Säcken und rissen sie auf. Durch die Nässe an Bord hatten die Bohnen ausgeschlagen, und die Säcke waren voller Keime.

Doch die Bauern aßen in ihrem Hunger diese unbekannten Triebe. Und siehe da — die Keime schmeckten köstlich, und sie stählten die Segler derartig, daß sie mit neuem Mut die Segel hissen und mit voller Kraft die Ufer ansteuern konnten.

Wohlbehalten erreichten die Bauern das neue Land. Und da sie die Bohnensprossen von Stund' an immer gegessen haben, leben sie heute noch in China, wenn sie nicht gestorben sind ...

Hinweise zur Sprossenzucht

Die Sprossen kommen — nein, sie sind schon da!

Wir leben in einer Zeit großer Versprechungen, doch für die Erfüllung müssen wir selber sorgen. Darum hat sich die Botschaft der Selbstversorgung durch Sprossen beispielsweise schnell verbreitet, schließt sie doch die Lücke auf der Suche nach giftfreiem frischen Gemüse.

Die Sprossenzucht ist uralte Tradition.

Aus Körnern wachsen Keime — wie in der Natur. Und so lassen wir es auch in unserem Zimmergarten geschehen.

Korn und Samen sind Vorratskammer, voll von Nahrungsenergie. Durch Sauerstoff, Wärme und Feuchtigkeit entfesselt sich im Korn eine mächtige Enzymfabrik. Die Inhaltsstoffe werden für das erste Wachstum freigesetzt, das heißt, sie werden in eine assimilierbare Form gebracht. Der Keimprozeß erhöht den Anteil der Vitamine und bringt die Mineralien und Spurenelemente in eine verwertbare Form für das Wachstum.

Mit einer Handvoll Sprossen und Keime decken wir unseren notwendigen täglichen Bedarf an Vitalstoffen auf natürliche Weise, im Gegensatz zur Einnahme von Vitaminen.

Der Sprossengarten wächst auf kleinstem Raum. Der »Gärtner« benötigt so gut wie keine Ausrüstung: Ein Gurkenglas, ein wenig Gaze, ein Gummiband, und schon geht es los. Wir weichen naturbelassenen Samen in Wasser ein. Nach 6—12 Stunden hat sich der Samen mit Wasser vollgesogen. Die Keimung beginnt. Von da an wird der Samen im Minitreibhaus nur noch feucht gehalten und mit Sauerstoff versorgt.

Unter unserer Obhut wachsen in wenigen Tagen Miniaturpflanzen. Ein neues Lebensgefühl!

In der Sprossenzucht liegt eine unbeschreibliche Freiheit — ein Stückchen Paradies.

Der Zimmergarten ist unabhängig von den Jahreszeiten; er bringt Segen bei wenig Arbeit.

Sprößlinge regen unsere Geschmacksnerven an — wir erleben geheimnisvolle, pikante Genüsse. Eine neue Qualität des Schmeckens verzaubert uns mit der beruhigenden Gewißheit, reine und lebendige Nahrung zu essen. Außerdem heilen Sprossen. — Die amerikanische Forschung bestätigt die Erfahrungen des alten China.

»Die Kraft deines Körpers liegt in den Säften der Pflanzen.«
Sheng Nung

Keimprozeß

Stärke wird in Maltose-Dextrin, Protein in Aminosäuren und Fett in fettlösliche Stoffe umgewandelt.

Da die leichtverdaulichen Sprossen auch noch durch ihre Keimblättchen Chlorophyll bilden, werden sie für uns zur sogenannten »ganzen« Nahrung. Nur eine Nahrung, die wir mit allen ihren Teilen — Frucht, Wurzel, Blatt — essen, garantiert die Gesamtheit aller Vitalstoffe mit der bestmöglichen Wirkung und Ausgewogenheit. Außerdem nehmen wir mit den Sprossen gleichzeitig deren Enzyme auf. Wenn wir sie nicht durch Hitze schädigen, aktivieren sie auch unseren Stoffwechsel.

Es gibt Ernährungswissenschaftler, die behaupten, wir seien auf von außen zugeführte Enyzme kaum angewiesen, da wir sie selber in uns entwickeln. Andere Experten deuten auf die Wichtigkeit der Enzyme hin, die wir durch unsere Nahrung in unseren Körper schleusen, da Vitamine und Mineralien nur in einem Enzymkomplex gebunden optimal wirken.

Da in keiner Pflanze eine solche Massierung von Enzymen vorkommt wie in Sprossen, sollten wir von diesen Katalysatoren profitieren und sie in unserem Stoffwechsel wirken lassen.

Anmerkung:

Die wesentlichen Enzyme sind die Amylase, die auf Stärke einwirken. Die Protase setzen das Eiweiß um und die Lipase spalten die Fette auf.

Der Ernährungswissenschaftler Dr. Burkholder erklärt: »Wenn der Nahrungswert gekeimter Samen nach deren Vitaminen und abrufbereiten Aminosäuren beurteilt werden soll, dann scheint es, daß die breite Verwendung von Sprossen in der Ernährung orientalischer Völker auf einer gesunden ernährungsmäßigen Grundlage beruht, und sie sollte im weitesten Grad auch bei den westlichen Völkern eingeführt werden.«

Der Gehalt an Vitamin B_{12}, sonst vorzugsweise in Fleisch und Milch enthalten, steigt bei der Keimung stark an und bildet sich neu. *Eine* Sprossenmahlzeit genügt dem Körper als die täglich notwendige Ration B_{12}. Dies ist besonders wichtig für Vegetarier, da die fleischlose Kost leicht zu einem B_{12}-Mangel führt.

Tabelle nach Viktoras Kulvinskas Vitamin-B_{12}-Inhalt, mg/g

	Tage des Sprießens		
	0	2	4
Mungobohne	0,61	0,81	1,53
Linse	0,43	0,42	2,37
Kichererbse	0,35	1,90	1,22
Grüne Erbse	0,36	1,27	2,36

Dr. Ann Wigmore und Viktoras Kulvinskas haben in Boston eine Serie von Versuchen gemacht und in Forschungsarbeiten dargelegt, wie die genauen Stoffwechselveränderungen der verschiedenen Samen bezüglich der Proteine, Stärke und Fette wirken. Es gibt die vielfältigsten Tabellen über das genaue Anreichern der einzelnen Mineralien, Spurenelemente, Vitamine und Enzyme.

Die außergewöhnliche Energie der Sprossen heilt auch schwere Krankheiten. Herz- und Kreislaufkrankheiten können erfolgreich mit Sprossen bekämpft werden.

Auch in der Veterinärmedizin werden sie eingesetzt. So wird von zeugungsunfähigen Bullen berichtet, die durch Beifüttern von gekeimten Körnern ihre Potenz wiederfanden. Auch neurotische Rennpferde kurierte man mit dieser Intensivkost. Das ist nicht neu, denn schon römische und arabische Reiter gaben ihren Pferden gesprossene Getreidekörner.

Die Bevölkerung Japans, Koreas und Chinas hat ihre Gesundheit durch Sprossen erhärtet. Und ganz zum Schluß sei nicht verschwiegen: In Asien gilt die Sojabohnensprosse als Aphrodisiakum.

Sprossen verändern unser Bewußtsein

Das Keimen des Samens ist nicht der Beginn eines Pflanzenlebens, sondern vielmehr eine Fortsetzung oder besser eine Wiederaufnahme des Wachstums nach der Ernte und Ruhe. Der Samen ist eine Miniaturpflanze in einem angehaltenen Prozeß. Ein winziger Embryo, umgeben von Nahrungsreserven, vollzieht seine erste Entwicklung noch an der Elternpflanze. Nach dem Ablösen wartet der Samen in der freien Natur oft über Jahre auf sein Erwachen.

Trotz aller Untersuchungen und Beobachtungen sind immer noch nicht alle Geheimnisse um die im Samen ruhende Kraft entdeckt.

Ist es nicht ein Wunder, wenn ein winziges Sämlein die Kraft hat, eine schwere verkrustete Erdschicht zu durchstoßen?

Was geschieht, wenn unsere wildwachsenden Pflanzen Vorsorge treffen, zur rechten Zeit und unter den jeweils günstigsten Bedingungen ihr Leben zu beginnen, um ihre Art zu erhalten?

So ruhen im Samen nicht nur Nahrungsreserven für das spätere Wachstum, sondern auch Schutzvorrichtungen gegen Hitze, Kälte, Trockenheit und Nässe. Er beherbergt geheimnisvolle Ingredienzien, auf die die Wissenschaft noch keine Antwort zu geben weiß.

Die unmeßbaren Kräfte setzen sich im Wachstum fort. Sprossen senden und empfangen auf emotionaler Ebene und reagieren auf ihre Umwelt. Nicht nur Peter Thomkins schreibt über solche Phänomene in seinem Buch »Das geheime Leben der Pflanzen«. Es ist schon seit Jahrtausenden bekannt: *Pflanzen sind Wesen!*

Die Erkenntnis, daß Vegetation einen gewissen Bewußtseinsgrad besitzt, geht auf die Ägypter zurück; und auch wir nehmen bewußt oder unbewußt teil an diesem »geheimen Leben der Pflanzen«. Wissen wir nicht alle, daß Pflanzen und Mensch in einem Bündnis stehen?

So ist auch die Sprossenzucht ein Kontakt mit Pflanzen. Denn bei Sprossen treffen wir auf höchst empfindsame Lebewesen. Sie reagieren auf uns. Es ist darum wichtig, wie wir unsere Sprossen versorgen. So wie Vibrationen und Strahlungen der Sprossen einen Einfluß auf uns ausüben, ist es auch umgekehrt.

Aus der Philosophie und den Erfahrungen der Bauern aus Findhorn stammen folgende Worte:

»Der wichtigste Beitrag, den ein Mensch im Garten leisten kann — noch wichtiger als Wasser oder Kompost — sind die Wellen, die bei der Bearbeitung in die Erde eingebracht werden, darunter auch Liebe ... Die Pflanzen werden dauernd durch Einflüsse aus der Erde und vom Kosmos berührt, und alle diese Einflüsse sind bedeutender als chemische Elemente oder mikrobiotische Organismen. Es handelt sich um Wellen, die in erster Linie aus dem menschlichen Geist stammen. Die Menschen scheinen die Rolle von Halbgöttern zu spielen. Durch Zusammenarbeit mit der Natur sind die Möglichkeiten für das Erreichbare grenzenlos auf diesem Planeten.« (S. Quellennachweis.)

Sprossen reagieren zum Beispiel sehr empfindlich auf elektromagnetische Felder. Darum gibt es optimale Plätze für unsere Sprossen, deren Veränderung das Wachstum beeinträchtigt. Die besten Ergebnisse in der Sprossenzucht werden erzielt, wenn die Gefäße immer am gleichen Platz stehen.

Ich beschreibe dies alles so ausführlich, weil die Sprossenzucht mich verändert hat. Heute begreife ich, daß Pflanzen mehr sind als Schönheit und Nahrung. Sie sind Nährboden für unser Leben, und wir stehen in einer engen Beziehung zu ihnen. Pflanzen schützen die Erde und gestalten die Landschaft; die Sonne läßt sie mit Licht und Wärme wachsen. Jedes Wesen steht in diesem Prozeß — es baut seinen Körper auf und ist anderen Lebewesen wieder Nahrung. Nichts vergeht — alles wirkt irgendwo weiter, auch wenn wir es nicht erkennen: Ebbe und Flut, Sommer und Winter, Tag und Nacht.

So ist es auch in unserer Ernährung. Entfernen wir dem Getreide die Randschichten, so zerstören wir es in seiner biologischen Gesamtheit. Wenn ich meine Sprossen nicht sorgsam gieße, ihnen nicht genügend Sauerstoff und Wärme gewähre, beeinträchtige ich ihr Wachsen. Jedes Vernachlässigen, jede Unachtsamkeit hat ihren Ausschlag.

Früher haben mich Berichte und Prognosen über die Zerstörung unserer Natur nicht so sehr aufgerüttelt — heute verstehe ich mich als Teil der Natur und sehe mich *mit* in Gefahr ... Ich habe erst gelernt, als ich die großen Zusammenhänge der Natur auf die Ebene meiner persönlichen Erfahrung bringen konnte.

Nichts verändert unser Bewußtsein stärker, als die Vertiefung unseres Fühlens mit der Natur.

Warum Sprossen? — Am Beispiel der Energie

Bei keinem Gemüse können wir so sicher sein, unverfälschte Frucht vor uns zu haben. Wir selbst züchten die Sprossen, überprüfen ihr Wachstum, können den Tag der Ernte ausrechnen und sie essen, wenn sie auf ihrem höchsten geschmacklichen wie vitalstoffreichsten Punkt angelangt sind.

Die im Handel erhältlichen Gemüse sind, wie wir alle wissen, nicht nur durch den Boden, die Luft, den Regen und die hinzugefügte Chemie von fragwürdiger Qualität. Sie können Überträger von Giften sein, die so zwangsläufig in unseren Körper geraten. Darüber hinaus hat unser Gemüse nicht mehr die wertvollen Inhaltsstoffe, wie zum Beispiel biologisch oder biologisch-dynamisch angebautes Gemüse, das heute, Gott sei Dank, durch die steigende Nachfrage immer mehr zu kaufen ist, aber den Normalverbraucher kaum erreichen kann: Das Angebot ist noch zu klein und die Preise sind zu hoch!

Zurück zum Alltag:

Was passiert beim Einkauf? Wir sehen frisches Gemüse — pralle Früchte in leuchtenden Farben. Aber wie sieht es aus mit der *Energie,* die heute benötigt wird, um diese schillernden Früchte das ganze Jahr über zu produzieren? *Und wieviel Energie geben sie uns?*

Der Bauer kauft die Saat — nun gut, wir auch — aber dann geht es los: die Chemie, Wachstumsförderer, Insektenvertilger, die Ernte mit Maschinen, der Transport — oft Tausende Kilometer weit —, Verpackung, Gebühren für gekühlte Lagerhäuser sind extrem aufwendig, bis diese Gemüse und Früchte in den Regalen eines Kaufhauses oder in Kühltruhen landen.

Wieviel Energie ist verbraucht? Wieviel Strom ist geflossen, bis das Gericht auf dem Tisch steht? Der wahre Preis des Gemüses ist ein Bruchteil dessen, was die Energiekosten betragen. Mit unserem Sprossenanbau durchbrechen wir diese sogenannte Nahrungskette, und wir erhalten ein Vielfaches an Nahrungsenergie gegenüber dem, was sonst käuflich ist.

Warum Sprossen? — Am Beispiel ihres Geschmacks

Erinnern Sie sich noch daran, wie die erste Olive in Ihrem Leben schmeckte — oder haben Sie als Kind gern Spinat gegessen?

Wir alle haben schon erfahren, wie sich unser Geschmack verändert, wie wir uns an fremde Geschmacksrichtungen gewöhnen und nach einer Zeit sogar nach diesem »Neuen« lechzen. So ist es mir mit den Sprossen ergangen. Durch die mannigfaltigen Geschmacksformen habe ich neues Land betreten. Jeder Samen trägt sein unverwechselbares Aroma, das sich im Wachsen zu neuen Nuancen verändert. Jeder von uns wird seine Lieblingssprosse entdecken! Die chinesische Mungobohne ist, roh gegessen, erbsensüß, zart und mild — nach nur kurzem Andünsten schmeckt sie nußartig. Weizensprossen, Roggensprossen — in ihnen begegnet uns eine unbekannte neue Süße. Die herbe Luzerne, der scharfe Bockshornklee — eine ideale Würze für alle exotischen Gerichte. Die Geschmacksskala ist unendlich, besonders in der Mischung mit anderen Zutaten.

Für jeden Feinschmecker ist es eine Herausforderung, seine Schöpferfreude in der Geschmackswelt der Sprossen zu erleben und auszudrücken. Und was die Qualität angeht: welches Gemüse kann frischer sein als Sprossen? Eine Grundforderung des Gourmets ist also erfüllt: Frische und unverfälschter Geschmack!

Warum Sprossen? — Ein Beispiel für Sparsamkeit

Es vergeht kaum ein Tag, an dem nicht irgendein Nahrungsmittel teurer wird, Sprossen dagegen halten ihre Preise, wenn wir einen Samenvorrat anlegen.

Beispiel:

Eine Tasse Sojabohnen kostet derzeit DM 1,75.

Aus diesen Bohnen wachsen in 5 Tagen Sprossen in einer Menge, die 8—10 Personen mit frischestem Gemüse versorgt.

D.h., Sojabohnen vervielfältigen sich um das Sechs- bis Siebenfache.

Ihre Energie ist darüber hinaus sehr sättigend, mehr als jedes andere Gemüse. Bei mir ist es schon zur Regel geworden, daß Freunde mich nach einem Sprossenessen anrufen und mir schildern, wie außergewöhnlich lange sie gesättigt waren und wie frisch sie sich fühlten!

Sprossen sind ein ideales Überlebensessen. Sie sind für Schiffsreisen, für Ausnahmesituationen jeder Art das ergiebigste Nahrungsmittel.

Warum Sprossen? — Zum Beispiel Schlankmacher

Eine Tasse Sprossen enthält nur 16 g Kalorien. Diese ansonsten so nahrhaften Keime haben während ihres Entwicklungsprozesses die im Samen lagernden Kohlehydrate »aufgegessen«. Für uns bleiben die knackigen Sprossen mit ihrem frischen, individuellen Geschmack. Sie verlangen noch nicht einmal nach einer Sauce, die für jeden, der schlank werden möchte, eine Verführung wäre. Da Sprossen alle wichtigen Inhaltsstoffe haben und leicht verdaulich sind, ist es kein Risiko, sie über einen längeren Zeitraum hinweg als Diät zu essen. Alle Übertreibungen und Einseitigkeiten jedoch haben auch hier einen negativen Niederschlag.

Tip:
Jede *strikte* Schlankheitskur sollte nur unter Überwachung eines »Medizinmannes« gemacht werden.

Zusammenfassung

Sprossen sind das frischeste Gemüse.

Sprossen sind billiger als jedes andere Gemüse.

Sprossen haben, verglichen mit den Samen, einen viel höheren Nährwert.

Sprossen vermehren Masse und Gewicht um ein Vielfaches.

Sprossen sind sogenannte vorverdaute Nahrungsmittel; sie spalten in der Keimung:

> ihre Stärke in Maltose-Dextrin,
> ihre Proteine in Aminosäuren,
> ihre Fette in fettlösliche Stoffe.

Sprossen bringen uns bündelweise die lebenserhaltenden Enzyme, Mineralien, Spurenelemente und Vitamine, die sich während des Keimens entweder um ein Vielfaches steigern oder in eine für unseren Organismus bessere Form bringen.

Sprossen wachsen in 2 bis 8 Tagen zu knackigem Gemüse.

Sprossen schenken Stadtmenschen eine neue Möglichkeit der Selbstversorgung und eine Rückfindung zur Natur.

Sprossen machen uns gesund und glücklich.

Einführung in die Sprossenzucht

Samen für die Sprossenzucht

(Im Gegensatz zu Freilandsamen, wie Körner und Hülsenfrüchten, zum Verzehr.)

Die Basis für die Sprossenzucht ist ein biologisch gewachsener Samen mit höchster Keimfähigkeit, ein Samen, der nach der Ernte nicht chemisch behandelt ist.

Unsere Pflanzen werden heute mit chemischen Schädlingsbekämpfungsmitteln gespritzt und nach der Ernte zur Vorbeugung gegen Ungeziefer gebeizt.

Freilandsamen entwickeln sich auch mit einer vorbeugenden Beizung zu einer Pflanze, aber wenn wir einen solchen Samen in der Sprossenzucht essen, gelangt die Chemikalie in unseren Körper. Wir essen den Samen nach einer geringen Keimzeit, deshalb gibt es keine Chance, daß sich dieser Stoff abbaut. Auch Hülsenfrüchte und Getreide, die zum Verzehr bestimmt sind, kommen nur bedingt für die Sprossenzucht in Frage!

Die Reinigung von Getreiden und Hülsenfrüchten mit Wasser und Bürsten zum Beispiel beschädigen und halbieren die Früchte nicht nur, auch ihre Keimfähigkeit kann bis zu unter 80 % sinken.

Bereits wenige *nicht* keimfähige Samen verderben das Milieu im Sprossenglas. Die Samen schlagen nicht aus, ihr Stärkeanteil beginnt zu faulen und zu gären, und so verdirbt der Geschmack der Sprossen. Es können sich Bakterien entwickeln.

Darum ist große Achtsamkeit beim Kauf des Samens für die Sprossenzucht geboten! Deshalb in Reformhäusern immer *ausdrücklich* nach Samen für die Sprossenzucht fragen.

Firmen, die sich auf diesen Samen spezialisiert haben, informieren Sie über Anbauweise, Keimfähigkeit und Alter des Samens, ja sie werben sogar mit diesen Informationen.

Nur aus der Garantie der besten Samenqualität können die wahren Sprossen wachsen — das Keimgemüse ohne Gift.

Geräte für die Sprossenzucht

1. Einmachgläser.
2. Plastikfliegendraht (Gaze) aus dem Haushaltswarengeschäft.
3. Gummiringe.
4. Moltontuch oder Fließpapier für die Züchtung auf feuchtem Tuch.
5. Bio-Snacky-Keimschale aus dem Reformhaus. Das praktische Stapelgerät ist prädestiniert für die Zucht der kleinen und schleimbildenden Samen. Wenn wir größere Samen in der Keimschale züchten wollen, müssen wir sie dringend 2mal täglich unter fließendem Wasser säubern und tränken. Beim Säubern fließen die sich bei der Sprossenzucht bildenden Gase ab. Das Tränken ist hier als Sauerstoffaufnahme zu verstehen.
6. Die Keimfrischbox der Firma Frima (Reformhaus) ist bestens durchdacht. Sie erleichtert die Arbeit des Sprossengärtners,

denn sie vereinigt in einem Gefäß: Einweichen, wässern und lagern im Kühlschrank. Die Luftzufuhr ist gut.
7. Eine große Schüssel zum Waschen der Samen.
   Siebe in verschiedenen Größen, um die Sprossen zu waschen.
8. Gut verschließbare Gläser oder Plastikdosen zur Verwahrung im Kühlschrank.
9. Ein Britafilter aus dem Reformhaus zur Enthärtung des Wassers.

Alle in der Sprossenzucht verwendeten Geräte müssen peinlich sauber gehalten werden. Das beste ist, sie auszukochen, damit sich keine Bakterien bilden können. Vergessen wir nicht den Fliegendraht — er kann sogar in der Waschmaschine gesäubert werden. Gazeverschlüsse aus Baumwolle und Mull sind für die Sprossenzucht nicht empfehlenswert. Sie saugen sich mit Wasser voll und werden muffig.

Die Bedeutung des Lichts in der Sprossenzucht

Meiner Erfahrung nach entwickeln sich die Sprossen der grünen Mungobohnen z. B. bei normalem Tageslicht optimal.
Der Natur folgend jedoch liegt der Samen im dunklen Erdreich. Darum kommen wir zu ganz anderen Ergebnissen, wenn wir die Lichtverhältnisse ändern, indem wir unsere Sprossengläser mit einem Tuch abdunkeln. Experimentieren wir! Die Dunkelheit verlangsamt das Wachstum, verändert Geschmack und Färbung, so, wie das Licht Wachsen und Chlorophyllbildung forciert.
Wir lernen aus unseren Erfahrungen, und jeder von uns wird früher oder später genau wissen, bei welchem Licht er seine bevorzugten Sprossen züchtet.
Wir sind die Gärtner und auch die Gourmets!

Die Biochemie der Sprossen: vom Samen zum Keimling (am Beispiel der Bohne)

Bohnen sind in ihrem Urzustand harte, trockene Pakete aus Nahrungsenergie, die einen winzigen Embryo umhüllen. Der Stoffwechsel der Bohne ist kaum meßbar, aber vorhanden.
Unter der wasserundurchlässigen Schale verbirgt sich eine in der

Anlage komplette kleine Pflanze mit ihrer Nahrung: Stengel mit Knospe, Keim und Keimplättchen, die Keimwurzel. Alle Pflanzenteile sind vorhanden.

Wenn Wasser, Sauerstoff und Wärme in der rechten Dosierung auf die Bohne einwirken, kann der Keimling mit seinem Pflanzenleben beginnen. Das Wasser dringt durch eine kleine Öffnung, die ganz in der Nähe des Nabels sitzt und Keimpore heißt, in den Samen. In dieser Phase des Aufsaugens verdoppelt die Bohne ihr Volumen. Die Quellung sprengt die Bohnenschale, und die im Samen ruhenden Bestandteile werden in eine Riesenaktivität versetzt. Die im Samen lagernden Enzyme übernehmen mit Wärme, Sauerstoff und Wasser die chemische Umsetzung und das Wachstum beginnt.

Dabei wird der zunehmende Bedarf an Energie und die Bildung von neuem Gewebe durch den Verbrauch der Reserven gedeckt. Das gespeicherte Protein wird in seine Aminosäurenkomponenten zerlegt. Viele Vitamine entstehen neu, vor allem die wasserlöslichen B-Vitamine und das Vitamin C. Fette werden in fettlösliche Stoffe und Kohlehydrate in einfache Zuckerarten umgewandelt. Dabei wird Nahrungsenergie als Kalorie verbraucht. Mit der starken Zunahme der Stoffwechselaktivität im Keim steigt der Anteil der Vitamine und Mineralien; die Spurenelemente ketten sich in eine wertvollere Form. Wenn wir Bohnensprossen essen, gerade wenn ihre spitzen Blättchen herausgetreten sind, profitieren wir von der geballten Nahrungsenergie, die in dieser Anhäufung nie wieder im späteren Leben der Pflanze vorkommt. Warten wir nicht, bis die Blättchen voll entwickelt sind, denn dann ist die Nahrungsenergie in der Bohne aufgebraucht. Die Pflanze ernährt sich nun durch Wurzel und Blatt.

Tabellen über die Steigerung des Nährstoffgehaltes in der Sprossenzucht

(entnommen dem Buch von Claude Aubert »Das große Buch der biologisch-gesunden Ernährung«)

Nährstoffgehalt im Weizen und in Weizen-, Luzernen- und Sojakeimen (mg/100 g)

	Weizen	Weizen-keime (getr.)	Luzernen-keime (getr.)	Soja-keime* (frisch)
Proteine %	12,1	25,2	20	6
Kalzium	41	90	1750	50
Phosphor	372	1100	250	65
Magnesium	120	400	310	–
Eisen	3,3	8	35	1,2
Kupfer	0,17	1,3	2	–
Vitamin A	0,12	–	13,2	–
Vitamin B_1	0,55	1	0,8	0,23
Vitamin B_2	0,12	2,5	1,8	0,2
Vitamin B_3	4,3	5	5	0,8
Vitamin C	0	1	176	10

---

* Der hier für Sojakeime angegebene Nährstoffgehalt ist wesentlich geringer als der von Weizen- und Luzernenkeimen; dies ist leicht zu erklären: die Berechnung bezieht sich auf frische Sojakeime, sie enthalten 86 % Wasser, während die beiden anderen Keime getrocknet nur noch 10 bis 12 % Wasser enthalten.

Vitamingehalt der Körner vor und nach 5 Tagen Keimzeit
(Gehalt in mg/kg)

Sorte	Vitamin B$_2$ (Riboflavin)		Vitamin B$_3$ (Niacin)		Vitamin B$_1$ (Thiamin)		Vitamin H (Biotin)	
	nicht keimend	keimend	nicht keimend	keimend	nicht keimend	keimend	nicht keimend	keimend
Gerste	1,3	8,3	72	129	–	7,9	0,4	1,2
Mais	1,2	3,0	17	40	6,2	5,5	0,3	0,7
Hafer	0,6	12,4	11	48	10,0	11,5	1,2	1,8
Sojabohne	2,0	9,1	27	49	10,7	9,6	1,1	3,5
Limabohne	0,9	4,0	11	41	4,5	6,2	0,1	0,4
Mungobohne	1,2	10,0	26	70	8,8	10,3	0,2	1,0
Erbse	0,7	7,3	31	32	7,2	9,2	–	0,5

Sprossenfamilien

Es vereinfacht die Sprossenzucht, wenn wir die Samen nach ihrem Keimverhalten ordnen und nicht nach biologischen Prinzipien.
Es ergibt sich folgende Ordnung:

1. Kleine Samen
(Luzerne, Senf, Samen, Rettich, Hirse, Bockshornklee)

Sie alle wachsen schnell, sind von klarem, herzhaftem Geschmack und beleben mit ihren Aromastoffen unseren Organismus. Außer der Luzerne, die einen schmackhaften Salat ergibt, sind die übrigen Sprossen mehr Zutaten für Suppen, Salate, Vorspeisen und Eintöpfe.

2. Getreide und Sonnenblumenkerne
(Weizen, Roggen, Gerste, Reis, Hafer und Sonnenblumenkerne)

In zwei Tagen entsprießen dem Getreidekorn Wurzel und Keim, und wir sollten diese Sprossen nur essen, solange sie ganz jung und zart sind und Keim und Würzelchen nicht länger sind als das Korn selbst. Der milde, süßliche Geschmack fügt sich in jedes Gericht, vor allem in Salate.

3. »Weiche Hülsenfrüchte
(Linsen, grüne Sojabohne)

Die Mungobohne ist die Königin der Sprossen — sie ist unkompliziert zu züchten und hat einen Erbsgeschmack. Die Sojabohne läßt sich wegen der leichten Handhabung in großen Mengen züchten, z.B. in einem durchlöcherten Eimer, der von oben gewässert wird.

4. »Harte« Hülsenfrüchte
(Garbanzo, bzw. Kichererbse, Gartenerbse, gelbe Sojabohne)

Bohnen und Erbsen sind die nahrhaftesten Sprossen. Der Geschmack variiert von süßer Erbse bis zu nußartiger Kichererbse und milder Sojabohne.

Anmerkung:
Harte Hülsenfrüchte enthalten Spuren des leicht giftigen Phasins. Sie sollten kurz gedünstet werden.

5. Schleimbildende Samen
(Kresse und Leinsamen)

Diese Samen ummanteln sich beim Einweichen mit einer glibberigen Masse. Sie wachsen am besten in der offenen Bio-Snacky-Keimschale, auf feuchtem Moltontuch oder Fließpapier und schmecken würzig und scharf.

6. Samen mit unverdaulichen Hülsen
(Buchweizen, Kürbis, Mandel)

Nach dem Sprießen werden die Hülsen entfernt.
Die Keime unter dem unverdaulichen Mantel haben besonders milde, nußartige Geschmacksvarianten.

Die Praxis der Sprossenzucht

Bevor der schlummernde Keim zum Leben erwacht, müssen vier Voraussetzungen erfüllt werden:

1. Licht
2. Feuchtigkeit
3. Temperatur
4. Sauerstoff — Luftzirkulation.

Sprossen lieben weiches, indirektes Licht; wir können Gläser mit einem Tuch abdunkeln, um die Situation im Erdreich zu simulieren.
Sollte die Temperatur ein wenig schwanken und den Mittelwert von 21 Grad unter- oder überschreiten, dauert die Sprossenzucht länger oder sie beschleunigt sich. Unbedingt konstant muß die Luftzirkulation im Glas sein.
Bei heißem Wetter müssen die Sprossen *dringend* öfter gespült und gegossen werden. Wenn sie sich sehr stark im Glas ausbrei-

ten, ist es auch ratsam, sie über einem Sieb zu waschen, damit sie Sauerstoff aufnehmen.

Grundregeln

1. Wir halten die Sprossen feucht — nie naß.
2. Wir sorgen für eine gleichmäßig warme Umgebung von 21 Grad.
3. Wir spülen die Sprossen regelmäßig, d.h., möglichst immer zur gleichen Zeit, mindestens zweimal am Tag.
4. Wir achten darauf, daß sie sich ausreichend im Glas ausdehnen können und genügend Sauerstoff zur Atmung haben.
5. Im Winter, wenn wir die Temperatur von 21 Grad aus Sparsamkeitsgründen nicht halten können, decken wir die Gläser mit einer wärmenden Decke ab.

Wenn wir reichlich Sprossen züchten, lohnt sich ein alter umgebauter Schrank mit einer wärmenden Glühbirne.

Ursachen, warum Samen nicht keimen

1. Die Samenqualität entspricht nicht den Anforderungen oder der Samen ist zu alt, verletzt, bzw. falsch gelagert.
2. Die Samen sind in den Keimgefäßen zu trocken gehalten.
3. Die Samen faulen, weil sie chemisch behandelt wurden, oder wir haben sie zu feucht gehalten.
4. Die Samen gehen nicht auf, weil die Temperatur zu niedrig ist.
5. Die Samen entwickeln zu viele Gase:
   a) mangelhafte Belüftung
   b) sie sind nicht sorgfältig gewässert
   c) sie sind zu dicht in das Gefäß gepreßt
   d) die Temperatur ist zu hoch.
6. Die Samen haben zuviel Licht.
7. Die Sprossen haben kein reines Wasser.
8. Die Sprossen wachsen in einem Metallgefäß.
9. Im Sprossengefäß oder in der Gaze haben sich Bakterien angesammelt.

Für die ersten Schritte der Sprossenzucht zeige ich Richtlinien aus meiner Erfahrung.

Aber jeder Samen ist einmalig wie jedes Lebewesen und kann sich auch abweichend verhalten. Darum sind meine Ratschläge Modelle, die durch eigene Erfahrungen ergänzt werden müssen. Wir haben dem Sprossengärtner am Schluß des Buches Platz für eigene Eintragungen gelassen, und es wäre wunderbar, wenn wir unsere Erfahrungen austauschen könnten.

Das Wasser in der Sprossenzucht

»Das Wasser braucht nicht den Fisch, um zu sein, aber der Fisch braucht das Wasser, um zu sein.«

Chinesisches Sprichwort

Und so braucht auch der Samen das rechte Wasser, um zu sein.
Wasser ist ein Lebensmittel der Sprossen, und es bedarf der Überlegung, wie wir das beste Wasser für ihr Wachsen finden können. Gerade beim Einweichen, in der Aufsaugperiode, ist *reines* Wasser ganz besonders wichtig.
Ohne Panik machen zu wollen — wir hören doch immer öfter, daß unser Trinkwasser sich mehr und mehr verschlechtert.
Wie in so vielen Situationen ist auch hier die Eigeninitiative der Grundgedanke.
Wenn wir also dem Trinkwasser gegenüber Bedenken haben, sollten wir das *Einweichwasser,* nicht das Tränkwasser abkochen. Wir können das Wasser auch mit dem Britakohlefilter aufbereiten oder Quellwasser verwenden.
Das Filtern entfernt Karbonate (Kalksalze) und reduziert die Wasserhärte.

Anmerkung:

Zum Einweichen von Körnern und Hülsenfrüchten, in der sogenannten Körnerküche, zum Blanchieren von Gemüse und für Suppen, wähle ich gefiltertes Wasser. Tee und jedes andere Getränk gewinnt mit der Wasserqualität. Das weiß jeder Gourmet.

Die Sprossenzucht am Beispiel der Mungobohne

1. Tag, abends:

Wir waschen eine Tasse Sojabohnen in stehendem Wasser. Schmutzteile und leere Hülsen schwimmen nach oben. Wir geben die Bohnen in ein flaches Gefäß und übergießen sie mit 8 Tassen gefilterten Wassers.

2. Tag, morgens:

Die Bohnen sind mächtig aufgebläht — vollgepumpt mit Wasser; ihre Größe hat sich nahezu verdoppelt. Kein Wunder, ihr Wassergehalt ist von 6—12% auf ca. 70% angestiegen. Bläschen an der Oberfläche des Wassers verdeutlichen die Aktivitäten. Mit der Aufnahme des Wassers ist auch Sauerstoff in den Samen gedrungen. Der Umwandlungsprozeß hat begonnen.

> Das Einweichwasser hat Nährstoffe aus dem Samen aufgenommen — nicht fortgießen, sondern für Tees, Suppen oder als hochwertiges Blumenwasser verwenden.

Nun können die Bohnen in der flachen Schale gut verlesen werden, denn sollte ein Samen nicht angeschwollen sein, ist er nicht keimfähig. Er muß herausgenommen werden, sonst fault er in der Feuchtigkeit des Glases und verdirbt das Klima.
Nun füllen wir die Bohnen in ein 1½-Liter-Weckglas und verschließen es mit Fliegendraht und Gummiring. Das Glas wird schräg auf ein Ablaufbrett gestellt, mit der Öffnung nach unten, damit Sauerstoff einströmt und verbleibendes Tropfwasser herausläuft — so ist es perfekt.

2. Tag, abends:

Wir gießen Wasser durch die Gaze in das Glas und spülen die Bohnen kräftig durch. Die Keime bleiben einige Minuten im Wasser und pumpen sich dadurch mit Feuchtigkeit auf. Das Wasser wird abgegossen und das Glas wieder schräg auf dem Ablaufbrett plaziert bis zum Morgen. Das Wunder veranschau-

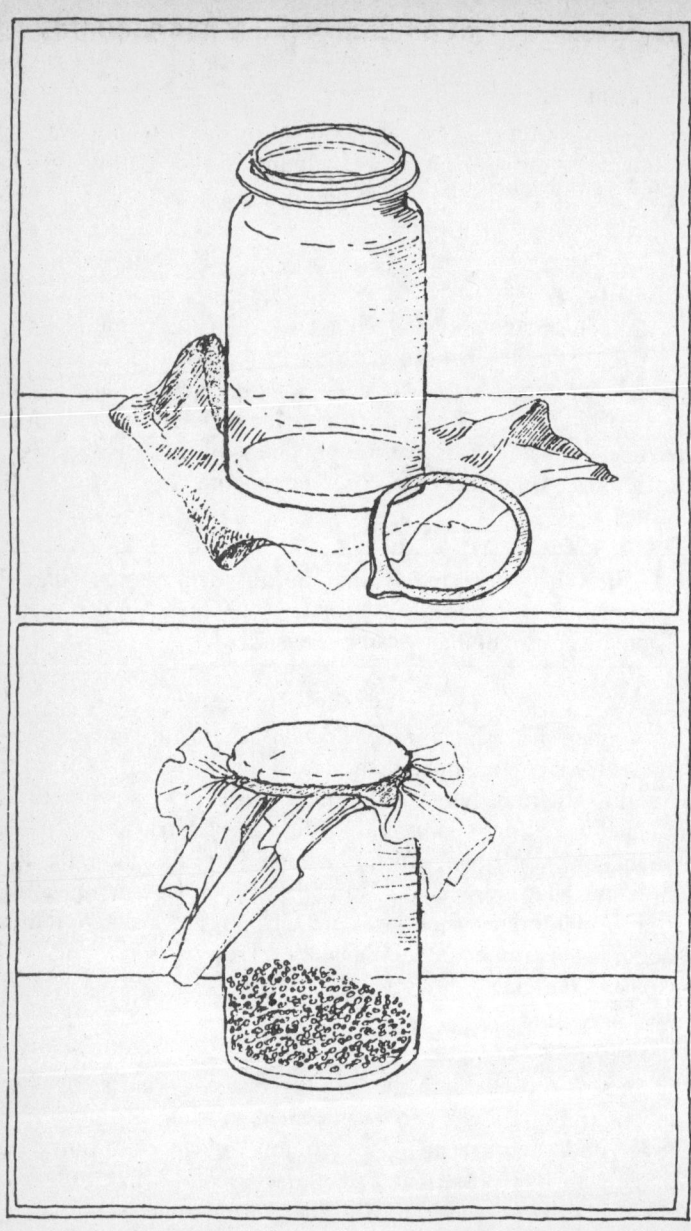

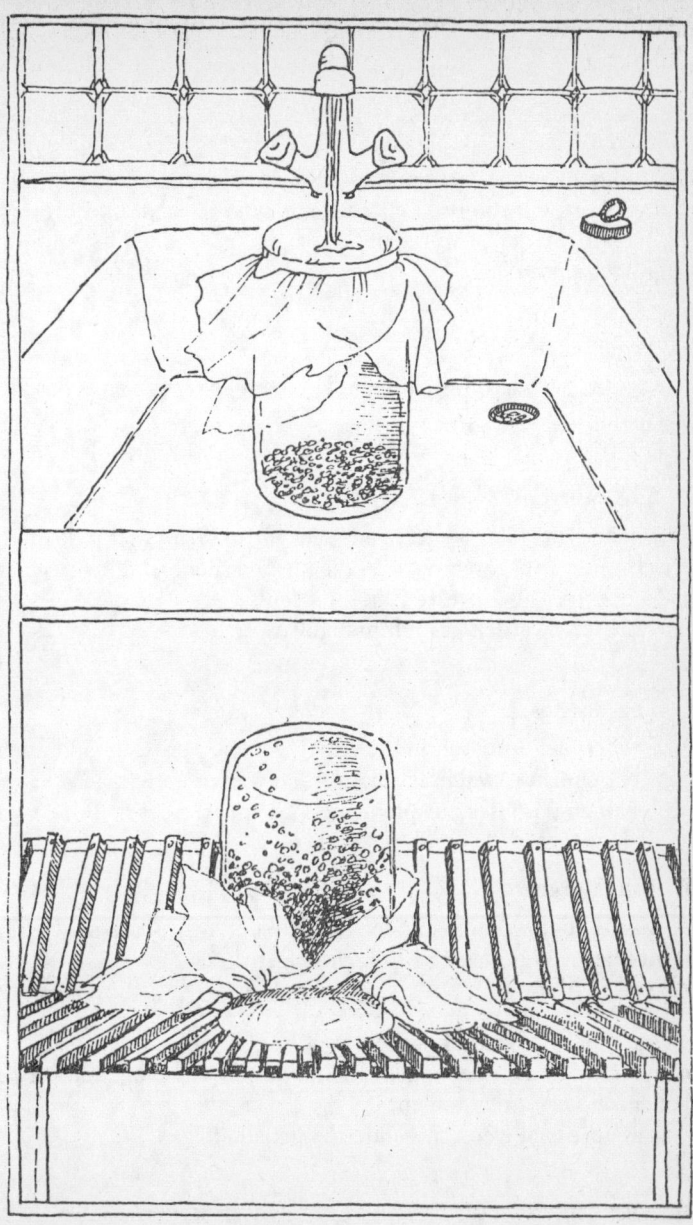

licht sich immer mehr. Die ersten Würzelchen bohren sich durch die »Samenpakete«, und die Schalen sitzen darauf wie Hütchen.

3. Tag, morgens:

Die Bohnenkeime wachsen unglaublich. Wie am Vortag, spülen und wässern wir die Bohnen, gießen das Wasser ab und bringen die Gläser wieder gestürzt in Kippstellung — der Fliegendraht zeigt nach unten.

3. Tag, abends:

Wir spülen, wässern und kippen. Unvorstellbar, wie das Glas zuwächst!

4. Tag, morgens:

Es wuchert im Glas — jetzt müssen wir unsere Früchte kosten. Welch süßer Erbsgeschmack — die kleine Frucht ist noch frischer und knackiger als zarteste Gartenerbsen!
Die Sprossen werden gespült und gewässert.

4. Tag, abends:

Wir stellen die Sprossen in die Kipplage. Die Sprossen sind auch tagsüber enorm gewachsen. Sie werden weitergepflegt.
Sie scheinen das Glas zu sprengen! ... Wir ernten.

5. Tag, morgens:

Die Sprößlinge werden zum letzten Mal unter fließendem Wasser gewaschen. Langen wir zu! Guten Appetit!

Dieser Ablauf, wie am Beispiel der Mungobohne, läßt sich auf alle anderen Samen übertragen, wenn wir den Tabellenangaben zu den einzelnen Samen folgen.
Unsere Sprossen werden wunderbar gedeihen!

Bei einer Mißernte: Geduld und Übung machen den Meister.

Die Ernte

Wir sind Gärtner! Mit den Keimfrüchten haben wir uns von entfremdender Nahrung losgesagt.

Wir taten unser Bestes und bringen unsere Ernte ein. Alle Sprossen, außer den Erbsen, können roh gegessen werden. Das ist wichtig für die Erhaltung der Vitalstoffe, vor allem die Enzyme, die nur lebend unseren Stoffwechsel beeinflußen können. Schon bei 60 Grad sterben sie ab.

In dichten Plastikdosen halten sich Sprossen bis zu vier Tage im Kühlschrank. Sie können dort weiterwachsen. Dabei gehen wir jedoch das Risiko ein, daß die Sprossen im Stadium des höchsten Nährwertes Vitalstoffe für ihr weiteres Wachstum einbüßen.

Wenn wir die Sprossen täglich kalt spülen und sie wieder in den Eisschrank stellen, bleiben sie frisch. Seien wir aufmerksam und beobachten den Geschmack, er verändert sich während der Lagerung. Frische Sprossen sind eben das Größte!

Vor uns breiten sich strahlend die frisch geernteten Sprossen aus — eines der natürlichsten, lebendigsten Lebensmittel. Das ist nicht wie der Griff in die Kühltruhe oder das Öffnen einer Konserve. Wir verabschieden die chemisch behandelten, homogenisierten, pasteurisierten, konservierten, steril verpackten und genormten »Nahrungsmittel«.

Sprossen und Kinder

Mein Kindheitserlebnis mit einer Sprosse war eine gekeimte Bohne in meiner Schwammdose. Aber ich steckte diese Bohne nicht in den Mund, sondern ich bewunderte sie und konnte nicht fassen, was mit ihr geschehen war.

Viele Kinder wachsen in der Stadt auf, und die Ferienzeit reicht bei weitem nicht aus, um ihnen die Natur, in der wir leben, wirklich näher zu bringen. Ich halte es für eine wunderbare Hilfe auf dem Weg zum Verständnis der Natur, Kinder auf den »Sprossenweg« zu schicken.

Wenn sie auch nur einen Samen durch ihr Zutun »erweckt« haben und diesen dann auch essen, werden sie schon einen guten Teil des Zusammenhangs zwischen Natur und Nahrung verstanden haben.

Schon dank ihrer Neugierde sind Kinder einer neuen Nahrung gegenüber meistens vorurteilslos und aufgeschlossen. Wenn Kinder zu Mitversorgern der Familie werden, indem sie Sprossen züchten, werden sie stolz sein, und der Sprossenteller wird immer leer gegessen werden.

Die Sprossenküche

Wir halten uns an die Empfehlungen der Getreideküche und verbannen möglichst *alle* industriellen Nahrungsmittel aus unserer Küche.

»Laß deine Nahrung so natürlich wie möglich«, sagt Professor Kollath, der bedeutende Ernährungsforscher. Damit sind wir nicht nur aufgefordert, auf denaturierte Nahrung zu verzichten, sondern auch, unsere Lebensmittel nicht durch unnötig lange Lagerung und Erhitzung zu entwerten.

Seit den erschreckenden Berichten über unsere angegriffene Gesundheit empfehlen immer mehr Ernährungswissenschaftler einen täglichen Rohkostanteil. Sprossen in einem abgestimmten Austausch mit Wurzelgemüsen sind eine unübertreffliche Rohkost. Vor allem im Winter, wenn das Marktangebot begrenzt ist, bieten uns Keimlinge wertvolle Frische.

Die Sprossen der Gruppe der Erbsen und schweren Bohnen sollten gedünstet werden. In einem kleinen Sieb aus rostfreiem Stahl garen sie in ca. 10 Minuten schonend, ohne an Geschmack und Kraft zu verlieren.

Wir essen Sprossen mit Würzelchen und Schale. Die Schalen gehören zur Ganzheit der Frucht; sie enthalten wichtige, sich nur im Verbund entwickelnde Stoffe. Machen wir es nicht so, wie mit dem geschälten Getreide — erst entfernen wir die kostbaren Randschichten und später kaufen wir Kleie und Vitamintabletten. Denaturierte Nahrung hat das Empfinden für das Reine und Natürliche verschüttet. Mit Sprossen werden wir eine neue Geschmackssensibilität entwickeln — Renaissance auf der Zunge!

Es ist nicht mehr zu verheimlichen: Ich bin ein »Sprossenfan« und habe jedes Rezept in diesem Buch neu für uns entdeckt.

Zu den Rezepten:

Zum Kennenlernen der Sprossen ist es wichtig, sie mit der uns vertrauten Kost abzustimmen — wir streuen sie in kleine Portionen wie eine Würze in unsere Salate oder geben sie in Suppen und Eintöpfe. Wenn wir uns an den Geschmack gewöhnt haben, findet ganz allmählich eine Veränderung in uns statt.

In diesem Buch fehlen Fleischrezepte. Dank meiner Erfahrungen mit der Sprossenzucht habe ich mich mehr und mehr fleischlos ernährt und biete Ihnen darum auch nur Rezepte an, die ich selbst ausprobiert habe und die für mich eine ausreichende und befriedigende Ernährung darstellen.

Sprossen enthalten nicht nur hochwertigere Proteine als Fleisch, sondern man sollte auch bedenken, daß etwa 10 kg Getreide verfüttert werden müssen, um 1 kg Rindfleisch zu »produzieren«. Zudem ist, wie wir wissen, bei uns das angebotene Fleisch mit Hormonen, Antibiotika und diversen Schadstoffen aus der Fütterung belastet.

Sie können jedes meiner Rezepte selbstverständlich auch mit Fleisch ergänzen. Ein Kochbuch sollte ohnehin nur Anregungen und Richtlinien vermitteln.

Seitdem ich Sprossen züchte, habe ich eine veränderte Einstellung zu allem Lebenden gewonnen. Es ist nicht nur so, daß ich mich glücklich fühle, Pflanzen zu züchten und ſie in meiner nächsten

Umgebung wachsen zu sehen, sondern ich spüre auch, daß Sprossen meiner Gesundheit und meinem Körper wohltun. Es ist mir eine befriedigende Bestätigung, daß auch wissenschaftliche Untersuchungen über den Nährwert von Sprossen zu entsprechenden Ergebnissen kommen.

Geräte für die Sprossenküche

1. Ein Mixer.
   In vielen Rezepten ist das Mixen, das Zerkleinern von Gemüsen, angegeben.
   Pürierte Hülsenfrüchte und Gemüse geben unserer Küche nicht nur eine Reihe neuer Möglichkeiten. Pürees entlasten unsere Verdauung auch und erleichtern die Umstellung auf eine neue Kost.
2. Ein Dörrex-Trockengerät aus dem Reformhaus zum Trocknen von Getreide-, Soja- und Linsensprossen und zur Herstellung des Sonnenbrotes (s. Rezepte).
3. Ein verchromtes Metallsieb zum Garen der Sprossen über Wasserdampf.

Grundrezept für
Sprossensuppen und -saucen

Der Grundstock für jede gute Sauce oder auch zum Garen von Gemüsen ist eine kräftige *Gemüsebrühe*.
Gemüsebrühe hält sich im Eisschrank 5 Tage.

$4\frac{1}{2}$ l Wasser
2 große Zwiebeln, jeweils mit 1 Nelke gespickt
2 Stangen Lauch, geviertelt · 2 Möhren, geviertelt
$\frac{1}{4}$ Sellerieknolle · 2 Stangen Bleichsellerie
1 Petersilienwurzel · 2 Lorbeerblätter
6 Pfefferkörner · 3 Knoblauchzehen, ungeschält
Salz nach Geschmack

Geben Sie alle Zutaten in einen großen Suppentopf und kochen Sie sie mindestens 4 Stunden bei kleinster Flamme.

Sieben Sie die Brühe durch; sie soll auf 6 Tassen eingekocht sein. In dieser Grundbrühe lassen sich alle Sprossen wärmen. Die Gemüsesuppe läßt sich nun mit Sahne binden und mit Gewürzen verfeinern.

Geben Sie die Sprossen — beispielsweise Bohnen-, Linsen-, Luzernen-, Getreide- oder Kichererbsensprossen — nur kurz in die Suppe, damit sie knusprig frisch bleiben und ihren Nährwert behalten.

Die Kleinen Samen

Luzernensprossen (Alfalfa)

Die Luzerne war bis vor kurzem nur als Viehfutter bekannt. Aber seitdem amerikanische Forscher sie zu Sprossen züchteten und ihren enormen Nährwert entdeckten, sind sie geradezu berühmt. Kein Wunder —

eine halbe Tasse Luzernensprossen enthält den gleichen Vitamin-C-Gehalt wie 6 Gläser frisch gepreßter Orangensaft.

Der Name Alfalfa kommt aus dem Arabischen und hieß ursprünglich »gutes Futter«. Als die Araber herausfanden, daß sie selbst von diesem wunderbaren Grün profitieren konnten, gaben sie ihm den Namen »Vater aller Nahrung«. Alfalfa ist außergewöhnlich stark und vital und entwickelt eine extrem kräftige Wurzel bis zu einer Tiefe von 30 Metern. Sie kann *4 Kilometer* lang wachsen.

Luzernensamen stehen an der Spitze mit dem höchsten Mineraliengehalt. Wer feste Muskeln, gute Knochen und Zähne will, sollte viel Luzernensprossen essen. In Amerika werden Vitamintabletten aus Luzernensamen hergestellt. Bei Arthritis und rheumatischen Leiden können wir uns selbst helfen, indem wir 1 EL Alfalfasamen in 1 l Wasser aufkochen und 3mal täglich davon

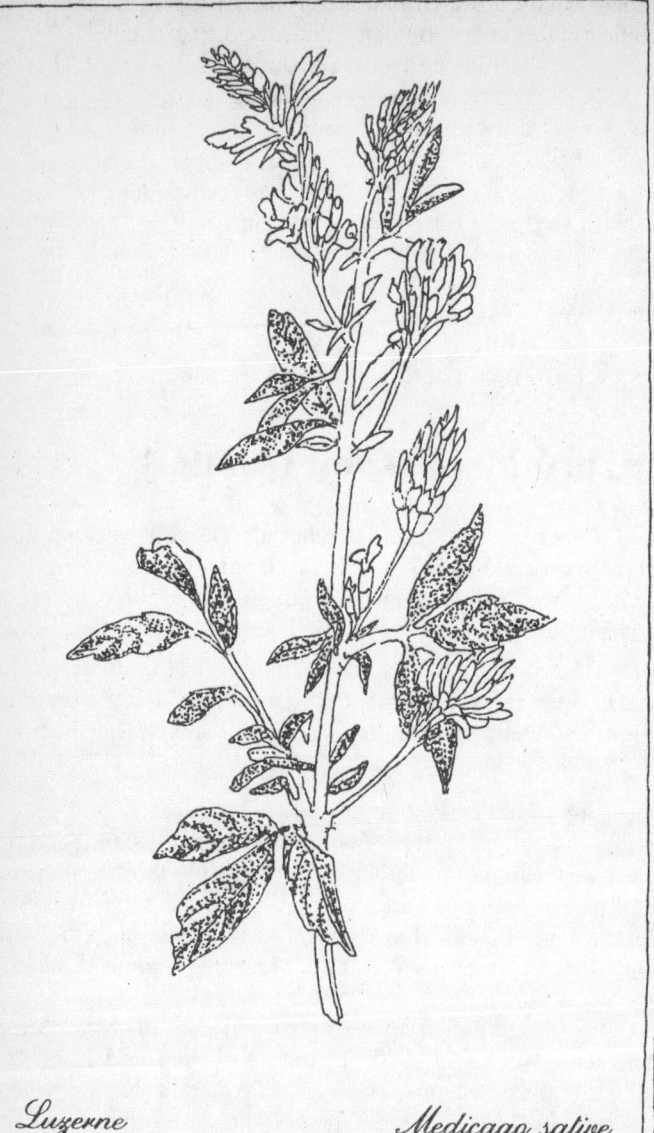

Luzerne   *Medicago sative*

trinken. Kein anderer Samen erhöht beim Keimen die Qualität seiner Inhaltsstoffe so sehr wie der Luzernensamen.

Inhaltsstoffe

Der Proteingehalt von 35% wandelt sich beim Keimen in Aminosäuren mit allen essentiellen Anteilen.

Der Prozentsatz der Vitamine C, D, E, K,U, B_1, B_2, B_3, B_{12} erhöht sich.

Phosphor, Calcium, Aluminium, Silizium, Schwefel, Magnesium, Soda und Kobalt werden in eine für den Organismus leichter aufnehmbare Form umgewandelt.

Luzernen bilden viel Chlorophyll und enorm viel Enzyme.

Vom Samen zur Sprosse

Keimmethode: Im Glas

Einweichzeit: 4—6 Stunden

Temperatur: 21 Grad

Spülen und Wässern: 2mal täglich

Ernte: nach ca. 5 Tagen

Länge des Keims: ca. 3 cm

Ertrag: 3 EL Samen füllen ein $1\frac{1}{2}$-l-Weckglas mit Sprossen

Zur Steigerung des Chloroyphylls breiten wir die Sprossen in einer flachen Schüssel aus, bedecken sie mit einem Plastiktuch, damit sie nicht zuviel Feuchtigkeit verlieren, und stellen sie ein paar Stunden ans helle Licht. In kurzer Zeit vermehren die Blättchen das tiefgrüne Chlorophyll. Der herbe Geschmack und die zarte Erscheinung der Pflanze sind eine Besonderheit.

Die Sprossen würzen Salate und Suppen wie Kräuter. Ein Stück Brot mit sahniger Butter bestreichen, eine Schicht Quark, eine Lage Luzernensprossen — das ist ein Genuß und außerdem eine Ladung voller Vitalität.

Wir können Früchte und auch Pfannkuchen mit Luzernen füllen; raffiniert ist es, die Herbheit in Süße zu fassen.

Luzernensprossen mit Pfirsichmus

6 überreife mittelgroße Pfirsiche
4 Tassen Luzernensprossen
SIRUP:
1 EL Butter · 3 EL Honig
1 Gläschen Calvados · 1 Gläschen Kräuterlikör
1 Töpfchen süße Sahne, steif geschlagen
2 EL Sonnenblumensprossen, geröstet

Wir tauchen die Pfirsiche kurz in kochendes Wasser, damit wir die Haut besser abziehen können und schneiden sie in Scheiben. Für den Sirup die Butter in einem Töpfchen zerlassen, Honig und Alkohol dazugeben und alles bei kleiner Flamme 10 Minuten einkochen lassen.

Wir verteilen die Obstscheiben in einer flachen Schale und übergießen sie mit dem heißen Sirup ... nun muß alles gut durchziehen. Nach 4 Stunden können wir diesen Schmaus servieren, und zwar mit den taufrischen Sprossen, der Sahne und den Sonnenblumenkernen.

Die Fülle der verschiedenen Geschmäcker verzaubert!

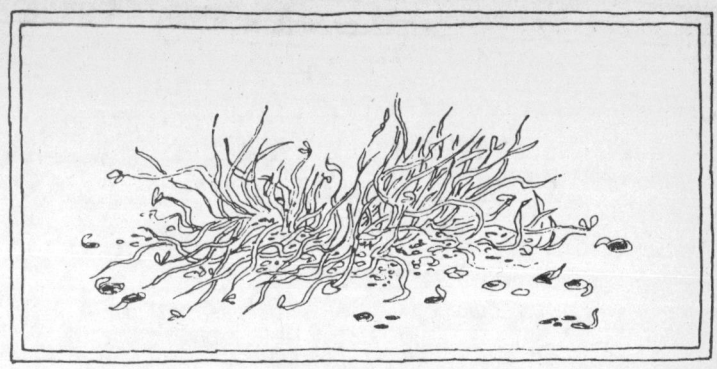

Luzernensprossen

Geraspelter Blumenkohl
mit Aprikosenmus und Luzernen

1 mittelgroßer Blumenkohl, geraspelt
SALATSAUCE:
12 getrocknete Aprikosen, 12 Stunden geweicht
2 EL Nußöl, kaltgeschlagen
grober Pfeffer aus der Mühle
1 Tasse Luzernensprossen
2 EL grüne Kürbissprossen

Wir zerkleinern und pürieren die geweichten Aprikosen, rühren sie mit Öl weich und schmecken sie ab.
Den geraspelten Blumenkohl auf Schalen verteilen, die Luzernensprossen darüberstreuen, die Sauce mit den Kürbissprossen garnieren und getrennt dazu reichen.

Variation:
Wir ersetzen das Öl in der Sauce durch 3 EL süße Sahne.

Geraspelter Sellerie
mit Luzernensprossen

---

1 kleine Sellerieknolle, geraspelt

---

3 EL Zitronensaft · 2 Tassen Luzernensprossen

TOMATENSAUCE:

---

4 kleine Tomaten

---

1 kleine Zwiebel, in feine Würfel geschnitten

$1/2$ Knoblauchzehe, gepreßt

Meersalz (so wenig wie möglich)

---

2 EL Olivenöl, kaltgeschlagen

---

1 Prise Cayennepfeffer

---

frisches Basilikum oder 1 Prise Thymian

Den geraspelten Sellerie sofort mit Zitrone beträufeln und dann im Mixer die Salatsauce bereiten, indem alle Zutaten, mit den Tomaten beginnend, aufgeschlagen werden.

Wir verteilen den Sellerie auf vier Teller, bedecken ihn mit den zarten Sprossen und geben dann am Tisch die frische Sauce dazu. Haben wir Basilikum, so schmücken wir die Teller mit je einem kleinen Blättchen des herben Krauts oder mischen die Prise Thymian in die Sauce.

Luzernensprossenomelett

---

6 Eiweiß, steif geschlagen · 6 Eigelb, verquirlt

$1/4$ Tasse süße Sahne oder Milch · Salz nach Geschmack

---

3 EL frischgeriebener Holländer

---

1 Handvoll Luzernenkeime

$1 1/2$ EL Sonnenblumenkerne · 3 EL Kresse

Mischen Sie Eigelb, Milch (bzw. Sahne), Salz und Käse in einer Schüssel; ziehen Sie das Eiweiß und die Luzernensprossen unter. Erhitzen Sie eine Eisenpfanne und gießen Sie das Öl hinein. Die Hitze abstellen, das Eigemisch hineingeben und dieses stocken lassen.

Mit einem breiten Holzspatel das Omelett auf einen vorgewärmten Teller heben, mit der Kresse bestreuen und zusammenklappen. Guten Appetit.

Spinatsalat mit Luzernensprossen

500 g zarter Spinat · 2 Tassen Luzernensprossen
2 Tomaten, in kleine Stücke geschnitten
2 EL Sesamsamen
SAUCE:
$\frac{1}{2}$ Tasse Sprudelwasser · 100 g Spinat
4 EL Kresse · 1 Avocado
$\frac{1}{2}$ TL frischgeriebener Ingwer · 1 EL Tamarisauce

Waschen Sie die Spinatblätter sorgfältig, dann schneiden Sie sie der Länge nach in breite Streifen. Mischen Sie die Zutaten in einer Schüssel und die Saucenzutaten in einer anderen. Für die Sauce geben sie das Wasser in einen Mixer und pürieren darin Spinatblätter, Avocado und Kresse. Den Spinatsalat in Schalen füllen und mit der gewürzten Salatsauce übergießen.

Obstsalat mit Luzernensprossen

---

1 Orange, in Würfel geschnitten

---

2 Clementinen, gewürfelt · 1 Banane, gewürfelt

---

1 Apfel, gewürfelt · 4 EL Rosinen

---

4 EL Sonnenblumensprossen · 1 ausgepreßte Zitrone

---

1 ausgepreßte Orange · 2 Tassen Luzernensprossen

---

250 g Sahne, geschlagen

Vermischen Sie das Obst und gießen Sie die Säfte darüber. Bereiten Sie auf einem großen Teller ein Bett von Luzernensprossen, verteilen Sie darauf den Obstsalat und geben Sie anschließend die Sahne in kleinen Tupfern darüber.

Erdbeerpüree mit Luzernensprossen

---

250 g Erdbeerpüree · 125 g Puderzucker

---

100 g Fruchtzucker · $\frac{1}{2}$ Zitrone, ausgepreßt

---

8 g weiße Gelatine, eingeweicht,
ausgedrückt und aufgelöst

$\frac{1}{4}$ l süße Sahne, geschlagen

$1\frac{1}{2}$ Tassen Luzernensprossen

Mischen Sie den Puderzucker, den Zitronensaft, die Gelatine und die Sahne unter das Erdbeerpüree und verrühren Sie die Masse gut. Spülen Sie kleine Glasschalen mit kaltem Wasser aus, legen Sie dann die Luzernensprossen auf den Boden und gießen Sie das Erdbeerpüree darüber. Dieses Dessert 2 Stunden im Eisschrank fest werden lassen.

Luzernensprossenbrot

---

1 große Kartoffel, in Würfel geschnitten

---

2 Tüten Hefe · ½ Tasse Honig · 3 EL Sesamöl

---

2 TL Salz · 8 Tassen Weizenmehl, ungebleicht

---

3 Tassen Luzernensprossen

Ofen auf Mittelhitze vorheizen. Die Kartoffeln in 4 Tassen Wasser kochen. Sobald sie gar sind, zusammen mit dem Kochwasser in den Mixer geben und pürieren.

Die Hefe in warmem Wasser lösen. Mengen Sie nach und nach alle Zutaten zusammen, kneten Sie diese gut durch, bis das ganze Mehl verbraucht ist. Zuletzt die Luzernensprossen in den Teig arbeiten, der nun an einen warmen Platz gestellt wird, bis er sich nach ca. 45 Minuten auf etwa das Doppelte vergrößert hat. Teilen Sie den Teig, geben Sie ihn in je eine gefettete Kastenform und backen Sie ihn bei Mittelhitze im Ofen 1½ Stunden lang.

Avocados mit Luzernensprossenfüllung

---

2 vollreife Avocados

---

2 Tassen Luzernensprossen · 1 EL Zitronensaft

Pfeffer und Salz nach Geschmack

Halbieren Sie die Avocados und höhlen Sie sie aus, ohne die Schale zu verletzen.

Pürieren und würzen Sie das Fruchtfleisch.

Füllen Sie die Sprossen in die Avocadoschalen und übergießen Sie sie mit der Creme.

Als *Variante* können Sie die Avocados statt mit Pfeffer und Salz auch mit 100 g Zucker, 2 EL Zitronensaft und einigen Spritzern Cointreau würzen. Dieses Dessert muß sehr kalt serviert werden.

Champignonsalat mit Luzernensprossen

2 Tassen Champignons, fein geschnitten
2 Tassen Luzernensprossen · 1 Tasse Käsewürfel
1 Tasse Tomatenwürfel
2 EL Sonnenblumenkerne · 2 EL Kresse
SAUCE:
4 EL Öl, kalt gepreßt · 1 EL Zitronensaft
1 EL Weinessig
Salz und frischgemahlener Pfeffer nach Geschmack
1 gepreßte Knoblauchzehe

Vermischen Sie die Zutaten in einer Schüssel, rühren Sie die Salatsauce an und ziehen Sie diese unter den Salat. Servieren Sie den
Salat auf grünen Blättern.

Müsli mit Luzernensprossen

1 Tasse geriebenes Schwarzbrot
1 Tasse Roggensprossen, zerkleinert
2 kleine Äpfel, gerieben · 1 EL Zitrone
2 EL Mandeln, gestoßen · 1 Tasse Luzernensprossen
1 Joghurt, mit Honig gesüßt

Vermischen Sie die Zutaten in einer Schale und lassen Sie sie kurz
durchziehen. Füllen Sie das Gemisch in Schälchen, streuen Sie die
Luzernensprossen darüber und übergießen Sie dann alles mit dem
Joghurt.

Haferflockensuppe mit Luzernensprossen
(Vitamin-C-Stoß)

---

1 l Wasser · 6 EL Haferflocken

Salz nach Geschmack · 1 EL Butter · ¹⁄₂ l Milch

---

1 Tasse Luzernensprossen

Lassen Sie die Haferflocken in Salzwasser eine halbe Stunde auf sehr kleiner Flamme köcheln, bis ein dicker Brei entstanden ist; dann schlagen Sie die Butter hinein. Gießen Sie den Brei in Teller, überschütten Sie ihn mit kalter Milch und verteilen Sie die Sprossen darüber. Dieses Gericht erscheint sicherlich ungewohnt, aber es gibt kaum ein magenfreundlicheres Frühstück.

Kalte Suppe mit Luzernensprossen

---

2 Tassen kalte Gemüsebrühe

---

1 Tasse Möhrensaft · 2 geschälte Avocados

---

1 TL Zitronensaft · Pfeffer und Salz nach Geschmack

---

1 Tasse Luzernensprossen

Die Avocados in der Flüssigkeit pürieren und würzen. Die Suppe in Tassen gießen und mit den Luzernensprossen bedecken.

Spinatsuppe mit Luzernensprossen

1 l Gemüsebrühe · 500 g Spinat

2 Kartoffeln, klein geschnitten

1 Frühlingszwiebel, in feine Streifen geschnitten

1 EL Öl

Salz und frischgemahlener Pfeffer nach Geschmack

$^{1}/_{2}$ Tasse saure Sahne

1 Tasse Luzernensprossen, jeweils einmal
durchgeschnitten

Den gut gesäuberten Spinat in Salzwasser blanchieren, die Kartoffeln kochen. Die Frühlingszwiebeln sautieren. Pürieren Sie die gegarten Kartoffeln und hacken Sie den Spinat sehr fein.
Die vorbereiteten Zutaten in einen Suppentopf mit der heißen Gemüsebrühe geben und würzen.
Füllen Sie die Suppe in vorgewärmte Teller, geben Sie je einen Klacks Sahne in die Mitte der Suppe und streuen Sie die kalten Sprossen darüber.

Birnen mit Luzernensprossen

2 mittelgroße Birnen · 4 Kugeln Vanilleeis

4 EL Himbeerpüree · 1 Tasse Luzernensprossen

Die halbierten Birnen werden kurz mit Vanillezucker gedünstet. Die ausgekühlten Birnen in Schälchen geben, mit dem Eis füllen, darauf die Luzernensprossen legen und schließlich die Himbeersauce darübergießen. Ein ganz ungewöhnlicher, exquisiter Nachtisch.

Süßer Luzernensprossensalat

---

2 Tassen Luzernensprossen · 3 Nektarinen, zerteilt

---

2 EL Rosinen, geweicht · 3 EL Sonnenblumenkeime

APFELSAUCE:

---

2 Äpfel, geschält und geviertelt · ¹/₂ Tasse Apfelsaft

---

1 Banane, zerteilt · 1 Prise Zimt

Verteilen Sie die Sprossen und Schalen und legen Sie mit den Nektarinenteilen einen Kranz darum.

Gießen Sie jeweils in die Mitte der Sprossen, gleichsam in die Nesthöhle, die Apfelsauce, die Sie im Mixer geschlagen haben. Streuen Sie Rosinen und Sonnenblumenkeime darüber und bestäuben Sie den Salat mit Zimt.

Rote-Bete-Salat mit Luzernensprossen

---

2 mittlere rote Bete · 2 Tassen Luzernensprossen

SALATSAUCE:

---

4 EL Sesamöl · 1 EL Weinessig

---

1 kleine geriebene Zwiebel

---

1 kleine Knoblauchzehe, gepreßt · 1 EL Sojasauce

---

2 EL Sesamsamen (2 Tage gekeimt)

Bürsten Sie die roten Bete sauber und kochen Sie sie etwa eine halbe Stunde, bis sie fast gar sind.

Die Früchte schälen und in kleine Stücke schneiden. Bereiten Sie die Salatsauce und gießen Sie sie über die noch warmen Rote-Bete-Stückchen.

Legen Sie je ein Salatblatt auf Glasteller und darauf die Luzernensprossen. Formen Sie in der Mitte der Sprossen Vertiefungen und füllen Sie diese mit den roten Beten auf. Überstreuen Sie den Salat mit den Sesamkeimen.

Champignonsuppe
mit Luzernensprossen

1 EL Sesamöl · 200 g Champignons

200 g Champignonpüree · 4 Tassen Gemüsebrühe

1 Tasse Sahne · 2 EL Sherry

Salz und frischgemahlener Pfeffer nach Geschmack

1 Tasse Luzernensprossen, jeweils einmal
durchgeschnitten

1 EL Kresse

Sautieren Sie die feinblättrig geschnittenen Champignons in Öl.
Die anderen Champignons durch den Fleischwolf drehen oder
sehr klein hacken.
Alle Zutaten mit der Gemüsebrühe in einen Topf geben und auf
kleinster Flamme ca. 5 Minuten ziehen lassen (nicht kochen).
Die Suppe in vorgewärmte Teller gießen und die Luzernensprossen dazugeben.

Luzernensprossen mit Avocadocreme

1 Tasse geraspelte Sellerieknolle, mit Zitrone beträufelt

2 Tassen Luzernensprossen

1 Tasse Kressesprossen

1 Tasse gekochter Reis (braun)

SAUCE:

1 Tasse Apfelsaft

1 großer Apfel, geschält und geviertelt

1 Avocado, entkernt und gehäutet

Salz nach Geschmack · 1 TL Honig

Luzernensprossen, Sellerieknolle, Kresse und Reis in einer Schüssel vermischen.
Die Saucenzutaten im Mixer zu einer sämigen Creme schlagen, dabei mit dem Saft beginnen.
Auf Salatblättern in Schalen anrichten und die Sauce getrennt servieren.

Gemüsesuppe mit Luzernensprossen

2 EL kaltgepreßtes Öl
15 Schnee-Erbsen*, fein geschnitten
1 Tasse Möhren, fein geschnitten
1 Tasse Champignons, fein geschnitten
$\frac{1}{2}$ Tasse Sellerie, fein geraspelt
2 Frühlingszwiebeln, fein geschnitten
6 Tassen Gemüsebrühe · Salz nach Geschmack
$1\frac{1}{2}$ Tassen Luzernensprossen · 3 EL Kressesprossen
3 EL frischgeriebener Käse
nach Geschmack etwas Sojasauce

Dünsten Sie die Gemüse, beginnend mit den Schnee-Erbsen, unter ständigem Rühren in Öl.
Stellen Sie dann die Flamme klein, gießen Sie vom Rand her die Brühe auf und lassen Sie die Gemüse 8 Minuten simmern. Danach salzen. Tauchen Sie nun die Sprossen kurz in die heiße Brühe und vermischen Sie den Käse mit der Kresse. Das Kresse-Käse-Gemisch als Würze zur Suppe reichen.

---

* Schnee-Erbsen sind auf Großstadtmärkten und in Ostasienläden erhältlich. Es handelt sich dabei um zarte Erbsen in der Schale. Wahlweise können auch frische, feine Erbsen verwendet werden.

Senfsprossen

Senfsamen ist eine scharfe Würze, doch gesprossen variiert der Geschmack und wird sogar mild.
Senfsprossen heilen Darmkrankheiten und Hautausschläge, vor allem aber regenerieren sie die Darmflora nach dem Gebrauch von Antibiotika.

Steigerung der Inhaltsstoffe

30 % Fett wandeln sich in fettlösliche Stoffe.
Steigerung der Enzyme.

Vom Samen zur Sprosse

Keimmethode: im Glas
Einweichzeit: 6 Stunden
Temperatur: 21 Grad
Spülen und Wässern: 2mal täglich
Ernte: nach 2 Tagen
Länge des Keims: 3—4 mm
Ertrag: 2 EL Samen ergeben 3 EL Sprossen

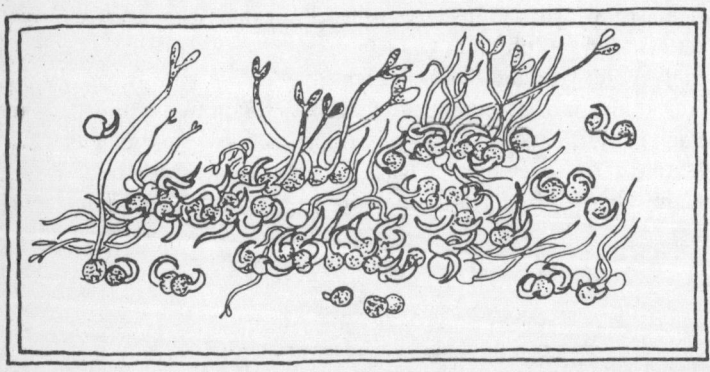

Senfsprossen

Senfsprossen regen die Verdauung an.
Sie entwickeln in Salaten, Suppen und Eintopfgerichten originelle
Geschmacksverbindungen.

Weißkohlsalat mit Senfsprossen

4 Tassen Weißkohl, in feine Streifen geschnitten
2 EL Öl, kalt geschlagen
1 Boskopapfel, in feine Streifen geschnitten
2 Scheiben Lachs, in feine lange Streifen geschnitten
SALATSAUCE:
$^1/_2$ Tasse saure Sahne · 2 EL Öl, kalt geschlagen
1 EL Weinessig · 2 EL Zitronensaft
1 EL Honig · 2 EL Senfsprossen, 2 Tage gesprossen

In einer Schüssel den Kohl mit dem Öl weich und geschmeidig
stampfen.
Mit einer Gabel die Apfelstifte und den Lachs unterziehen. Wir
übergießen den Salat mit der verquirlten Sauce. Die Senfsprossen
nehmen dem Kohl das Schwerverdauliche und verblüffen durch
ihre Herzhaftigkeit.
Eine weiche Polenta ist eine willkommene Ergänzung zu diesem
Salat.

Würzige Bananensauce mit Senfsprossen

3 Bananen, püriert
1 Spritzer Orangenlikör · 1 EL Butter
$\frac{1}{2}$ Tasse Sonnenblumensprossen
1 $\frac{1}{2}$ EL Senfsprossen · 1 Prise Cayennepfeffer
Meersalz (so wenig wie möglich)
1 TL Honig

Die reifen Bananen werden püriert und mit einer Spur Orangenlikör abgeschmeckt.
In einer kleinen Kasserolle rösten wir die Sonnenblumensprossen in der Butter und würzen mit den fehlenden Zutaten.
Die Creme sollte gut durchziehen — eine Traumsauce!

Senfsprossenmayonnaise

1 Eigelb · $\frac{1}{2}$ Tasse Sonnenblumenöl, kalt geschlagen
1 EL Senfsprossen · 2 EL Crème fraîche

In das cremig gerührte Ei tropfenweise das Öl einschlagen, bis eine feste Masse entsteht (Ei und Öl müssen die gleiche Temperatur haben). Die Crème fraîche untermischen und die Mayonnaise mit den Sprossen abschmecken.
Eine ideale Ergänzung zu Schellfisch und gekochten Eiern! Die schwere Mayonnaise wird durch die Wirkung der Sprossen bekömmlicher.

Rote-Bete-Salat mit Senfsprossen
auf Chinakohlblättern

---
4 Chinakohlblätter · 1 kleine rote Bete, geraspelt

---
1 Boskopapfel, in Stifte geschnitten

SAUCE:

---
1 EL Zitronensaft

---
2 EL Sonnenblumenöl, kalt geschlagen

Meersalz (so wenig wie möglich)

---
2 EL Senfsprossen

Die rote Bete sauber bürsten, raspeln und mit den Apfelstiften vermischen.

Die verrührten Saucenzutaten werden sofort über den Salat gegossen, damit sich die Geschmacksstoffe gut verbinden.

Wir übergießen die Chinakohlblätter kurz mit kochendem Wasser, legen sie auf 4 Teller und garnieren die blaßgrünen Kohlblätter mit dem leuchtend-rotvioletten Salat.

Vor dem Essen besprenkeln wir den Salat mit den Senfsprossen. Welch strahlende Appetitlichkeit!

Senfsprossenbutter

---
125 g Butter · Meersalz nach Geschmack

---
2 EL gehackte Petersilie

---
2 EL Senfsprossen, fein gehackt

---
einige Tropfen Zitronensaft

Wir vermischen die Butter mit allen Zutaten und würzen mit ein wenig Zitronensaft.

Diese Senfbutter ist eine tolle Erfindung zu Schellfisch — wer denkt da noch an eine »Stippe« mit Mehl!

Johannisbeersauce mit Senfsprossen
(Cumberlandsauce)

---

2 Schalotten, sehr fein gehackt · 1 EL Butter

---

1 Tasse Johannisbeergelee (Diabetikergelee)

Saft von 1/2 Orange

Schale von 1/2 Orange, unbehandelt und grob gerieben

---

1 EL Zitronensaft

Schale von 1/2 Zitrone, unbehandelt und grob gerieben

---

2 EL Portwein · 2 EL Senfsprossen

---

1 Prise Cayennepfeffer · 1 Prise Ingwer

Wir dünsten die Schalotten in der Butter glasig und streichen sie zusammen mit dem Gelee durch ein Sieb, damit sich beides gut vermischt. In einer Schale die restlichen Zutaten verquirlen und würzen.
Die Sauce ist eine der klassischen Ergänzungen zu Wild. Ich darf sie hier vorschlagen als eine Kreation zu Rotkohlsalat oder, bei einer etwas festeren Konsistenz, zu Buchweizenpfannküchlein!

Variation:
Wir ersetzen das Johannisbeergelee durch Apfelpüree.

Senfsprossenpaste

---

3 EL Senfsprossen · 1 Tasse Pinienkerne

---

1 Tasse alter Gouda, gerieben

---

5 EL Sonnenblumenöl, kalt geschlagen

Meersalz (so wenig wie möglich)

---

frischgemahlener Pfeffer

In einem Mörser zerreiben wir die scharfen Senfpflänzchen zu einer grünen Creme. Die fehlenden Zutaten gleichmäßig in kleinen Portionen einarbeiten.

Sicher, dieses Einarbeiten in Schüben ist etwas mühsam. Doch der scharfe Geschmack der Senfsprossen verändert sich unangenehm, wenn sie in einer Maschine geschlagen wird.

Ich liebe diese Cremesauce als Füllung zu großen Kartoffeln, die in der Schale gebacken wurden.

Senfsprossen und Feigen in Feldsalat

---

3 Handvoll Feldsalat

3 getrocknete Feigen, fein gewürfelt

1 kleines Glas Weißwein

1 Zwiebel, in Ringe geschnitten

SALATSAUCE:

2 EL Walnußöl, kalt geschlagen · 2 EL Zitronensaft

Meersalz (so wenig wie möglich)

1 Prise gemahlener Fenchelsamen

2 EL Senfsprossen

Wir richten den gewaschenen und abgetropften Feldsalat auf einer Schale an. Inzwischen die zerkleinerten Feigen 15 Minuten lang im Weißwein ziehen lassen.

Anschließend streuen wir Feigen und Zwiebelringe, die wir in etwas Walnußöl gebräunt haben, über den Salat. Die Saucenzutaten verrühren, sofort über den Salat gießen und gut durchmischen.

Was kann besseres passieren als die herben Senfsprossen nun auf die süßen Feigen wirken zu lassen?

Ich empfehle den Salat zu einem überkrusteten Gerstenauflauf.

Rote Bete mit Senfsprossen

4 mittelgroße rote Bete
SAUCE:
1 EL Sesamöl · ½ Zitrone, ausgepreßt
3 EL Crème fraîche · Pfeffer und Salz nach Geschmack
2 EL Senfsprossen

Die roten Bete in Salzwasser kochen, schälen und in kleinste Stifte schneiden.

Bereiten Sie die Salatsauce und übergießen Sie die roten Bete damit; 2 Stunden durchziehen lassen.

Füllen Sie den Salat in Schüsselchen und überstreuen Sie ihn mit den Senfsprossen.

Senfsprossenquark

400 g Quark · 1 EL Tomatenpüree
2 EL Kressesprossen · 2 EL Senfsprossen
1 Knoblauchzehe, gepreßt
2 Schalotten, fein gerieben
Pfeffer, frisch gemahlen und Salz nach Geschmack
2 EL Sesamöl
Salatblätter und Tomatenstückchen als Garnierung

Geben Sie den Quark in eine Schüssel und verrühren Sie ihn kräftig mit dem Tomatenpüree, danach mit den Gewürzen und schließlich mit den Sprossen.

Zum Schluß ziehen Sie das Sesamöl unter und servieren den Quark auf den Salatblättern mit Tomatenstückchen.

Eiercreme mit Senfsprossen

---

4 Eier, hart gekocht · 2 Schalotten, gerieben

---

2 EL Pflanzenmargarine · 2 EL Sesamöl

½ rote Paprikaschote, in sehr feine Würfel geschnitten

---

1 EL Kresse · 2 EL Senfsprossen

Salz und frischgemahlener Pfeffer nach Geschmack

Drehen Sie alle Zutaten durch den Fleischwolf, eventuell sogar zweimal, um eine weiche Paste zu erzielen, die sich gut streichen läßt. Mit dieser Eierpaste bestrichenes Knäckebrot schmeckt köstlich.
Aber auch Salatblätter, Tomaten oder mit dieser Eiercreme gefüllte, ausgehöhlte Reinetten sind eine Delikatesse.

Senfsprossen und süßer Quark

---

3 EL Senfsprossen

---

400 g Quark · 1 Töpfchen süße Sahne, geschlagen

---

2 EL Rosinen, geweicht

---

2 EL Pinienkerne · 1 Banane, gewürfelt

---

1 TL Zitronensaft · 1 TL Honig

Den Quark mit der Sahne verrühren und dann die süßen Zutaten hineinmischen.
Füllen Sie die Quarkspeise in eine flache Schale und überstreuen Sie sie mit den Senfsprossen.
Wenn Sie Pfannkuchen mit dieser ungewöhnlich schmeckenden Masse füllen, werden Sie eine Überraschung erleben. Der süße und der herbe Geschmack im warmen Pfannkuchen sind von seltener Harmonie.

Sahne-Senfsprossen-Sauce

---

2 EL Butter · 1 EL Mehl · 1 Tasse heiße Milch

---

2 Eigelb · 4 EL geriebener Käse, mild

---

1 Tasse saure Sahne · 2 EL Kresse · 2 EL Senfsprossen

Salz und Pfeffer aus der Mühle nach Geschmack

Lassen Sie die Butter in einem Eisentopf aus und verrühren Sie das Mehl darin. Mit einem Schneebesen die heiße Milch hineinschlagen und einmal aufkochen lassen, so daß die Sauce abbindet. Die Sauce vom Feuer nehmen, das Eigelb, den Käse und die Sahne hineinrühren und abschmecken.

Vor dem Servieren die Senfsprossen in die Sauce streuen und gut durchrühren.

Vor allem verlorene Eier schmecken herrlich in dieser Sauce.

Schmorgurken mit Senfsprossen

---

4 EL Essig · 1 l Wasser · 2—3 Gurken

---

2 EL Öl · 1 EL Mondamin · 1 Töpfchen saure Sahne

Salz nach Geschmack · 2 TL Honig

---

1 Prise Curry · 2 EL Senfsprossen

Die Gurken schälen und halbieren, entkernen und der Breite nach in 2 cm dicke Scheiben schneiden. Marinieren Sie die Scheiben 6 Stunden in Essigwasser.

Die abgetropften Gurken werden im Öl angeschmort, mit dem Mondamin überstäubt und mit ein wenig Essigwasser abgelöscht. Köcheln Sie die Gurken 10 Minuten, dann rühren Sie vorsichtig die Sahne und die Gewürze darunter.

Vor dem Servieren die frischen Sprossen über das Gurkengemüse streuen.

Sesamsprossen

Erst als ich den Sesamkeim entdeckt hatte, wußte ich, welch köstliche und wertvolle Zutat in meiner Küche fehlte!
Heute ergänzen diese »Wundersamen« meine täglichen Mahlzeiten. Schon eine kleine Quantität versorgt mich mit vielen Inhaltsstoffen.

Die Steigerung der Inhaltsstoffe

Der Proteinanteil von 45 % wandelt sich in Aminosäuren mit allen essentiellen Anteilen.
55 % Fett mit 85 % ungesättigten Fettsäuren wandelt sich in fettlösliche Stoffe.
Der Prozentsatz der Vitamine A, B_1, B_2, B_3 und E erhöht sich, Calcium, Phosphor, Magnesium und Lecithin wandeln sich in eine für den Körper leichter aufnehmbare Form.
Enzymvermehrung.

Vom Samen zum Keim

Keimmethode: im Glas
Einweichzeit: 4 Stunden
Temperatur: 21 Grad
Spülen und Wässern: 2mal täglich
Ernte: *nicht* später als nach 2 Tagen
Länge des Keims: der Keim sollte die Länge des Samens haben
Ertrag: 1 EL Samen ergibt $1\frac{1}{2}$ EL Sprossen

Sesamkugeln

250 g trockener Quark · 2 EL Kresse, fein gehackt
1 TL Sesamöl, kalt geschlagen · 1 Spur Ingwer
1 EL Honig · Meersalz (so wenig wie möglich)
4 EL Sesamsprossen

Mit leicht öligen Händen Quark und Würze vermischen und dottergroße Kugeln daraus rollen. (Wenn der Quark zu feucht ist, muß er in einem Leinentuch ausgedrückt werden.)
Wir panieren die Kugeln mit den Sesamsprossen und servieren sie auf knackigen Spinatblättern als Vorspeise.
Sesamkugeln sind auch eine leckere Einlage in einer klaren Gemüsebrühe. — Vorsicht, sie dürfen nur ganz sanft in der Brühe ziehen.

Möhrensalat mit Sesamsprossen

4 mittelgroße, geraspelte Möhren
2 Stangen Staudensellerie, in Halbmonde geschnitten
$^1/_2$ Tasse Sesamsaat, geprossen
SALATSAUCE:
1 Becher Joghurt · 1 EL Sesamöl, kalt geschlagen
1 EL Zitronensaft · 1 TL Honig
1 Msp gemahlener Fenchel
1 Prise grobgemahlener schwarzer Pfeffer
Meersalz nach Geschmack
3 EL Kresse

Möhren, Sellerie und Sesamsprossen in einer flachen Schüssel verteilen und mit den verquirlten Saucenzutaten übergießen.

Geben wir den Möhrenraspeln Gelegenheit, die Sauce aufzunehmen und bedecken zum besseren Durchziehen, damit keine Inhaltsstoffe verloren gehen, die Salatschüssel mit einem Teller.

Als letztes schmücken wir den Salat mit der frisch geernteten Kresse und verzehren ihn genüßlich!

Hirsesprossen

Der kleine Samen, das perlige Körnchen, Hirse genannt — so die Überlieferung —, war die bevorzugte Speise am Hofe des Hunnenkönigs Attila.

Im Mittelalter wurde Hirse besonders häufig während der Fastenzeit gegessen. Sie lieferte Protein in der »fleischlosen Zeit«.

Die Steigerung der Inhaltsstoffe

Das Protein wandelt sich während des Keimvorganges in Aminosäuren mit allen essentiellen Anteilen.

Der Prozentsatz der Vitamine B_1 und B_2 erhöht sich.

Eisen, Phosphor, Fluor, Kupfer, Magnesium und Kalium wandeln sich in eine für den Organismus leichter aufnehmbare Form.

Steigerung der Enzyme.

Vom Samen zum Keim

Keimmethode: im Glas

Einweichzeit: 8 Stunden

Temperatur: 21 Grad

Spülen und Wässern: 2—3mal täglich

Ernte: nach 3 Tagen

Länge des Keims: 2 mm

Ertrag: 1 Tasse Samen ergibt 2 Tassen Sprossen

Wir streuen die Sprossen in Salate und Suppen oder mischen sie in Gemüseeintöpfe.
Beim Brotbacken ersetzen wir ein Viertel des Mehls durch Hirsesprossen.
Die Hirse süßt das Brot, bringt ihm weiche Feuchtigkeit und verleiht ihm einen geheimnisvollen Duft.

Hirsesprossenmüsli

2 Tassen Hirsesprossen · 1 Tasse Haferflocken
1 geriebener Apfel (sauer) · 2 EL Rosinen, geweicht
1 EL Sonnenblumensprossen · 1 TL Honig
Zimt, Nelke, je ein Hauch · 1 TL Zitronensaft
$1\frac{1}{2}$ EL Leinsamen · 1 Tasse Sahne oder Joghurt

Wir vermischen die Zutaten in einer Schüssel und servieren das Müsli sofort auf kleinen Tellern. Die Sahne kommt als kleiner Berg obenauf. Diese Morgengabe mit dem frischgemahlenen Leinsamen überpudern.

Ein Rat:
Kein Mittel heilt Hautkrankheiten so vollendet wie Hirsesprossen.

Rettichsprossen

Weißer und schwarzer Rettich gehören zur Familie des Senfs. Rettich ist teuer, doch es genügen wenige Sprossen, um einem Gericht die Klarheit des Rettichgeschmacks zu vermitteln.

Vom Samen zum Keim

Keimmethode: im Glas
Einweichzeit: 4 Stunden
Temperatur: 21 Grad
Spülen und Wässern: 2mal täglich
Ernte: nach ca. 2 Tagen
Länge des Keims: 3 mm
Ertrag: 1 EL Samen ergibt 3 EL Sprossen

Die Rettichsprossen als Würze in der Küche

Schaumiges Kartoffelpüree
mit Rettichsprossen

8 große Kartoffeln, mehligkochend · 1 Tasse Milch
2 EL Butter · 2 Eigelb, 2 Eiweiß geschlagen
1 Tasse süße Sahne · Muskat
1 Tasse Rettichsprossen

Die Ofenröhre auf 170 Grad vorheizen.
Die Kartoffeln in der Schale kochen und pellen. In einem guten
Eisentopf wärmen wir eine Tasse Milch und zerstampfen die Kar-
toffeln darin vorsichtig. Dann geben wir in kleinen Portionen die

Butter hinzu und ziehen den mit der Sahne verquirlten Eischaum unter. Seien wir achtsam, die Eier dürfen nicht stocken.

Mit den pikanten Sprossen und der Muskatnuß abschmecken. Zu guter Letzt füllen wir unseren Kartoffelschaum zum Überbakken in eine gut gefettete Form und warten, bis er eine feine Kruste von sanftem Braum gebildet hat (20 Minuten).

Bockshornkleesprossen

Mehr Gewürz, aber auch inhaltsreiche Sprosse, gehört Bockshornklee zu den Grundstoffen der Curry-Rezeptur.

Überall in der alten Heilkunde begegnen wir dem Bockshornklee, besonders zur Heilung von Darmgeschwüren und Infektionen.

Ein Gurgeltee auf der Basis dieses Samens lindert Halsentzündungen und desinfiziert.

Die Steigerung der Inhaltsstoffe

Der Proteingehalt von 29 % wandelt sich während des Keimens in Aminosäuren mit allen essentiellen Anteilen.

Der Prozentsatz des Cholins und der Vitamine A und C erhöht sich.

Das Eisen wird in eine für den Organismus leichter aufnehmbare Form gebracht.

Hoher Anstieg der Enzyme.

Vom Samen zur Sprosse

Keimmethode: im Glas

Einweichzeit: 5 Stunden

Temperatur: 18—21 Grad

Spülen und Wässern: 2mal täglich

Ernte: nach 1—2 Tagen

Länge des Keims: Der Keim sollte die Länge des Samens haben.

Ertrag: $\frac{1}{4}$ Tasse Samen ergibt 1 Tasse Sprossen

Würzen mit der Bockshornkleesprosse

Keine Würze zaubert den Orient so in unsere Töpfe wie Bockshornklee. Schon eine kleine Menge genügt. Die Dosierung verlangt viel Gefühl. Obst, Gebäck und Reisgerichte lassen sich durch dieses Gewürz auf das köstlichste verändern.

Gewürzreis

2 EL Butter
$\frac{1}{2}$ TL Safran, in Milch gelöst
3 EL Korinthen, geweicht
4 EL Sonnenblumenkernsprossen
2 EL Bockshornkleesprossen
$1\frac{1}{2}$ Tassen vorgeweichter Reis
1 TL Honig · 1 Prise Zimt
4 Tassen angewärmtes Wasser

Die Butter in einem Eisentopf zerlassen und die Zutaten nacheinander hineingeben. Den Reis auf großer Flamme in den 4 Tassen Wasser aufkochen, eventuell noch einen kleinen Schub Wasser hinzugeben und die Flamme sehr klein stellen, um das Reisgericht in 45 Minuten ausquellen zu lassen.
Wenn wir den Deckel des Reistopfes bei Tisch öffnen, strömt uns ein aufregender Duft entgegen.

Gewürzomelett

5 Eier · 5 EL Kichererbsenmehl

schwarzer Pfeffer, frisch gemahlen

1 EL Bockshornkleesprossen · 1 große Prise Koriander

Meersalz (so wenig wie möglich)

2 kleine Zwiebeln, gerieben · 2 EL gehackte Petersilie

1 Schuß Mineralwasser · 3 EL Butter

In einer Küchenschüssel die Eier mit dem Schneebesen verschlagen und durch ein Sieb das Kichererbsenmehl überstäuben. Mit den fehlenden Zutaten würzen und das Mineralwasser aufgießen. Die Butter in einer Pfanne erhitzen und vom Rand her die Eimasse hineingießen.

Wir drosseln die Hitze und lassen das Omelett in geschlossener Pfanne ca. 3 Minuten stocken. Nun läßt es sich mühelos auf einen Teller schieben und wir können das Omelett wenden, um es zu Ende zu backen.

Zu dem sanftschmelzenden Gewürzomelett ist ein knackiger Salat das Tüpfelchen auf dem i.

Möhrencurry mit Bockshornkleesprossen

4—5 mittelgroße Möhren, in Scheiben geschnitten

$^1/_2$ Tasse Orangensaft · 1 Tasse Wasser

Meersalz (so wenig wie möglich) · 3 EL Butter

3 EL Rosinen, geweicht

die Samen aus 4 Kardamomkapseln · 1 TL Kurkuma

1 TL Senfsprossen · 2 Nelken

1 TL Kreuzkümmel · 1 Prise Cayennepfeffer

1 EL Bockshornkleesprossen

2 Bananen, in Scheiben geschnitten

Die Möhren im Orangen-Salzwasser 5 Minuten ankochen.

In einem schweren Eisentopf lassen wir die Butter aus, dünsten die Gewürze kurz an, gießen die Möhren mit dem verbliebenen Kochwasser zu. Für 15 Minuten köcheln.

5 Minuten vor dem Anrichten geben wir die Bananen in die exotische Speise.

Zum Möhrencurry gehört Reis, doch welch unerwarteter Genuß, wenn wir einem fremdländischen Gericht eine heimische Zutat, wie Kartoffelschaum oder körnig gekochten Roggen beigeben!

Getreide- und Sonnenblumenkernsprossen

Weizensprossen

Steigerung der Inhaltsstoffe

Das Protein wandelt sich in Aminosäuren mit allen essentiellen Anteilen.

Fette wandeln sich in fettlösliche Stoffe.

Der Prozentsatz der Vitamine B_2, B_3, B_5, C und E erhöht sich, z.B. Vitamin C um 600 % und das Fruchtbarkeitsvitamin E um das dreifache!

Eisen, Phosphor, Magnesium, Mangan und Zink wandeln sich in eine für den Körper leichter aufnehmbare Form.

Vervielfältigung der Enzyme.

Vom Samen zur Sprosse

Keimmethode: im Glas

Einweichzeit: 12 Stunden

Temperatur: 18—21 Grad

Spülen und Wässern: 2mal täglich

Ernte: nach 2—3 Tagen

Länge des Keims: Sollte die Länge des Korns erreicht haben.

Ertrag: 1 Tasse Körner ergibt $2\frac{1}{2}$ Tassen Sprossen.

Wie vielfältig lassen sich doch Getreidesprossen roh, gedünstet oder geröstet in unseren Gerichten unterbringen!

Pikant-herbes Frühstücksgericht

---

2 Tassen Weizensprossen · 1 geriebener Apfel

---

¹/₄ Zwiebel, gerieben · 1 Möhre, gerieben

---

1 EL Öl, kalt geschlagen · ¹/₂ TL Hefeflocken

---

1 EL Sesamsamen · 3 EL süße Sahne, geschlagen

Wir vermischen alle Zutaten, verteilen sie auf vier Schalen und garnieren mit der Sahne.

Aprikosensalat mit Weizensprossen

---

8 entsteinte Aprikosen (ersatzweise getrocknete Aprikosen, geweicht)

---

2 Stangensellerie, in feine Scheiben geschnitten

---

1 Apfel, in feine Stifte geschnitten

---

1 EL Walnußöl, kalt geschlagen · 2 TL Zitronensaft

---

1 TL Honig · 1 Tasse Weizenkeime, kurz geröstet

Die Aprikosen in feine Scheiben schneiden und mit den übrigen Zutaten vermischen. Wir verquirlen die Saucenanteile, vermengen sie mit dem Salat und lassen ihn im Kühlschrank gut durchziehen.
Bei Tisch streuen wir die gerösteten, warmen Weizenkeime über.

Wink:
Mit diesem Salat läßt sich gut frühstücken. Er gibt viel Kraft für einen anstrengenden Tag.

Weizensprossensalat

---

2 Tassen Weizensprossen

---

1 kleine geriebene Möhre · ⅛ Sellerieknolle, gerieben

¼ Paprika, klein geschnitten

---

2 Schalotten, gerieben · 3 EL Kressesprossen

---

1 TL Senfsprossen · 1 Tasse gekochter Reis

SAUCE:

---

4 EL Öl, kalt gepreßt · 3 EL Parmesan, gerieben

Salz und frischgemahlener Pfeffer nach Geschmack

---

1 EL Weinessig · 2 EL Weißwein, herb

---

1 Prise Thymian, gemahlen · 1 Knoblauchzehe, gepreßt

Die Salatzutaten in einer Schüssel gut durchmischen.
Für die Sauce den Parmesan mit dem Öl glattrühren und würzen.
Gießen Sie die Sauce über den Salat, der besonders gut durchziehen soll.

Weizensprossen-Käse-Salat

---

2 Tassen Weizensprossen · ½ Tasse Cottage-cheese

---

8 Radieschen, fein geschnitten

---

1 Schalotte, fein gehackt · 2 EL Kresse

Salz und frischgemahlener Pfeffer nach Geschmack

½ Tasse Joghurt oder saure Sahne

Alle Zutaten außer dem Joghurt in einer Schüssel vermischen und auf grünen Salatblättern anrichten. Jeweils einen Klecks Joghurt oder Sahne daraufgeben.
Mit Joghurt gemischt ergibt dieser Salat eine sehr gute Füllung für große Tomaten.

Weizensprossensalat

$1\frac{1}{2}$ Tassen Weizensprossen · 1 Tasse Luzernensprossen
$\frac{1}{2}$ Tasse Sonnenblumensprossen
1 Chicorée, in feine Scheiben geschnitten
$\frac{1}{2}$ rote Paprikaschote, fein gewürfelt
· 1 Apfel, in Würfel geschnitten
SALATSAUCE:
4 EL Öl, kalt gepreßt · 2 EL Zitronensaft
1 EL Tamarisauce · 1 EL Sesamsamen
1 Frühlingszwiebel, sehr fein geschnitten
1 Knoblauchzehe · Salz und Pfeffer nach Geschmack

Verteilen Sie die Salatzutaten in einer Schüssel und mischen Sie
sie gut durch.
Bereiten Sie dann die Salatsauce und gießen Sie diese über den
Salat.

Weizensprossen-Möhren-Salat

4 Tassen Möhren, geraspelt
1 Tasse Weizensprossen
1 Tasse Sonnenblumensprossen
1 Tasse Rosinen, geweicht
SAUCE:
$\frac{1}{2}$ Tasse Orangensaft · 1 EL Zitronensaft
3 EL Öl, kalt gepreßt · 1 EL Tamarisauce
1 EL Honig · 1 TL Zimt

Vermischen Sie die Salatzutaten in einer Schüssel.
Dann die Salatsauce anrühren und extra reichen.
Als *Variante* können Sie den Salat mit einer halben Tasse Hiziki-Algen würzen, die man in Gesundheitsläden kaufen kann. Algen sind nicht nur delikat-pikant, sie schenken unserem Körper auch wichtige Mineralien aus dem Meer.

Weizensprossen-Avocado-Salat

1 Tasse Weizensprossen
$^1/_2$ Tasse Frühlingszwiebeln, fein geschnitten
1 Tasse Sellerie, fein gewürfelt
1 Knoblauchzehe, gepreßt
2 Avocados, entsteint, geschält und in Streifen geschnitten
SALATSAUCE:
2 reife Tomaten, geviertelt
2 EL Sesamöl · 2 EL Zitronensaft
Salz und frischgemahlener Pfeffer nach Geschmack
bei Bedarf etwas Wasser · 2 EL Kressesprossen

Schlagen Sie die Saucenzutaten in einem Mixer zu einer Sauce und servieren Sie diese extra zum gut durchgemischten und durchgezogenen Salat.
Überstreuen Sie den Salat mit Kresse.

Rettichsalat mit Lachs
und Weizensprossen

2 kleine, weiße Rettiche · 1 Zwiebel, fein gehackt

2 Scheiben Räucherlachs, in feine Streifen geschnitten

2 EL Weizensprossen

SAUCE:

6 EL saure Sahne · 2 EL Zitronensaft

Salz nach Geschmack · 2 EL Kressesprossen

Hobeln Sie den Rettich in feine Scheiben und salzen Sie ihn. Nach 10 Minuten den Saft aus dem Rettich pressen. Nun die Salatzutaten in einer Schüssel vermischen. Die Salatmischung auf grünen Salatblättern anrichten und mit den Kressesprossen bestreuen. Die Sauce anrühren und getrennt servieren.
Dieser Salat hat schon viele Sprossenliebhaber gewonnen.

Zwiebelsuppe mit Weizenkeimen
und Senfsprossen

6 mittelgroße Zwiebeln, in Scheiben geschnitten

3 EL Öl · 1 l Wasser · Salz nach Geschmack

1 Lorbeerblatt · 1 Petersilienwurzel · 1 Prise Thymian

1 Möhre, fein geraspelt · 1 Handvoll Weizenkeime

2 EL Senfsprossen

Die Zwiebeln werden im Öl gedünstet. Das Wasser und die Gewürze hinzugeben und alles 30 Minuten köcheln lassen.
Die Suppe durch ein Sieb streichen und in den Topf zurückgießen.

Die Möhre und die Weizenkeime 8 Minuten in der Suppe gar ziehen lassen.
Servieren Sie die Suppe sehr heiß und garnieren Sie sie mit den scharfen Senfsprossen.

Weizensprosseneintopf

4 EL Pflanzenöl · 2 Tomaten, geviertelt
2 Zwiebeln, gehackt · ¹/₂ Tasse Paprika, gewürfelt
¹/₂ Tasse Blumenkohl, fein gewürfelt
¹/₂ Tasse Möhren, gewürfelt · 1 Tasse Linsensprossen
¹/₂ Tasse Kichererbsensprossen
1 Tasse grüne Bohnen, geschnitten
2¹/₂ Tassen Weizensprossen · 1 Prise Safran
1 Prise Nelken, gemahlen · 1 Prise Zimt
2 zerbröckelte Lorbeerblätter
5 Tassen Wasser, mit 2 TL Salz gesalzen
¹/₂ Tasse Rosinen · ¹/₂ Tasse Cashewnüsse, grob gehackt

Den Ofen auf 120 Grad vorheizen. In einem Eisentopf die Gemüse kurz in heißem Öl andünsten. Vom Rand her das Wasser aufgießen und die Weizensprossen in den Topf gleiten lassen; dann die Gewürze hinzufügen.
Das Gericht einmal gut aufkochen lassen und dann für 50 Minuten in den Ofen geben.
Rühren Sie die Rosinen und die Nüsse mit Holzlöffeln in das Gemüse.
Ein köstiches Winteressen!

Weizensprossensuppe

2 EL Öl
2 Stangen Lauch, in feine Ringe geschnitten
2 Tassen Wirsing, sehr fein geschnitten und blanchiert
1 Tasse Sellerie, geraspelt und blanchiert
1 Prise Thymianpulver · Salz nach Geschmack
$1\frac{1}{2}$ l Wasser · 2 Tassen Weizensprossen
4 EL Kressesprossen

Dünsten Sie in einer Kasserolle, mit dem Lauch beginnend, die Gemüsezutaten kurz an und würzen Sie sie. Dann das Wasser aufgießen, die Getreidesprossen in die Suppe streuen und kurz aufkochen lassen.
Die Weizenkeimsuppe soll im gut verschlossenen Topf bei kleinster Flamme ca. 45 Minuten quellen.
Füllen Sie die Suppe in Schalen und bestreuen Sie sie mit den Kressesprossen.

Quarksuppe mit Weizensprossen

250 g Quark · 4 Tassen Buttermilch
2 Knoblauchzehen, gepreßt · Salz nach Geschmack
2 EL frische Minze, fein geschnitten
1 Prise gemahlener Kümmel · 1 EL Sesamöl
2 EL Weizensprossen, 2 Tage gekeimt

Die Buttermilch mit dem Quark verquirlen, würzen und die Suppe zum Durchziehen kalt stellen. Vor dem Servieren die Suppe mit den Weizensprossen bestreuen.

Chinakohl mit Weizensprossen

---

1 kleiner Chinakohl, in feine Streifen
geschnitten und blanchiert

---

1 Apfel, gewürfelt · 1 Apfelsine, gewürfelt

---

1 Tasse Weizensprossen

SAUCE:

---

4 EL Öl · 1 kleine Zwiebel, fein gewürfelt

$\frac{1}{2}$ Zitrone, ausgepreßt · 1 EL Sojasauce

---

2 EL Kresse oder Petersilie

Vermischen Sie die Salatzutaten in einer Schüssel.
In einer kleinen Kasserolle die Zwiebel glasieren und mit dem Zitronensaft ablöschen. Jetzt die Sauce fertigrühren, würzen und noch warm über den Salat gießen.
Servieren Sie den Salat mit Kresse oder Petersilie bestreut.

Gemüsekuchen mit Weizensprossen

---

2 EL Sesamöl

---

2 Chicorée, der Länge nach geschnitten

---

1 Stange Lauch, in Ringe geschnitten

---

2 Stangen Staudensellerie, in feine Streifen geschnitten

$\frac{1}{2}$ Tasse Linsensprossen · 2 Tassen Weizensprossen

---

3 EL Weizenmehl · $\frac{1}{2}$ Tasse Milch

---

3 Eier, verquirlt · Salz nach Geschmack

---

1 Knoblauchzehe, gepreßt

---

5 Scheiben frischer Holländer Käse

---

5 EL Crème fraîche

Den Ofen auf Mittelhitze vorheizen. Die Gemüse kurz in einer Eisenkasserolle andünsten. Die Weizenkeime durch den Fleischwolf drehen, Mehl und Milch untermischen und die Masse würzen.
Eine gefettete Form mit dem Teig auslegen, die Gemüse darüberbreiten und die Zutaten mit dem Käse und der Sahne abdecken. Garen Sie das Gericht 25 Minuten im Ofen.
Vor dem Servieren die Kressesprossen über die Käsekruste streuen.

Weizenkugeln

4 Tassen Sprossen (halb und halb Weizen- und Roggensprossen)
1 Tasse Luzernensprossen · $^1/_2$ Tasse Trockenmilch
1 Tasse Erdnußbutter · 1 Tasse Rosinen, gehackt
$^1/_2$ Tasse Honig · 4 EL Sesamsamen

Zermahlen Sie die Sprossen in einem Mixer oder Fleischwolf. Geben Sie alle Zutaten in eine Schüssel und kneten Sie sie ineinander. Sobald Sie eine feste Masse haben, teilen Sie walnußgroße Portionen ab und formen daraus Kugeln. Diese wälzen Sie im Sesamsamen. Legen Sie die Kugeln 3 Stunden in den Kühlschrank, damit sie fest werden.

Weizensprossen mit Frischkäse als Appetithappen

1 Tasse Weizensprossen
$^1/_2$ Tasse Luzernensprossen · 1 Tasse Frischkäse
1 TL Zitronensaft
grob gemahlener Pfeffer nach Geschmack
1 Tasse Sesamsamen, püriert

Drehen Sie die Weizen- und Luzernensprossen durch den Fleischwolf und verkneten Sie die Masse mit dem Frischkäse. Formen Sie daraus Kugeln und wenden Sie diese im Sesamsamenpüree. Diese Menge ergibt etwa ein Dutzend Kugeln, die besonders gut schmecken, wenn sie eine Zeitlang im Kühlschrank gekühlt worden sind.

Frühstücksweizensprossencreme

3 Tassen Weizensprossen · $^3/_4$ Tasse Milch
1 Tasse Rosinen · 1 Prise Zimt
1 EL Reformmargarine · $^1/_4$ Tasse geriebene Nüsse

Kochen Sie die Weizensprossen in der mit Zimt gewürzten Milch auf kleinster Flamme ca. 30 Minuten.
Die Margarine hineinschlagen, die Rosinen untermischen und die Creme in Schalen verteilen. Alles mit den Nüssen bestreuen.
Guten Morgen!

Energiemüsli

2 EL Roggen · 2 EL Gerste · 4 EL Weizen
NACH 2 TAGEN:
3 Äpfel, gerieben · Saft von 1 großen Orange
1 EL Honig · 1 TL Zimt · 1 Töpfchen saure Sahne

Die Getreidesorten zusammen einweichen und keimen lassen.
Die Getreidesprossen werden in einer Schüssel mit den restlichen Zutaten vermischt und dann mit dem Orangensaft, dem Honig und dem Zimt abgeschmeckt.
Füllen Sie die Masse in Schalen und geben Sie je einen Löffel saure Sahne in die Mitte.
Dieses Müsli soll gut und ausgiebig gekaut werden.

Weizensprossenfrühstück

---

2 Tassen Weizensprossen (3 Tage gekeimt)

---

1 Tasse Sonnenblumenkerne

---

3 Äpfel, gerieben und mit 1 EL Zitronensaft beträufelt

---

2 Bananen, in Scheiben geschnitten

---

1 Töpfchen Joghurt · ½ Tasse Rosinen, geweicht

Vermischen Sie die Zutaten in einer Schüssel, geben Sie das Müsli dann in Schalen und streuen Sie die Rosinen darüber.

Ungebackener Fruchtkuchen mit Weizensprossen

---

200 g Datteln, entsteint · 200 g Feigen, zerteilt

---

200 g Rosinen, zerteilt · 200 g Mandeln, zerteilt

---

200 g Bananen, getrocknet · 200 g Korinthen

---

200 g Aprikosen, getrocknet und zerteilt

---

4 EL Honig · 200 g Weizensprossen

Drehen Sie alle Zutaten außer dem Honig durch einen Fleischwolf. Dann den Honig darunterrühren und den Teig in eine Form drücken.
Stellen Sie den Kuchen für 24 Stunden in den Kühlschrank. Er ist eine besondere Delikatesse!

Weizensprossen-»Hamburger«

---

1 Stange Porree, in feine Ringe geschnitten

---

2 Tassen Weizensprossen · 2 EL Öl, kalt geschlagen

---

6 EL Quark · 4 EL alter Gouda · 1 Prise Kümmel

Meersalz (so wenig wie möglich)

Den Ofen auf 170 Grad vorheizen.
Beginnen wir mit dem zarten Andünsten der Porreeringe und
nutzen die Zeit des Auskühlens, um die Weizenkeime im Fleischwolf zu zerkleinern. In einer Schüssel vermischen wir alle fehlenden Zutaten. Mit leicht geölten Händen die »Hamburger« formen, die wir anschließend auf einem gefetteten Blech, je 15 Minuten von jeder Seite, oder in einer Pfanne im Fett, backen können!
Ein vollendeter Geschmack oder eine vollendete Täuschung —
beide Komplimente sind angebracht.

Möhrenbällchen mit Weizensprossen

---

3 Tassen geraspelte Möhren

---

1 Zwiebel, gerieben · ¹/₂ Tasse Weizenmehl

---

1 Tasse Weizensprossen, durchgedreht

Pfeffer nach Geschmack

---

1 kleine Knoblauchzehe, gepreßt

Alle Zutaten vermischen und kleine Bällchen daraus formen. Die
Möhrenbällchen in schwimmendem Fett ausbacken.

Gemüsepuffer mit Getreidesprossen

1 Tasse Weizen- oder Roggensprossen
1 Tasse Kichererbsensprossen, püriert
1 Tasse Möhren, sehr fein gerieben
$^1/_2$ Tasse Zwiebeln, sehr fein gehackt
$^1/_2$ Paprikaschote, sehr fein gewürfelt
Salz nach Geschmack · $^1/_4$ TL Cayennepfeffer
1 Prise Safran · 2 Tassen Pflanzenöl

Vermischen Sie alle Zutaten in einer Schüssel und kneten Sie sie gut durch.

Formen Sie mit feuchten Händen Bällchen. In einer Friteuse das Öl erhitzen und die Bällchen nacheinander hineingeben. Die etwa pflaumengroßen Bällchen brauchen ca. 5 Minuten, bis sie knusprig braun sind.

Gekochte Weizensprossen — für den empfindlichen Magen

2 Tassen Weizensprossen · 1 l Wasser
Salz nach Geschmack · $^1/_4$ l süße Sahne, geschlagen
1 Prise Zimt

Die Sprossen in leichtem Salzwasser aufkochen, dann die Hitze auf kleinste Stufe stellen. Nach einer Stunde servieren Sie das Gericht mit der mit Zimt abgeschmeckten Sahne.

Fischbuletten mit Weizensprossen

---

3 Tassen gegartes Fischfilet · 2 EL Öl

---

4 Schalotten, sehr fein gehackt · 1 Karotte, gerieben

---

1 Tasse Weizensprossen, durchgedreht

---

2 EL Weizenmehl · 1 TL Ingwer, gerieben

Salz nach Geschmack

Dünsten Sie die Schalotten und die Karotten im Öl. Dann alle Zutaten in einer Schüssel vermischen und aus der Masse kleine Bällchen formen.
Backen Sie diese Kugeln in heißem Fett goldbraun.

Weißbrot mit Weizensprossen

---

1 Tüte Hefe · 1 Tasse Wasser · 1 $\frac{1}{4}$ Tassen Milch

---

2 EL Pflanzenfett · 1 EL Zucker · 2 TL Salz

---

6 Tassen ungebleichtes Mehl

---

1 Tasse Weizensprossen

Die Hefe in lauwarmem Wasser auflösen; das Fett in einer Schüssel auf dem Ofen schmelzen und die Milch, den Zucker und das Salz hinzugeben. So erhalten Sie von selbst die richtige Temperatur, in der sich die Hefe am besten entfaltet. Die beiden Flüssigkeiten mit dem Mehl zu einer geschmeidigen Masse verarbeiten und die Weizensprossen hinzufügen.
Lassen Sie den Teig an einem warmen Platz 45 Minuten gehen und pressen Sie ihn dann in zwei gefettete Formen. Backen Sie die Brote 10 Minuten bei 200 Grad. Dann die Hitze auf 175 Grad reduzieren und das Brot weitere 40 Minuten garen lassen.

Sonnenbrot

Ungewöhnlich — das könnte das Aroma der ersten Brotfladen gewesen sein, die in Urzeiten auf Steinen in der Sonne getrocknet wurden.

---

2 Tassen Weizensprossen oder eine Mischung aus verschiedenen Getreidekeimen

etwas Weizenmehl zum Bestäuben

Den Ofen auf 90 Grad vorheizen.

Wir drehen die Sprossen durch den Fleischwolf und kneten einen Teig. Dies ist mehr die Entwicklung eines Teiges, dem wir feine Prisen Mehl überstäuben und den wir langsam und behutsam bearbeiten. Das stützt den Geschmack und bringt die richtige Konsistenz fürs Ausrollen. Denken wir an eine Knäckebrotscheibe — so dünn soll das Sonnenbrot sein.

Der runde Fladen krustet auf geöltem Blech bei milder Hitze — auf beiden Seiten, jeweils ca. 30 Minuten. Die Ofenklappe ist leicht geöffnet.

Den wahren Geschmack entwickelt das Sonnenbrot, wenn wir es ganz langsam und beharrlich kauen!

Wenn wir den Wunsch haben, das Brot zu verändern, so gelingt es mit:

- einigen Tropfen Nußöl,
- mit gemahlenem Kümmel,
- mit gehacktem Fenchel,
- mit Nußsplittern und getrockneten Früchten.

Meine erste Gelegenheit, dieses archaische Brot zu kosten, war bei Freunden. Sie kredenzten es mit herbem Rotwein und Ziegenkäse ... die Fülle in ihrer Einfachheit.

Gerstensprossen

In der Brotbäckerei wird die Gerste vom Weizen übertroffen, schafft doch sein »klebriger« Gluten einen griffigen Teig. Die Gerste ist die wichtigste Grundsubstanz fürs Bier. Das Getreide wird angekeimt, getrocknet und anschließend für den Ansatz vermahlen.

Steigerung der Inhaltsstoffe

Das Fett wandelt sich während des Keimens in fettlösliche Stoffe.
Der Prozentsatz der Vitamine B$_1$, B$_2$, C und E erhöht sich.
Eisen, Magnesium, Phosphor, Zink, Mangan, Kalium und Kieselsäure werden in eine für den Organismus leichter aufnehmbare Form gebracht.
Hohe Anreicherung der Enzyme.

Vom Samen zum Keim

Keimmethode: im Glas
Einweichzeit: 12 Stunden
Temperatur: 18—21 Grad
Spülen und Wässern: 2—3mal täglich
Ernte: nach 2—3 Tagen
Länge des Keims: Sollte die Länge des Korns erreicht haben.
Ertrag: 1 Tasse Körner ergibt 2$^1\!/_2$ Tassen Sprossen.

Kochen mit Gerstensprossen

Gerstensprossen sind in Salaten, Suppen und im Müsli eine süßende Zutat. Knabbern wir immer ein paar Gerstensprossen, wenn uns nach Süßem ist!

Tip:
Gerstensprossen neutralisieren Säure im Körper.

Gerstenfüllung

60 g getrocknete Pilze, z. B. Shiitake
4 EL Butter · 1 große Zwiebel, fein gewürfelt
250 g Champignons, in Scheiben geschnitten
5 EL Gerstensprossen · frischgemahlener Pfeffer
Meersalz (so wenig wie möglich)
2 EL Petersilie

Die getrockneten Pilze werden 1 Stunde lang geweicht, in feinste Streifen geschnitten und im Einweichwasser 30 Minuten geköchelt. Zwischenzeitlich dünsten wir die Zwiebel und die Champignons in Butter und würzen.

Die Zutaten werden auf einem Brett ganz fein gehackt, bis eine Farce entsteht, die mit den Gerstensprossen angereichert wird. Wir können auch alle Zutaten, außer der Gerste, durch den Fleischwolf drehen — so wird die Füllung homogener.

Diese Farce entfaltet sich voll, wenn sie in Wirsingblätter gewikkelt und in einer Tomatensauce im Rohr gegart wird. Keine Frage — diese Füllung ist keine Einschränkung, verglichen mit einer Fleischfarce. Sie schmeckt lecker, und wir empfinden kein Völlegefühl nach dem geliebten Krautwickel — welch ein Glück!

Gerstensprossen

172

Gerstensprossensalat

---

1 Tasse Gerstensprossen

---

1 Tasse rote Bete, frisch geraspelt · 2 geraspelte Möhren

---

1 kleine Zucchini, in feine Stifte geschnitten

Salat-Grundsauce von Seite 192

---

2 EL feingehackter Dill

Die Salatzutaten vermischen und mit der klassischen Salatsauce übergießen.
Dann streuen wir den Dill über das herzhafte Gerstengericht.

Hafersprossen

In Amerika veröffentlichte das Landwirtschaftsministerium in Beltsville eine erfolgreiche Studie über unfruchtbare Kühe. Die Tiere wurden mit Hafersprossen gefüttert und gewannen nach kurzer Zeit ihre Fruchtbarkeit zurück.

Steigerung der Inhaltsstoffe

Das Protein wandelt sich in Aminosäuren mit allen essentiellen Anteilen.

Die Fette wandeln sich in fettlösliche Stoffe.

Der Prozentsatz der Vitamine A, B_1, B_2, B_3, E und C erhöht sich (Vitamin C auf 600 %!).

Jod, Silizium, Phosphor, Eisen, Kupfer, Fluor, Zink und Magnesium wandeln sich in eine für den Organismus leichter aufnehmbare Form.

Die Enzyme steigen hoch an.

Die Küche der Hafersprossen

Früher gab's im Winter eine Haferflockensuppe — gesund, gesund! Kräftigender als sie sind jedoch die Sprossen mit ihrem ausgefallenen Geschmack.
Hafersprossen sind leicht verdaulich. Für sehr empfindliche Mägen sollten die Sprossen aber püriert und ganz kurz aufgekocht werden.

Hafersprossenmüsli

---

2 Tassen Hafersprossen

---

1 Tasse Luzernensprossen · 1 Apfel, grob geraspelt

---

2 EL Rosinen, geweicht

---

3 EL Sonnenblumenkernsprossen, geröstet

---

1 EL Zitronensaft · je 1 Prise Nelke und Zimt

---

2 Töpfchen Joghurt

Die Zutaten vermischen und in Schalen füllen. Der Joghurt und die knusprig warmen Sonnenblumenkerne werden erst bei Tisch über das Müsli gegeben.

So sind wir gewappnet für einen arbeitsreichen Tag. Der Hafer stärkt die Nerven.

Darf ich uns allen einen guten Morgen wünschen?

Vollweizenknusperchen

2 Tassen Vollweizenmehl · $\frac{1}{2}$ TL Meersalz
$\frac{1}{4}$ Tasse Öl, kalt geschlagen
1 Tasse Hafersprossen, gemahlen
1 Tasse Milch · $\frac{1}{2}$ TL Anis, gemahlen

Den Ofen auf 200 Grad vorheizen!

Mehl und Salz in einer Schüssel vermischen, die restlichen Zutaten dazugeben und sorgsam einen recht trockenen Teig kneten. Auf einer bemehlten Fläche 2 cm dick ausrollen.

Die Plätzchen auf ein gefettetes Backblech geben und 20 Minuten backen.

Geben wir unseren Kindern diese Plätzchen mit in die Schule an Stelle des Butterbrotes. Das bringt Konzentration!

Roggensprossen

Der widerstandsfähige Roggen hat Kraft — er behauptet sich in kärgsten Böden und schafft es dabei auch noch, die hochwertigen Vitalstoffe aufzunehmen.

Die Steigerung der Inhaltsstoffe

Die 12 % Protein wandeln sich in Aminosäuren mit allen essentiellen Anteilen.

Der Prozentsatz der Vitamine B_1, B_2, B_3 und E erhöht sich.

Magnesium, Phosphor, Eisen, Fluor und Kalium wandeln sich in eine für den Körper leichter aufnehmbare Form.

Erhöhung der Enzyme.

Vom Samen zum Keim

Keimmethode: im Glas

Einweichzeit: 12 Stunden

Temperatur: 18 Grad, eher kühl

Spülen und Wässern: 2mal täglich

Ernte: nach 2—3 Tagen

Länge des Keims: Sollte die Länge des Korns haben.

Ertrag: 1 Tasse Körner ergibt $2\frac{1}{2}$ Tassen Sprossen.

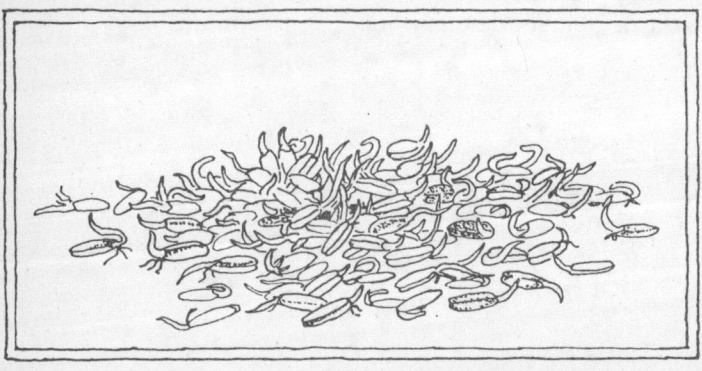

Roggensprossen

In Rußland wird Bier aus Roggensprossen angesetzt, doch wir streuen sie in Müsli, Suppen und Salate.
Weichen Gemüsen vermitteln die Sprossen eine körnige Substanz.
Geröstet schmecken Roggenkörner wie kleine Nüßchen!

Obstsalat mit Roggensprossen und saurer Sahne

2 Pfirsiche, in Scheiben geschnitten
2 Birnen, gewürfelt
1 Tasse entsteinte Pflaumen, geviertelt
1 Tasse entsteinte Aprikosen, geviertelt
1 Tasse Johannisbeeren, rot · 1 Tasse Roggensprossen
1 EL Obstessig · 3 EL Wasser · 4 EL Zitronensaft
2 EL Walnußöl, kalt geschlagen
1 EL Sonnenblumenöl, kalt geschlagen
1 EL Olivenöl, kalt geschlagen · 5 Kapern, fein gehackt
1 Knoblauchzehe, gepreßt
je 1 Prise Cayennepfeffer, Estragon, Basilikum, Majoran, frisch gemahlen
Meersalz (so wenig wie möglich)

Wir vermischen das Obst mit den Roggensprossen und verquirlen die Sauce, vermengen alle Zutaten in einer Schüssel und lassen sie 30 Minuten gut durchziehen.
Das ist ein ungewöhnlicher Salat. Die Sommerfrüchte, süß und reif, entwickeln einen Kontrapunkt zur herben Sauce.
Ein Erlebnis!

Avocadocreme mit Roggensprossen

2 sehr reife Avocados, püriert
200 g Spinat, püriert · 3 Tassen Gemüsebrühe
½ Knoblauchzehe, gepreßt · Pfeffer, frisch gemahlen
so wenig Salz wie möglich · 1 TL Zitronensaft
1 Tasse Roggensprossen, fein geröstet

Wir geben die Brühe in den Mixer und pürieren darin die Avocados und den Spinat. Wir fügen die Würze hinzu und schlagen die Creme noch einmal kurz. Vor dem Servieren die knusprig warmen Roggensprossen über die weiche Creme streuen. Sie runden den Geschmack ab.

Chicorée-Roggensprossen-Salat

2—3 Stangen Chicorée
2 Blutorangen, in dünne Scheiben geschnitten
1 Tasse Roggensprossen
3 EL Olivenöl, kalt geschlagen
grobgemahlener schwarzer Pfeffer
Meersalz (so wenig wie möglich)
8 schwarze Oliven

Den bitteren Kern des Chicorées entfernen und die Stangen in Viertel teilen. Die Blätter auseinander pflücken und mit den Orangenscheiben und den Sprossen vermischen.
Wir träufeln das Öl darüber, würzen und dekorieren mit Oliven — ein ungewöhnlicher Schmaus!

Reissprossen

Obwohl der Vitamin-C-Gehalt im Reiskorn selbst minimal ist, steigt er während des Keimens enorm an.

Steigerung der Inhaltsstoffe

Das Protein wandelt sich in Aminosäuren mit allen essentiellen Anteilen.

Der Prozentsatz der Vitamine B_1, B_2, B_6 und des Provitamins A erhöht sich. Vitamin C wird quasi neu erschaffen.

Calcium, Zink, Kalium, Eisen, Magnesium und Phosphor wandeln sich in eine für den Organismus leichter aufnehmbare Form.

Der Enzymgehalt steigt enorm an.

Vom Samen zum Keim

Keimmethode: im Glas

Einweichzeit: 12 Stunden

Temperatur: 21 Grad

Spülen und Wässern: 2—3mal täglich

Ernte: nach 3 Tagen

Länge des Keims: Sollte die Länge des Korns erreicht haben.

Ertrag: 1 Tasse Körner ergibt $2\frac{1}{2}$ Tassen Sprossen.

Zart und transparent ist der winzige Sproß. Er hat keinen sehr hervorstechenden Geschmack. Wenn ein Gericht einen »Biß« haben soll, fügen wir Reiskeime zu. Sie wirken zart, sind aber dennoch fest in ihrer Kornstruktur!

Reissprossensalat

1 1/2 Tassen Reissprossen
1 kleine Gurke, in feine Scheiben geschnitten
1/2 Paprikaschote, in feine Streifen geschnitten
1 Tasse Mungobohnen
SALATZUTATEN:
2 EL Obstessig · 4 EL Olivenöl, kalt geschlagen
1 EL Zwiebeln, sehr fein gehackt
1 TL Senfsprossen oder 1 gute Prise Senfkörner, frisch gemahlen
4 schwarze Oliven, sehr fein gehackt
frischgemahlener Pfeffer
Meersalz (so wenig wie möglich)
2 hartgekochte Eier, fein gehackt
2 EL Petersilie · 1 EL Kresse

Wir mischen die Salatzutaten, rühren dann die Sauce cremig und gießen sie über den Salat.
Darüber die Eier und die feingewiegten Kräuter streuen.
Ein erquickender Salat im Sommer!

Sprossen aus geschälten Sonnenblumenkernen

Essen wir den Sonnenschein — der keimende Kern ist ein Kraftwerk!

Die Steigerung der Inhaltsstoffe

Der Proteingehalt von 30 % wandelt sich in Aminosäuren mit allen essentiellen Anteilen.

Fette wandeln sich in fettlösliche Stoffe.

Der Prozentsatz der Vitamine B_1, B_2, B_3, B_{12}, E, F, K und Vitamin D, welches in Pflanzen selten zu finden ist, erhöht sich.

Mangan, Kupfer und Phosphor wandeln sich in eine für den Organismus leichter aufnehmbare Form.

Steigerung der Enzyme.

Vom Samen zum Keim

Keimmethode: im Glas

Einweichzeit: 12 Stunden

Temperatur: 21—30 Grad

Spülen und Wässern: 2mal täglich (je nach Wärme)

Ernte: nach 2 Tagen

Länge des Keims: Sollte nicht länger als der Kern sein.

Ertrag: 1 Tasse ergibt 3 Tassen Sprossen.

Sonnenblumenkernsprossen in der Küche

Der milde Geschmack der Sprosse fügt sich in Salate, Nachspeisen, Suppeneintöpfe und in das Müsli am Morgen. Wenn wir die Sprossen mit einer Brühe verflüssigen, sind sie eine leichtverdauliche Basis für Saucen.

Tip:

Der milde Geschmack der Sprosse schlägt extrem um, wenn wir nicht die vorgegebene Erntezeit einhalten.

Sonnenblumensprossen

Sprossenfrühstück

---

1 Tasse Sonnenblumensprossen

---

1 Tasse Weizensprossen · 1 Tasse Luzernensprossen

---

2 EL Feigen, fein gehackt · 1 TL Honig

---

1 Spur Zimt · 1 Töpfchen Joghurt

Alle Zutaten in einer Schale vermischen und mit Joghurt übergießen.

Besonders im Winter, wenn die Sonne fehlt, stärkt die Kraft der Sonnenblumensprossen. Der proteinhaltige Kern ist durch die Umsetzung viel magenfreundlicher geworden.

Mit diesem »Starter« werden wir gewitzt unseren Tag erobern und den Kindern zu besten Zensuren verhelfen!

Auberginenpaste mit gesprossenen Sonnenblumenkernen

---

2 mittelgroße Auberginen

---

1 EL Olivenöl, kalt geschlagen · Saft von 1 Zitrone

---

2 Knoblauchzehen, gepreßt

---

1 Tasse Sonnenblumensprossen

---

frischgemahlener Pfeffer

Meersalz (so wenig wie möglich)

---

1 EL Petersilie

Die Auberginen mit einer Gabel mehrmals anstechen und im vorgeheizten Ofen bei 210 Grad dünsten, bis sie weich sind. Wir lassen sie abkühlen, halbieren sie und lösen das Fruchtfleisch mit einem Löffel heraus.

Im Mixer mit den restlichen Zutaten zu einer cremigen Masse verquirlen.

Schließlich die Sprossen unterziehen und mit der Petersilie dekorieren.
Diese Auberginenpaste schmeichelt als Sauce, Dip oder Brotaufstrich!

Staudensellerie in einer Creme aus den Keimen des Sonnenblumenkerns

1 Selleriestaude, mittelgroß
CREME FÜR DEN SALAT: •
250 g Quark · 1 mittelgroße Möhre, gerieben
2 EL Petersilie · 2 TL Honig
2 EL Sesamsprossen, geröstet
Meersalz (so wenig wie möglich)
1 Tasse Sonnenblumenkeime

Den Sellerie unter fließendem Wasser waschen und der Länge nach zerteilen.
Wir vermischen die Zutaten für die Creme und schlagen sie schaumig. Die Sprossen zum Schluß unterziehen.
Die cremige Sauce in Schalen füllen und die Selleriestangen hineinstippen. Ein köstlicher Knabberdip!

Variation:
Wir ersetzen den Honig durch 1 EL feingehackte Rosinen.

Sonnenblumenmüsli

---

1 reife Banane · 2 EL Honig · 3 geriebene Äpfel

---

3 EL Zitronensaft · 1 Tasse Sonnenblumensprossen

---

1 Tasse Weizenkeime · $\frac{1}{2}$ Tasse Haferflocken

$\frac{1}{2}$ Töpfchen Joghurt

Zerdrücken Sie die Banane auf einem flachen Teller und schlagen Sie den Honig darunter.

Die Äpfel reiben und mit Zitronensaft beträufeln. Geben Sie die übrigen Zutaten in eine große Schüssel und mischen Sie sie gut durch.

Verteilen Sie Portionen in kleine Schüsseln und bedecken Sie diese mit je 1 EL Joghurt.

Feldsalat mit Sonnenblumensprossen

---

150 g Feldsalat · 1 Tasse Sonnenblumensprossen

---

1 Frühlingszwiebel, fein geschnitten

SAUCE:

---

3 EL Essig · 1 EL Honig · 1$\frac{1}{2}$ EL Tamarisauce

---

2 EL Sesamöl · 1 EL Sherry

Pfeffer aus der Mühle und Salz nach Geschmack

Waschen Sie den Feldsalat gründlich und lassen Sie ihn gut abtropfen.

Dann die Sonnenblumenkeime und die Frühlingszwiebel daruntermischen.

Die Sauce im Mixer bereiten und unter den Salat mischen.

Möhrensalat
mit Sonnenblumensprossen

---

3 Tassen Möhren, fein geraspelt

---

2 EL Sonnenblumenkeime · 1 Apfel, gerieben

---

2 EL Korinthen, geweicht

SAUCE:

---

1 Zitrone, ausgepreßt · 4 EL Öl, kalt gepreßt

---

2 TL Honig · 2 EL Kressesprossen

Salz nach Geschmack · Kresse zum Garnieren

Mischen Sie die Salatzutaten in einer Schale.
Verrühren Sie dann die Saucenzutaten und gießen Sie die Sauce
über den Salat. Gut durchziehen lassen.
Garnieren Sie den Möhrensalat mit Kresse.

Salat mit Sonnenblumensauce

---

2 große Tomaten, gewürfelt in Stückchen von 1 cm

---

1 Salatgurke, entkernt und gewürfelt

½ Tasse Frühlingszwiebeln, sehr fein geschnitten

½ Tasse Radieschenscheiben · 3 EL Kresse

---

1 TL Senfsprossen

SAUCE:

---

1 Becher Joghurt · 2 EL Zitronensaft

---

2 EL Sonnenblumensprossen

Salz nach Geschmack · 1 EL Kresse

Vermischen Sie die Salatzutaten in einer Schüssel. Den Joghurt in
einen Mixer geben und darin die Salatsauce gut durchschlagen.

186

Füllen Sie den Salat in Schalen und gießen Sie die Salatsauce darüber.

Sonnenblumensprossenpaste

---

1 Apfel, gerieben · ¹⁄₂ Tasse Apfelsaft

---

10 Datteln, entkernt und klein geschnitten

---

1 Tasse Sonnenblumenkerne, 2 Tage gekeimt

Beginnend mit dem Saft, werden die Zutaten in den Mixer gegeben und gut durchgeschlagen. So entsteht eine Paste, die dann zum Durchziehen kalt gestellt wird.
Sie können die Sonnenblumenpaste aufs Brot streichen oder löffelweise zur Kräftigung essen — sie schmeckt in jedem Fall wunderbar.

Sonnenblumensprossensauce

---

¹⁄₂ Tasse Sprudelwasser

---

1 Tasse Sonnenblumensprossen · 2 TL Honig

---

1 Orange, ausgepreßt · 2 TL Orangenschale, gerieben

---

1 EL Zitronensaft

Geben Sie das Wasser in den Mixer und schlagen Sie darin alle Zutaten zu einer weichen Sauce. Wenn nötig, mit etwas mehr Wasser verdünnen. Diese Sauce schmeckt zu allen Obstsalaten, aber auch zu Luzernensprossen.
Wenn Sie die Flüssigkeit reduzieren, erhalten Sie eine dicke Creme, die als Brotaufstrich oder als Füllung für Äpfel oder Pfannkuchen verwendet werden kann.

Pikanter Quark
mit Sonnenblumensprossen

---

350 g Quark · 1 Tasse saure Sahne

---

2 TL Senfsprossen · 1 TL Kressesprossen

---

1 EL Rosinen · 2 EL Pinienkerne

---

3 EL Sonnenblumensprossen

Salz und frischgemahlener Pfeffer nach Geschmack

Verrühren Sie den Quark mit der Sahne.
Ziehen Sie dann alle anderen Zutaten unter.
Auf Schwarzbrot oder zu rohen, geraspelten Gemüsen schmeckt dieser Quark köstlich. Sie können ihn auch in ausgehöhlte Tomaten und in Pfannkuchen füllen.

Sonnenblumensprossenmilch

---

2 EL Sonnenblumensprossen

---

12 ganze Mandeln, mit Schale · 1 EL Sesamsamen

---

1 Tasse Wasser, warm, gefiltert

Pürieren Sie die Mandeln und den Sesamsamen in einem Allesschneider oder im Mörser sehr fein.
Dann geben Sie nacheinander 1 Tasse gefiltertes Wasser, die Sprossen und die pürierten Zutaten in einen Mixer.
Je nachdem, welche Konsistenz Sie erzielen wollen, noch Wasser hinzugeben.
Gießen Sie diese Sauce über Ihre Frühstücksgetreidesprossen. Ein guter Tagesanfang!

Sonnenblumenkeimbutter

---

200 g Sonnenblumensprossen · ½ Tasse Wasser

---

300 g Butter, weich

Zerkleinern Sie die Sonnenblumenkeime mit Wasser im Mixer. Dann verkneten Sie die Butter mit der Sprossenpaste. Genießen Sie die Sonnenblumenbutter als Brotaufstrich oder als Füllung für Pfannkuchen und dergleichen.

Sonnenblumensprossenbällchen

---

*3½ Tassen gemahlene Sonnenblumenkerne
(2 Tage gesprossen)*

---

100 g geriebener junger Holländer Käse

---

1 Tasse Weizenkeime, 2 Tage gekeimt

---

1 Schalotte, fein geschnitten

¾ Tasse Milch · 2 EL Petersilie

Salz und frischgemahlener Pfeffer nach Geschmack

---

2 Eigelb, verschlagen · 3 Tassen Béchamelsauce

Ofen auf Mittelhitze vorheizen.
Die Weizenkeime durch den Fleischwolf drehen und alle Zutaten vermischen.
Zum Schluß das Eigelb in die Mischung rühren, kleine Bällchen aus der Masse formen und diese in eine gefettete feuerfeste Form legen.
Übergießen Sie die Bällchen mit der Béchamelsauce und lassen Sie das Gericht bei Mittelhitze 35 Minuten backen. Die Kugeln sollten innen weich und außen fest sein.

Grüne Sojasprossen (Mungobohnen)

Nichts ist einfacher, als diese Bohne in Sprossen zu verwandeln. Sie ist zart und süß. Die Mungobohne hat die Sprossenzucht besonders in Amerika bekannt gemacht.

Sie ist überdies sehr bekömmlich. Durch ihre einfache Zucht und ihren Geschmack wurde sie in der ganzen Welt so beliebt. Jeder, der mit der Sprossenzucht beginnt, sollte mit ihr starten.

Die Veränderung der Inhaltsstoffe

Der Cholingehalt steigt pro 10 g Mungobohnen in 4 Tagen auf 250 g.
Der Prozentsatz der Vitamine A, B_1, B_2, B_{12}, C und E erhöht sich.
Calcium, Eisen, Kalium und Phosphor wandeln sich in eine für den Organismus leichter aufnehmbare Form.
Große Anreicherung der Enzyme.

Vom Samen zur Sprosse

Keimmethode: im Glas
Einweichzeit: 12 Stunden
Temperatur: nicht über 21 Grad
Spülen und Wässern: 2—3mal täglich
Ernte: nach 5 Tagen
Länge des Keims: 1—2 cm*
Ertrag: 1 Tasse Samen ergibt ca. 5 Tassen Sprossen.

---

* *Anmerkung:* Sojabohnensprossen schmecken auch köstlich, wenn ihr Keim bis zu 4—5 cm wächst, die Inhaltsstoffe verlieren jedoch dabei.

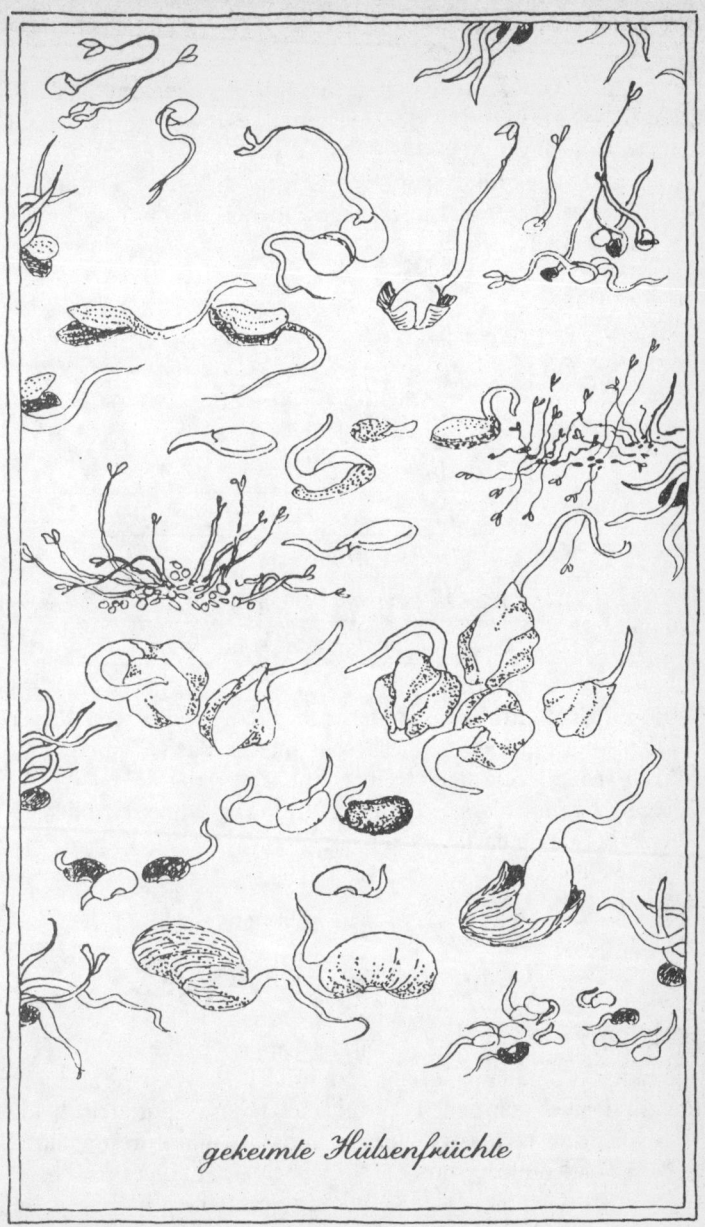

gekeimte Hülsenfrüchte

Genießen wir die Sprossen möglichst roh! Im Omelett, als Beilage zu Spaghetti und Reis oder in Butter geschwenkt, bleiben die Sprossen knackig.

Linsen und Sojasprossen sind klassische Salatgemüse. Darum habe ich eine schlichte Salatsauce aufgeschrieben, die den Geschmack der Sprossen herausfordert.

Salatsauce

2 EL Öl Ihrer Wahl, kalt geschlagen
2 EL Wein (rot für Linsen, weiß für Sojabohnen)
1 EL Zitronensaft
Meersalz (so wenig wie möglich)
frischgemahlener Pfeffer

Wein, Zitronensaft, Salz und Pfeffer in einer Porzellanschüssel vermischen und mit dem Schneebesen langsam das Öl hineinschlagen, bis sich alle Zutaten zu einer Emulsion verbinden.

Wir würzen die Salatsauce mit Kräutern der Jahreszeit oder mit Gewürzsamen, je nach Geschmack.

Meine Lieblings-Salatsauce

Ich bevorzuge es, alle möglichen Früchte oder Gemüse, wie z. B. Avocados, Tomaten, Gurken, Zucchini oder auch Kohlstrünke für die herrlichsten neuen Saucen im Mixer zu pürieren. Leider sind wir in unseren Vorstellungen von Salatsaucen festgefahren! Saucen müssen nicht immer auf der Basis von Essig und Öl bereitet werden. Gemüse, Pürees und Säfte mit einem hinreichenden

Anteil an gekeimten Ölfrüchten bieten eine Menge Variationen und sprechen vor allem bei unserer Gesundheit ein Wörtchen mit.

Sommersalat
mit grünen Sojasprossen

1 Tasse Sojabohnensprossen
1 Paprikaschote rot oder gelb, in feine Streifen geschnitten
1 Möhre, in feine Stifte geschnitten
1 Zwiebel, sehr fein gehackt
2 Tomaten, in Würfel geschnitten · 3 EL Dill
SALATSAUCE:
Saft von 1 Zitrone · 1 Salatgurke, im Mixer püriert
2 EL Nußöl, kalt geschlagen
Meersalz (so wenig wie möglich)

In einer großen Schüssel werden alle Salatzutaten vermengt. Wir schneiden die Gurke in Stücke und geben sie mit dem Zitronensaft, dem Öl und dem Salz in den Mixer. Die Sauce über den Salat gießen und mit Dill bestreut servieren.

Chinakohl und
grüne Sojabohnensprossen

$^1/_2$ *Chinakohl, der Länge nach in feine*
Streifen geschnitten

---

1 Möhre, grob geraspelt

---

1 Tasse Sojabohnensprossen · 1 Tasse Krabben

SALATSAUCE:

---

1 kleine Schlangengurke, in kleine Stücke geschnitten

---

2 EL Sonnenblumenöl, kalt geschlagen

---

1 EL Weinessig · 2 EL Crème fraîche

Meersalz (so wenig wie möglich)

---

2 EL frischgehackte Zitronenmelisse

Die Gurke im Mixer pürieren, eventuell ein wenig Gemüsebrühe
dazugeben.
Die Salatzutaten in einer flachen Schüssel verteilen und mit der
Sauce übergießen. Wir stellen unser Gericht kalt und servieren es
übersprenkelt mit frischgehackter Zitronenmelisse.

VARIATION:

---

2 EL Sonnenblumenöl, kalt geschlagen

---

1 Becher Joghurt · 2 EL gehackte Minze

---

frischgemahlener Pfeffer

Meersalz (so wenig wie möglich)

Die Sauce wird vermischt und über den Salat gegossen.

Blumenkohl
mit grünen Sojabohnensprossen

1 Blumenkohl ($^1/_4$ Stunde in Salzwasser gelegt)
1$^1/_2$ Tassen Sojabohnensprossen
einige Salatblätter · die Kohlreste (Strunk)
2 EL Walnußöl, kalt geschlagen · 2 EL saure Sahne
1 Knoblauchzehe, gepreßt · 1—2 EL Zitronensaft
1 Msp Kümmel · Meersalz (so wenig wie möglich)
1 Frühlingszwiebel, sehr fein geschnitten

Wir zerpflücken den Blumenkohl, der durch das Salzwasser von Insekten befreit wurde, in kleine Röschen und verwahren die Reste für die Sauce.

Diese Reste raspeln wir sehr fein und pürieren sie im Mixer zusammen mit dem Öl zu einer sämigen Masse. Dann geben wir sämtliche Gewürze zu und stellen die Sauce eine halbe Stunde in den Eisschrank.

Wir richten die Blumenkohlröschen auf den Salatblättern an und geben die Sojabohnensprossen hinzu. Schließlich gießen wir die Sauce darüber und bestreuen den fertigen Salat mit der Frühlingszwiebel.

Variation:
Die ätherischen Öle eines halben Teelöffels gemahlenen Senfpulvers, im Öl gemischt, oder eine halbe Tasse gezüchteter Senfsprossen statt der Frühlingszwiebel werden Ihrer Verdauung gut tun.

Sojabohnensprossensuppe

6 Tassen Gemüsebrühe · 1 EL Maizena
¼ Tasse Wasser · ½ TL Honig · Salz nach Geschmack
1 EL Tamarisauce · 1 EL Sherry
2 Tassen Sojabohnensprossen · 2 Eigelb
4 EL saure Sahne · 2 Lauchzwiebeln, fein geschnitten
2 EL Sesamkörner

Gießen Sie die Gemüsebrühe in einen Suppentopf. Das mit dem Wasser verrührte Maizena beigeben.
Lassen Sie die Suppe langsam kochen, bis sie eindickt. Dann schmecken Sie die Suppe ab und geben die Sojasprossen in den Topf. Lassen Sie das Ganze 3 Minuten simmern.
Vermischen Sie Sahne und Eigelb miteinander und binden damit die Suppe, die nun nicht mehr kochen darf.
Mit Lauchzwiebeln garnieren und mit den Sesamkörnern bestreut in vorgewärmten Tassen servieren.

Marinierte Sojabohnensprossen

4 Tassen Sojabohnensprossen
1 Möhre, in kleine Stifte geschnitten
5 schwarze Oliven, geviertelt
MARINADE:
3 EL Pflanzenöl, kalt gepreßt · 3 EL Weinessig
1 Knoblauchzehe, gepreßt · 2 EL Sojasauce
1 Lorbeerblatt, zerstoßen
½ TL Ingwer, frisch gerieben · 150 g Glasnudeln

Blanchieren Sie die Möhren kurz in Salzwasser. Geben Sie die Sprossen in einen Steintopf und lassen Sie sie über Nacht in der Marinade ziehen.

Kochen Sie die Nudeln und vermischen Sie sie mit den marinierten Sprossen, Möhren und Oliven. Ergibt eine vorzügliche Vorspeise.

Sojabohnensprossen-Spaghetti-Salat

Lassen Sie die Sojabohnensprossen bis auf knapp 5 cm wachsen.

4 Tassen Sojabohnensprossen
200 g Spaghetti, gekocht
SAUCE:
3 Tomaten, gehäutet und püriert
1 EL Öl, kalt gepreßt · 1 Prise Oregano
1 kleine Zwiebel, gerieben · 1 TL Selleriesalz
Pfeffer nach Geschmack · 1 Knoblauchzehe
1 EL frischgehacktes Basilikum
2 EL Käse, frisch gerieben

Vermischen Sie die Salatzutaten in einer Schüssel. Verrühren Sie die Saucenzutaten und gießen Sie diese Sauce über den Salat. Gut durchziehen lassen, damit die Sauce die Spaghetti säuern kann.

Als *Variante* können Sie anstelle der Spaghetti 250 g Glasnudeln nehmen.

Möhrengemüseeintopf
mit Sojasprossen

2 Tassen Sojabohnensprossen
4 Tassen Möhrenwürfel
2 mittelgroße Zwiebeln, gewürfelt
2 Stangen Sellerie, fein geschnitten
2 Tassen Reis, gekocht · 3 EL Öl · 1 EL Sojasauce
Salz nach Geschmack · 2 EL Kresse

Sautieren Sie Zwiebeln, Sellerie und Möhren im Öl. Dann den Reis untermischen und würzen.
Wärmen Sie die Sojasprossen in einem Sieb im Wasserdampf und mischen Sie sie ganz zum Schluß vorsichtig mit Holzlöffeln unter den Eintopf. Besprengen Sie das Gericht mit Kresse.

Reissalat
mit grünen Sojabohnensprossen

1½ Tassen Sojabohnenkeime
1 Tasse Linsensprossen · 2 Tassen Reis, gekocht
25 g getrocknete Pilze · 1 kleine Salatgurke
SAUCE:
3 EL Öl, kalt gepreßt · 3 EL Zitronensaft
2 EL Sherry · 2 EL Sojasauce · 1 EL Reiswein
Salz nach Geschmack · 2 TL Sesamkörner

Übergießen Sie die Pilze mit kochendem Wasser und lassen Sie sie 20 Minuten ziehen.

Halbieren Sie die geschälte Gurke und entfernen Sie mit einem Teelöffel die Samen. Dann schneiden Sie sie in 2 cm dicke Halbmonde. Vermischen Sie die Salatzutaten in einer Schüssel. Bereiten Sie die Sauce aus den angegebenen Zutaten und übergießen Sie damit den Salat. Vermischen Sie alles und stellen Sie den Salat für 30 Minuten in den Kühlschrank. Den Reissalat auf grünen Salatblättern anrichten und mit den Sesamkörnern überstreuen.

Grüner Bohnensalat mit Sojabohnensprossen

---

250 g grüne Bohnen (Haricots verts)

---

2 Tassen Sojabohnensprossen

---

2 gehäutete Tomaten, in Scheiben geschnitten

---

6 Champignonköpfe, in Scheiben geschnitten

SAUCE:

---

1 EL Sesamöl · 1 1/2 EL Maisöl

---

2 EL Weinessig · 2 Schalotten, fein geschnitten

---

2 Anchovisfilets, fein geschabt

Salz und frischgemahlener Pfeffer nach Geschmack

---

2 EL Petersilie zum Bestreuen

Die Bohnen werden in sprudelndem Salzwasser kurz gekocht und dann kalt abgeschreckt. Geben Sie alle Zutaten in eine Salatschüssel. Bereiten Sie dann die Salatsauce. Übergießen Sie den Salat mit der Sauce und lassen Sie alles gut durchziehen, ehe Sie den Salat servieren. Die Petersilie ergänzt den Bohnengeschmack.

Bohnenpüreesuppe
mit Sojabohnensprossen

250 g Bohnen, über Nacht geweicht
1¹/₂ l Salzwasser · 1 Knoblauchzehe
2 EL Öl, kalt gepreßt · 1 Möhre, fein gewürfelt
1 Zwiebel, fein geschnitten
200 g Spinat, in feine Streifen geschnitten
1¹/₂ Tassen Sojabohnensprossen
1 Töpfchen saure Sahne · 3 EL Petersilie

Waschen Sie die Bohnen unter fließendem Wasser gründlich und weichen Sie sie über Nacht ein.
Die Bohnen im Salzwasser mit der Knoblauchzehe kochen und anschließend abschäumen. Dünsten Sie Möhre und Spinat mit der Zwiebel im Öl, bis sie gar sind. Streichen Sie die Bohnen durch ein Sieb. Geben Sie dann das Bohnenpüree mit den angedünsteten Gemüsen in einen Topf und lassen Sie alles 5 Minuten ziehen. Erst dann fügen Sie die Sojabohnensprossen hinzu.
Servieren Sie die Bohnenpüreesuppe mit einem Tupfer saurer Sahne, bestreut mit Petersilie.

Sojabohnensprossenomelett

1 EL Sesamöl · 1 mittelgroße Zwiebel, gehackt
3 Tassen Sojabohnensprossen · 6 Eier, leicht verquirlt
¹/₂ EL Sonnenblumenöl
Salz und Pfeffer nach Geschmack · 2 EL Kresse

Dünsten Sie die Zwiebel in Öl glasig und lassen Sie die Sprossen in der Pfanne warm werden. Erhitzen Sie eine Eisenpfanne und gießen Sie das Öl hinein. Sobald es raucht, die Flamme abstellen.

Schütten Sie vom Rand her die Eier in die Pfanne und bereiten Sie das Omelett. Lassen Sie dann die Eierspeise auf eine vorgewärmte Platte gleiten, schütten Sie die Zwiebelsprossenmischung darüber und klappen Sie das Omelett zu.

Mit der frischen Kresse bestreut servieren.

Erbsenpüree mit Sojabohnennsprossen

---

200 g gelbe Erbsen, über Nacht eingeweicht

---

2 Zwiebeln · Gewürznelke

Lorbeerblatt · Gewürzsträußchen

Pfeffer und Salz nach Geschmack · 2 EL Butter

---

1 ½ Tassen (grüne) Sojabohnensprossen

---

1 EL Petersilie

Die Erbsen im Einweichwasser aufsetzen und die Zwiebeln und die anderen Gewürze beigeben. Lassen Sie die Suppe 1 bis 2 Stunden kochen, bis die Erbsen ganz weich sind. Dann passieren Sie die Erbsen durch ein Sieb. Die Butter hineinrühren und zum Schluß die Sprossen in die nicht mehr kochende Suppe geben.

Überstreuen Sie das Püree mit Petersilie oder mit gebräunten Zwiebelringen.

Kalte Tomatensuppe
mit Sojabohnensprossen

---

4 Tassen Gemüsebrühe · 3 reife Tomaten

Salz und frischgemahlener Pfeffer nach Geschmack

---

1 TL frische Kräuter · 1 Tasse Sojabohnensprossen

Pürieren Sie die geschälten Tomaten im Mixer in der Gemüsebrühe. Würzen Sie die Suppe, füllen Sie sie in Schalen und streuen Sie dann die Sojabohnensprossen hinein.
Diese Suppe schmeckt köstlich an heißen Sommertagen, und man kann sie selbstverständlich mit allen Sprossen ergänzen.

Gurkensalat mit
Sojabohnensprossen

---

1 Tasse Sojabohnensprossen · 3 EL Kresse

---

1 kleine Gurke, in feine Scheiben geschnitten

---

3 EL Schweizer Käse, geraspelt

---

6 Oliven, geviertelt

SAUCE:

---

2 EL Sesamöl · 1 EL Weißwein

---

1 Knoblauchzehe, frisch gepreßt

---

1 kleine Schalotte, gerieben

Salz und Pfeffer nach Geschmack

Salzen Sie die Gurke, lassen Sie sie ziehen und pressen Sie das Wasser aus.
Mischen Sie die Zutaten in einer Schüssel. Die Saucenzutaten werden gut verrührt und dann über den Salat gegossen. Sofort servieren.

Apfel-Gemüse-Sojasprossen-Salat

---

1 Tasse Sojabohnenkeime

---

1 Tasse Weißkohl, fein geschnitten und blanchiert

---

1 Apfel, gewürfelt · 2 EL Rosinen, geweicht

SAUCE:

---

1 Becher saure Sahne · 2 EL Apfelessig

---

1 EL Zucker · 1 Prise Salz · 2 EL Rosinen

Geben Sie alle Salatzutaten in eine Schüssel.
Rühren Sie dann die Sauce an und gießen Sie sie über den Salat.
Servieren Sie diesen auf grünen Blättern, bestreut mit den Rosinen.

Sojabohnensprossenmüsli

---

1 Tasse Sojabohnensprossen · 1 Apfel, fein gewürfelt

---

2 Bananen, in Scheiben geschnitten

---

3 EL Zitronensaft · 3 EL Datteln, klein geschnitten

---

3 EL Nüsse, geraspelt · 2 Becher Joghurt

Beträufeln Sie Äpfel und Bananen mit dem Zitronensaft, damit sie nicht braun werden.
Vermischen Sie alle Zutaten, füllen Sie sie in Schalen und verteilen Sie den Joghurt über das Müsli.

An sehr kalten Wintertagen beginne ich den Tag wie die Japaner mit einer heißen Suppe. In Reformhäusern gibt es leichte vegetarische Gemüsesuppen, die mit kochendem Wasser aufgebrüht werden.
Wenn Sie in so eine Suppe ungekochte Sojasprossen streuen, wird Ihr Frühstück Sie kräftigen und dennoch nicht belasten.

Chicorée-Sojabohnensprossen-Salat
mit Krabben

---

3 Kolben Chicorée, in feine Scheiben geschnitten

---

1 Tasse Sojabohnensprossen

---

1 Tasse Krabben · 2 EL Sonnenblumensprossen

SAUCE:

---

2 Tomaten, gehäutet · ½ Avocado

---

3 EL saure Sahne · ½ Orange, ausgepreßt

Pfeffer und Salz nach Geschmack

---

1 TL Sojasauce

Mischen Sie die Salatzutaten in einer Schüssel und verteilen Sie sie dann in Portionsschalen. Bereiten Sie die Salatsauce, indem Sie die Zutaten im Mixer zerkleinern. Gießen Sie die Sauce über den Salat und garnieren sie mit Petersilie.

Pilzomelett mit Sojabohnensprossen

---

8 Eier · 4 EL Sesamöl

---

1 Tasse Champignons, in feine Streifen geschnitten

---

1 Zwiebel, in feine Würfel geschnitten

---

1 Tasse Sojabohnensprossen

Salz und frischgemahlener Pfeffer nach Geschmack

---

1 Knoblauchzehe, gepreßt · 1 EL Butter

---

2 EL gehackte Petersilie

Erhitzen Sie eine Eisenpfanne. Geben Sie das Öl hinein und sautieren Sie Zwiebel und Champignons.

Die Eier verquirlen, würzen und Pilze, Zwiebel und Sprossen in die Eimasse geben.

Lassen Sie die Butter in einer Pfanne schmelzen. Gießen Sie dann die gemischte Eimasse hinein und lassen Sie diese stocken. Die Mitte des Omeletts muß weich bleiben.

Lassen Sie das Omelett auf eine vorgewärmte Platte gleiten und servieren Sie es mit der Petersilie überstreut.

Möhrencremesuppe
mit Sojabohnensprossen

2 EL Sesamöl
3 Tassen Möhren, in feine Scheibchen geschnitten
1 Zwiebel, in Würfel geschnitten
2 kleine Kartoffeln, in Würfel geschnitten
4 Tassen Milch, angewärmt
1 Tasse Sojabohnensprossen
1 Knoblauchzehe, gepreßt · 1 geriebener Apfel
Salz nach Geschmack · 1 TL Zucker
2 EL Kresse · 4 EL Crème fraîche

Kochen Sie die Kartoffeln in 2 Tassen Wasser. Dünsten Sie die Möhren und die Zwiebeln im Öl sehr sanft gar.

Geben Sie die Milch mit den leicht abgekühlten Gemüsen und den Kartoffeln samt Kochwasser in einen Mixer und zerkleinern Sie diese. Anschließend geben Sie die pürierten Gemüse mit den Gewürzen und dem geriebenen Apfel in den Topf zurück und lassen alles einmal aufkochen. Jetzt mischen Sie die Sojabohnensprossen in die Suppe. Die Suppe in angewärmte Suppenteller füllen, jeweils einen Tupfer Crème fraîche in die Mitte geben und mit Kresse bestreuen.

Sojabohnensprossensalat

---

je ¹/₂ Tasse Möhren, geraspelt

Sellerie, geraspelt · Zwiebeln, fein geschnitten

---

1 Tasse Sojabohnensprossen

---

2 EL Sonnenblumenkerne · 2 EL Rosinen

---

2 EL Weizenkeime

SALATSAUCE:

---

4 EL Öl, kalt gepreßt · 1 EL Sojasauce

---

1 EL Honig · 2 EL Zitronensaft · 1 Prise Kümmel

---

1 Prise Pfeffer · 2 EL Kräuter Ihrer Wahl

Mischen Sie die Salatzutaten in einer größeren Schüssel. Aus den angegebenen Zutaten eine Salatsauce bereiten und über den Salat gießen.

Fenchelsalat mit Sojabohnensprossen

---

1 Fenchelknolle, geraspelt

---

2 mittelgroße Möhren, geraspelt

1—2 Tassen (grüne) Sojabohnensprossen

---

1 Tomate, geschält und gewürfelt

SALATSAUCE:

Flüssigkeit nach Bedarf · 1 Avocado, ausgelöst

---

2 TL Zitronensaft · 1 kleine Zwiebel, fein geschnitten

---

1 EL Sojasauce · 3 EL Sonnenblumenkerne

---

2 EL Petersilie

Mischen Sic den Salat in einer Schüssel.
Geben Sie, mit der Flüssigkeit beginnend, die Zutaten für die Sa-

latsauce in den Mixer und schlagen Sie alles zu einer Creme. Füllen Sie den Salat in Schalen und überstreuen Sie ihn mit den Sonnenblumenkernen und der Petersilie. Die Sauce wird in einer kleinen Schüssel extra gereicht.

Gemüseeintopf
mit Sojabohnensprossen

3 EL Öl
2 Tassen Kohlblätter, fein geschnitten und blanchiert
1 Zwiebel, fein geschnitten
2 Stangen Lauch, in feine Streifen geschnitten
2 Möhren, in feine Streifen geschnitten
¼ Sellerie, in feine Streifen geschnitten
1 Tasse Champignons, fein geschnitten
1 Tasse Sojabohnensprossen
SAUCE:
2 EL Tamarisauce (oder Sojasauce)
2 EL Weißwein · 1 Knoblauchzehe, gepreßt
1 Frühlingszwiebel, sehr fein geschnitten
½ Tasse Gemüsebrühe · 250 g Bandnudeln, gekocht

Sautieren Sie die Gemüse in heißem Öl in Einzelportionen, damit diese knackig bleiben. Die Sojabohnensprossen werden in Dampf gewärmt. Vermischen Sie die Zutaten der Sauce in einem Gefäß und gießen Sie diese dann über die Gemüse, die darin 5 Minuten ziehen sollen. Erst zum Schluß geben Sie die Sojabohnensprossen in das Gemüse, das nicht mehr kochen sollte, damit die Sprossen nicht ihre Frische verlieren.
Braten Sie die Bandnudeln in Öl und servieren Sie dazu das frische warme Gemüse.

Blumenkohl mit Möhren und Sojabohnensprossen

---

1 kleiner Blumenkohl

---

3 Möhren, in feine Streifen geschnitten · 1 EL Sesamöl

---

2 Tassen Sojabohnensprossen, in Dampf gewärmt

SAUCE:

$^1/_2$ l Holländische Sauce

---

6 EL frisch geriebener Holländer · 3 EL Kresse

Ofen auf Mittelhitze vorheizen. Zerpflücken Sie den Blumenkohl und lassen Sie ihn kurz in Salzwasser kochen; dann kalt abschrecken.
Die Möhren werden kurz in Öl gedünstet.
Bereiten Sie dann die Sauce.
Legen Sie die Gemüse in eine feuerfeste Form und übergießen Sie sie mit der Sauce. Streuen Sie den Käse dick darüber und überbacken Sie das Gericht 15 Minuten lang.
Servieren Sie das Gemüse mit Kresse überstreut.

Linsensprossen

Linsen! Wer würde dabei nicht an eine kräftig-derbe Wintersuppe denken? Doch aus den flachrunden Linsen wächst eine grazile Sprosse mit nußartigem Aroma, die uns im Geschmack eine *neue* »Linsendimension« eröffnet.

Steigerung der Inhaltsstoffe

Der Proteinanteil von 25 % wandelt sich in Aminosäuren mit allen essentiellen Anteilen.
Der Prozentsatz der Vitamine B_1, B_2, B_3, B_6 und B_{12} erhöht sich.
Phosphor, Eisen, Zink, Mangan, Magnesium und Kupfer wandeln sich in eine für den Organismus leichter aufnehmbare Form.
Enzymsteigerung.

Die Küche der Linsensprossen

Jede Suppe verträgt sich gut mit einer Portion Linsensprossen. Jeden Salat, alle Gemüse können wir mit diesen Sprossen vitalisieren, von der Würze ganz zu schweigen.
Linsensprossen in weichen Omeletts, in Aufläufen — der Möglichkeiten gibt es viele.

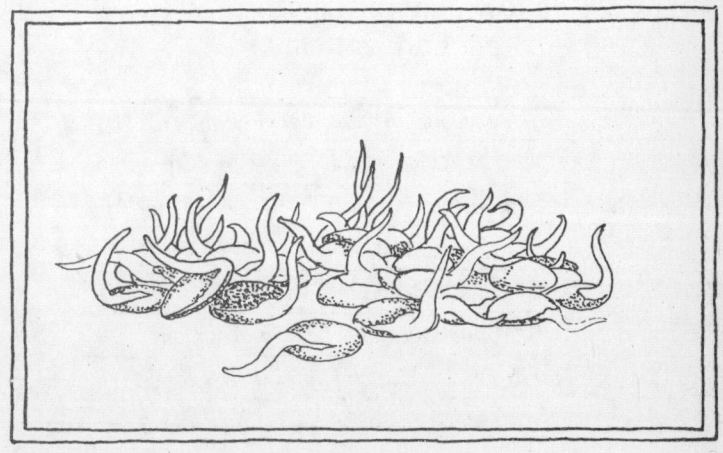

Linsensprossen

Linsensprossen in Avocadocreme

---

2 Stangen Chicorée, der Länge nach in
feine Streifen geschnitten

---

1 Tasse Linsensprossen · 1 Tasse Sojasprossen

---

1 geriebene Möhre

---

1 Frühlingszwiebel, fein geschnitten

AVOCADOCREME:

---

1 Avocado, püriert

---

1 kleines Glas trockener Weißwein

---

frischgemahlener Pfeffer, sehr grob

---

1 Hauch Meersalz

Wir vermischen die Salatzutaten und füllen sie in Schalen.
Die schaumig gerührte Avocadocreme gesondert zu diesem anziehend frischen Salat reichen.

Rohkostsalat mit Linsensprossen und Datteln

---

¹/₂ kleiner Rotkohl, sehr fein geschnitten

---

2 EL Öl, kalt geschlagen · 1 Tasse Linsensprossen

---

8 Datteln, entkernt und gewürfelt · 1 geriebener Apfel

SALATSAUCE:

---

1 kleines Glas Rotwein

---

2 EL Sonnenblumenöl, kalt geschlagen

---

1 TL Honig · 1 Hauch Knoblauch, gepreßt

---

1 Hauch gestoßener Kümmel

Meersalz (so wenig wie möglich)

Wir geben den Kohl in eine Schüssel, vermischen ihn mit dem Öl und stampfen ihn mit einem Holzstößel, bis er weich ist. Dann mit den Sprossen und Dattelstücken vermischen, die Sauce bereiten und den Salat übergießen, damit alle Zutaten gut durchziehen und die Fülle des Geschmacks voll aufblüht.

Variation:
Statt der Datteln 8 Walnußhälften und 2 EL geweichte Rosinen nehmen.
Mit diesem Salat werden wir zum begehrten Gastgeber.

Linsensprossen-Zucchini-Salat

1 Tasse Linsensprossen
4 kleine Zucchini, in Scheiben geschnitten
SALATSAUCE:
½ Tasse gehackte Walnüsse
4 EL Sonnenblumensprossen, 2 Tage gekeimt
1 geriebener Apfel
2 EL Sojaöl, kalt geschlagen · 2 EL Zitronensaft
1 Prise Salbei · Meersalz (so wenig wie möglich)

Wir vermischen Linsensprossen und Zucchini, bereiten dann die Salatsauce und gießen sie über den Salat.

Linsensprossensalat mit Croûtons

1 Tasse Linsensprossen · 3 Stangen Chicorée
SALATSAUCE:
Saft von 1 Zitrone · 3 EL Olivenöl, kalt geschlagen
1 Knoblauchzehe, gepreßt · frischgemahlener Pfeffer
6 Anchovisfilets, geschabt · 1 Tasse Brotwürfel
1 EL Öl, kalt geschlagen · $\frac{1}{2}$ Tasse geriebener Käse

Den Chicorée putzen, in feine Streifen schneiden und mit den Sprossen vermischen.

Nun bereiten wir die Salatsauce und backen die Brotwürfel in heißem Öl, bis sie auf allen Seiten goldbraun sind. Wir verbinden den Salat mit der Marinade und geben schließlich Croûtons und Käse dazu. Der Salat ist weniger mächtig, wenn die Croûtons auf Küchenkrepp abtropfen.

Spinatsalat mit Linsensprossen

500 g junger Spinat · 1 Tasse Linsensprossen
6 Radieschen, in sehr feine Streifen geschnitten
SALATSAUCE:
1 TL Sesamöl · 2 EL Sonnenblumenöl
1 Knoblauchzehe, gepreßt · frischgemahlener Pfeffer
Meersalz (so wenig wie möglich)
2 EL frische Petersilie, fein gehackt
2 EL Weizenkeime · 1 TL Butter

Wir waschen den Spinat, lassen ihn gut abtropfen und mischen ihn mit den Linsensprossen und den Radieschenstreifen.

Die Saucenzutaten verrühren und sofort über den Salat gießen. Kurz vor dem Anrichten rösten wir die Weizenkeime in Butter und streuen sie noch warm über den Salat.

Variation:
Anstelle der Weizenkeime rösten wir 1 EL Sesamsamen.

Weißkohl-Linsensprossen-Salat

---

*$^1/_2$ kleiner Weißkohl, hauchfein geschnitten
(das Innere für die Sauce verwahren)*

---

2 EL Sonnenblumenöl · 1 Tasse Linsensprossen

---

1 kleine rote Bete, geraspelt

---

*2 Stangen Sellerie, mit Blättern in feine
Scheiben geschnitten*

SALATSAUCE:

---

die Kohlreste (Strunk) · 1 kleines Glas Cidre herb

$^1/_2$ Tasse süße Sahne · 1 TL Honig

$^1/_2$ TL gestoßener Kümmel

Meersalz (so wenig wie möglich)

Den geschnittenen Kohl in eine Schüssel geben und mit einem Holzstößel das Öl einarbeiten, bis er weich ist.
Die fehlenden Salatzutaten kommen ebenfalls in die Schüssel.
Für die Sauce pürieren wir den Strunk im Mixer, geben die restlichen Zutaten und die Gewürze dazu und gießen die Sauce über den Salat. Diesen kühl stellen, gut durchziehen lassen und mit Behagen zu einem Getreideauflauf essen.

Apfelsinen-Chicorée-Salat
mit Linsensprossen

4 Chicorée · 1 Orange, klein geschnitten
1 Tasse Linsensprossen
SAUCE:
1 Töpfchen Joghurt · $\frac{1}{2}$ Zitrone, ausgepreßt
1 TL Honig · Pfeffer und Salz nach Geschmack

Schneiden Sie den Chicorée in feine Streifen und vermischen Sie dann alle Salatzutaten.
Bereiten Sie die Sauce und gießen Sie diese über den Salat.

Selleriesalat mit Linsensprossen
und Senfsprossen

1 Sellerieknolle · 2 kleine Äpfel, gewürfelt
2 EL Zitronensaft · 1 kleine Zwiebel, fein gewürfelt
2 EL Linsensprossen · 3 EL Senfsprossen
SAUCE:
1 Joghurt · 3 EL Crème fraîche · 1 EL Sesamöl
1 EL Zitronensaft · 1 Knoblauchzehe, gepreßt
Pfeffer und Salz nach Geschmack · 1 Prise Zucker

Die Sellerieknolle schälen und auf der Rohkostraffel reiben. Vermischen Sie die geschnittenen Äpfel, die Zwiebel und die Selleriestreifen mit dem Zitronensaft und lassen Sie alles gut durchziehen. Die Salatsauce aus den angegebenen Zutaten bereiten, die gesäuberten Zutaten mit den Linsensprossen vermischen und die Sauce darübergießen. Servieren Sie den Salat auf ausgebreiteten Salatblättern, bestreut mit Senfsprossen.

Sauerkrautsalat mit Linsensprossen

---

3 Tassen Sauerkraut

1^1/$_2$ Tassen Linsensprossen

---

1 EL Öl · 2 kleine Stangen Lauch, fein geschnitten

---

1 kleine Möhre, geraspelt · 1 kleiner Apfel, gewürfelt

SAUCE:

---

4 EL Öl · 2 TL Honig

---

2 EL Zitronensaft · 1 kleine Zwiebel, gerieben

---

2 EL Sojasauce · 2 EL Senfsprossen

Sautieren Sie die Lauchscheiben im Öl und vermischen Sie die Salatzutaten in einer Schüssel.
Die Salatsauce anrühren und über den Salat gießen.
Servieren Sie den Salat mit Senfsprossen bestreut.

Rosenkohlsalat mit Linsensprossen

---

2 Tassen Rosenkohl, leicht gekocht

---

2 Tomaten, in Würfel geschnitten

---

2 Tassen Linsensprossen

SPINATSALATSAUCE:

---

^{1}/$_2$ Tasse Sahne · 1 Handvoll Spinatblätter

---

1 mittelgroße Tomate · ^{1}/$_2$ Avocado

---

1 EL Zitronensaft · Pfeffer und Salz nach Geschmack

---

^{1}/$_2$ Knoblauchzehe, gepreßt

Die Salatzutaten in einer Schüssel vermischen. Den Spinat zerpflücken und die Tomate abziehen. Die Saucenzutaten, beginnend mit der Sahne, in den Mixer geben und pürieren.
Den Salat und die Sauce extra servieren.

Ananas-Linsensprossen-Salat

---

1 reife Ananasfrucht · 2 Tassen Linsensprossen

---

1 großer Apfel, gerieben · Salz nach Geschmack

---

1 Prise Kreuzkümmel · 2 TL Senfsprossen

---

1 Prise Kurkuma · 1 Prise gemahlener Koriander

---

2 Tomaten, in Würfel geschnitten

SAUCE:

---

2 EL Weinessig · 6 EL Öl, kalt gepreßt

---

1 TL Tamarisauce · 1 Knoblauchzehe, gepreßt

---

2 EL trockener Weißwein

Salz und frischgemahlener Pfeffer nach Geschmack

Schälen Sie die Ananas und schneiden Sie das Fruchtfleisch in Stückchen. Vermischen Sie nun das Ananasfruchtfleisch mit dem Apfel und den Linsensprossen in einer Schüssel und würzen Sie die Mischung. Verquirlen Sie die Saucenzutaten und gießen Sie die Sauce über den Salat. Gut durchziehen lassen.
Dieser Salat ist eine herrliche Vorspeise.

Schafskäse mit Linsensprossen

Butter zum Ausstreichen der Form

---

400 g Schafskäse · 3 Tomaten, fein gewürfelt

---

1 1/2 Tassen Linsensprossen · 6 Eier, verquirlt

Salz und Pfeffer nach Geschmack

---

2 EL Kressesprossen

Den Ofen auf 180 Grad vorheizen. Buttern Sie zunächst 4 kleine Keramikschalen. Dann den Käse zerbröckeln und in die Schalen geben. Den Käse zuerst mit den Linsensprossen und anschließend mit den Tomaten bedecken.

Schieben Sie die Töpfchen für 10 Minuten in den Ofen. Jetzt die mit Salz und Pfeffer gewürzten Eier in die Tontöpfchen gießen und alles erneut 10 Minuten im Ofen backen lassen.

Das Gericht mit den Kressesprossen bestreut servieren.

Bleichselleriesalat mit Linsensprossen

2 kleine Stangen Bleichsellerie
1 $\frac{1}{2}$ Tassen Linsensprossen
2 kleine Tomaten, in Stückchen geschnitten
$\frac{1}{2}$ Tasse Käsewürfel
$\frac{1}{2}$ grüne Paprikaschote, in feine Streifen geschnitten
SENFSPROSSENSAUCE:
3 EL Sesamöl · 4 EL Crème fraîche
3 EL Weinessig · 1 Knoblauchzehe, gepreßt
Pfeffer und Salz nach Geschmack
2 EL Senfsprossen

Die Selleriestangen in 5 cm große Stücke schneiden und die Salatzutaten vermischen. Schlagen Sie die Saucenzutaten zu einer weichen Creme. Den Salat in Glasschalen füllen und mit der Sauce übergießen.

Streuen Sie die würzigen Senfsprossen über den Salat.

Apfel-Blumenkohl-Salat
mit Linsensprossen

---

1 kleiner Blumenkohl, roh geraspelt

---

2 Äpfel, in feine Streifen geschnitten

---

1 ½ Tassen Linsensprossen · Saft von ½ Zitrone

---

2 EL Petersilie, gehackt

SAUCE:

½ Avocado, püriert · 2 EL Zitrone

---

2 EL Sesamöl · 3 EL Sahne

Pfeffer und Salz nach Geschmack

---

1 Knoblauchzehe, gepreßt

Beträufeln Sie den Apfel und den Blumenkohl mit dem Zitronensaft. Bereiten Sie dann die Salatsauce.
Streuen Sie die Petersilie über den Salat und reichen Sie die Sauce extra dazu.

Zucchini mit Linsensprossen

---

3 Zucchini, in Scheiben geschnitten

---

2 Tassen Linsensprossen · 3 EL Butter

Pfeffer und Salz nach Geschmack · 3 EL Parmesan

Kochen Sie die Zucchini nur sehr kurz in Salzwasser und schrekken Sie sie dann kalt ab.
Die Butter in einem Topf zerlassen, die Gemüse kurz darin wenden und anschließend würzen.
Servieren Sie dieses Gericht mit Parmesan bestreut.

Krautsalat mit Linsensprossen

---

6 Weißkohlblätter, fein geschnitten

---

1 Tasse Sauerkraut · 1 Tasse Linsensprossen

---

1 Tomate, gehäutet und in Würfel geschnitten

SAUCE:

---

2 Frühlingszwiebeln, in feine Ringe geschnitten

---

4 EL Öl · 2 EL Apfelessig

---

1 Prise gemahlener Kümmel · Salz nach Geschmack

---

2 EL Schnittlauch, gehackt

ZUR DEKORATION:

Grüne Salatblätter

Vermischen Sie die Salatzutaten in einer Schüssel.

Die Frühlingszwiebeln im Öl sehr kurz andünsten und mit dem Essig ablöschen.

Die Sauce würzen und warm über die Salatgemüse geben. Gut durchziehen lassen.

Verteilen Sie den Krautsalat auf Salatblättern und bestreuen Sie ihn vor dem Servieren mit Schnittlauch.

Gurkengeschnetzeltes
mit Linsensprossen

---

2 Salatgurken

---

10 große Champignons, in Scheiben geschnitten

---

1 ¹/₂ Tassen Linsensprossen

---

3 EL Öl · 1 Prise Muskat · Salz nach Geschmack

---

125 g Crème fraîche · 2 EL Dillkraut

Die geschälten Gurken halbieren und entkernen, in 2 cm breite
Scheiben schneiden.
In getrennten Töpfen dünsten Sie die Gurken und die Champignons. Dann fügen Sie die Gemüse einschließlich der Linsensprossen zusammen und lassen sie in der gewürzten Crème fraîche einmal aufkochen.
Vor dem Servieren das Gericht mit Dill überstreuen.

Auberginen mit Linsensprossenfüllung

---

4 kleine Auberginen · 1 Tasse Linsensprossen

---

6 Scheiben Holländer Käse · 2 EL Öl

Pfeffer und Salz nach Geschmack

Den Ofen auf Mittelhitze vorheizen. Die Auberginen der Länge
nach halbieren, die Hälfte mit der Schnittfläche nach unten in eine Pfanne legen und in heißem Öl anbraten.
Höhlen Sie die Auberginen aus, pürieren Sie das Fruchtfleisch
und vermischen Sie es mit den Linsensprossen. Dann füllen Sie
die Masse wieder in die Auberginen, decken die Schiffchen mit
dem Käse ab, legen die Auberginen in eine feuerfeste Form und
lassen sie 15 Minuten überbacken.

Makkaroni mit Linsensprossen

---

250 g Makkaroni aus Buchweizen

---

2 EL Pflanzenöl · 4 EL Gruyère (Emmentaler)

Salz und Pfeffer nach Geschmack

1½ EL Pflanzenöl · 1 Zwiebel, gehackt

---

10 Champignons, geschnitten

---

*4 EL frisches Tomatenpüree oder 2 EL Tomatenmark
aus der Dose*

Salz und Pfeffer nach Geschmack

---

2 Tassen Linsensprossen · 2 EL frische Petersilie

Die Nudeln in Salzwasser garen und abgießen.
Im selben Topf das Öl heiß werden lassen und die Makkaroni in
diesen zurückgeben. Würzen und mit dem Käse bestreuen.
In einer kleinen Kasserolle die Zwiebeln und die Champignons
kurz in Öl andünsten. Mit dem Tomatenpüree ablöschen, würzen, die Linsensprossen dazugeben und zusammen mit den Pilzen
wärmen.
Die Gemüse über die Nudeln geben.
Servieren Sie dieses Gericht in einer Schüssel, bestreut mit Petersilie und Kressesprossen.

Überbackenes Kartoffelpüree
mit Linsensprossen

---

500 g Kartoffelpüree (warm)

---

1 Tasse frischgeriebener Emmentaler

---

2 Tassen Linsensprossen · 2 EL Crème fraîche

---

1 Knoblauchzehe · 2 EL Kressesprossen

Ofen auf starke Hitze vorheizen. Das Püree in 2 Portionen teilen.
Fetten Sie eine feuerfeste Form und geben Sie mit dem Spatel die
Hälfte des Pürees in die Form. Die Linsensprossen darübergeben
und mit dem restlichen Püree zudecken.
Den Käse mit der Sahne vermischen und mit Knoblauch würzen.
Die Käsecreme über das Püree gießen und das Gericht ca. 15 Mi-
nuten überbacken.
Servieren Sie diese Speise mit frischen Kressesprossen überstreut.

Chinakohl mit Möhren
und Linsensprossen

---

1 kleiner Chinakohl

---

2 Zwiebeln, fein geschnitten · 1 Tasse Linsensprossen

---

2 EL geriebene Möhren · 2 EL Krabben

SAUCE:

---

1 Tasse Milch · 2 Tassen Gemüsebrühe

Salz und Pfeffer nach Geschmack · 1 Prise Ingwer

---

1 TL Honig · 2 EL Weißwein · 2 TL Maisstärke

Den Kohl putzen und in feine Streifen schneiden, dann kurz mit
heißem Wasser übergießen. Vermischen Sie die Zutaten der Sauce
in einem Töpfchen und lassen Sie die Sauce dann bei kleiner Flamme 10 Minuten köcheln.

Die Zwiebeln und der Kohl werden im Öl gedünstet, die Möhren und die Linsensprossen hinzugefügt und gedünstet, bis sie fast gegart sind.

Die Sauce über die knackigen Gemüse gießen und das Gericht sofort servieren.

Dazu paßt ungeschälter Reis sehr gut, aber auch Nudeln, gekocht und gebacken, eignen sich gut als Beilage zu diesem Gemüse.

Sauerkrautsuppe mit Linsensprossen

---

80 g Trockenpilze (Shiitake), in 2 Tassen Wasser geweicht

---

4 EL Öl · 3 Knoblauchzehen, fein gehackt

---

1 Möhre, in feine Streifen geschnitten

---

1 Stange Bleichsellerie, in Würfelchen geschnitten

---

1 Frühlingszwiebel, in Ringe geschnitten

---

3 Tomaten, im Mixer püriert · 4 Tassen Wasser

---

700 g Sauerkraut · 1 Prise Kümmel, gestoßen

---

3 EL Rotwein · Pfeffer und Salz nach Geschmack

---

3 TL Zucker

$1\,^{1}/_{2}$ Tassen Linsensprossen, in Dampf gewärmt

Die Pilze in feine Streifen schneiden und im Öl mit allen geschnittenen Gemüsezutaten dünsten.

Gießen Sie dann die 4 Tassen Wasser in einen Suppentopf und geben Sie die Pilzeinweichbrühe, das Sauerkraut, die gedünsteten Gemüse und das Tomatenmark dazu. Lassen Sie die Suppe 15 Minuten auf kleiner Flamme köcheln und schmecken Sie schließlich mit dem Rotwein und der restlichen Würze ab. Wärmen Sie die Teller an und servieren Sie darin die Sauerkrautsuppe mit den angewärmten Linsensprossen.

Kochen Sie die Suppe keinesfalls länger als angegeben.

Kartoffelsuppe mit Linsensprossen

---

2 EL Öl, kalt gepreßt

---

2 Stangen Lauch, fein geschnitten

---

6 Tassen Gemüsebrühe · Salz nach Geschmack

---

500 g Kartoffeln, geviertelt · 1 Tasse Milch

---

1 ½ Tassen Linsensprossen · 2 EL saure Sahne

---

3 EL Kressesprossen

Dünsten Sie die Lauchringe im Öl und gießen Sie dann mit Gemüsebrühe auf. Geben Sie die geschnittenen Kartoffeln dazu und lassen Sie die Suppe 30 Minuten sanft kochen. Die Kartoffel-Lauch-Masse wird nun durch ein Sieb gestrichen und in einem Topf aufgefangen. Diese Suppe nach Geschmack mit Milch verdünnen und erst dann die Linsensprossen zum Wärmen für etwa 3 Minuten hineingeben.
Rühren Sie kurz vor dem Servieren die Sahne unter und bestreuen Sie die Suppe mit der Kresse.

Sprossen von »harten« Hülsenfrüchten

Diese Hülsenfrüchte enthalten Spuren des leicht giftigen Phasins. Sie sollten kurz gedünstet werden.

Kichererbsensprossen

Die Kichererbse ist nahrhaft, sättigend und vor allem ungeheuer vielseitig. In der mediterranen Küche ist sie weit verbreitet, ganz besonders jedoch in Indien, wo sie als Gram bekannt ist.
Als Sprosse ist sie eine Überraschung!

Steigerung der Inhaltsstoffe

Der Proteinanteil von 18—25 % wandelt sich in Aminosäuren mit allen essentiellen Anteilen.

Der Prozentsatz der Vitamine A, B_1, B_2, B_3, B_{12}, C und E erhöht sich.

Eisen, Phosphor, Zink, Mangan und Kalium wandeln sich in eine für den Organismus leichter aufnehmbare Form.

Anreicherung der Enzyme.

Vom Samen zum Keim

Keimmethode: im Glas

Einweichzeit: 12 Stunden

Temperatur: 18 Grad, nicht höher

Spülen und Wässern: 2—3mal täglich

Ernte: nach 3 Tagen, später können sie bitter werden

Länge des Keims: 3—5 mm

Ertrag: 1 Tasse Erbsen ergibt 4—5 Tassen Sprossen.

Kichererbsensprossen

Nachdem wir die Sprossen im Dampf 10 Minuten sanft gegart haben, finden wir eine Frucht vor, die uns nur noch andeutungsweise an die Kichererbse erinnert.
Ganz besonders, wenn die Kügelchen in Butter geröstet wurden, sind sie Nüssen zum Verwechseln ähnlich.

Kichererbsensprossen als Salat

2 Tassen Kichererbsensprossen, gedünstet
1 kleine Zwiebel, fein gehackt
2 Zucchini · 2 gehäutete Tomaten, gewürfelt
SALATSAUCE:
2 EL Sonnenblumenöl, kalt geschlagen
2 EL Zitronensaft
Meersalz (so wenig wie möglich) · 1 TL Honig
2 EL Kresse · 2 EL Petersilie

Wir schneiden die Zucchini mit der Schale in feine Scheiben und vermischen sie mit den fehlenden Zutaten.
Die Sauce verquirlen und den Salat ziehen lassen.
Mit frischen Kräutern überstreuen!
Können Sie sich vorstellen, diesen Salat zu überkrusteten Nudeln zu essen? Mich zieht die Geschmacksverbindung an!

Luzernensprossen mit gekrusteten Kichererbsensprossen

3 Tassen Luzernensprossen

1 Tasse Kichererbsensprossen

1 EL Öl, kalt geschlagen

SAUCE:

siehe Grundsauce S. 192

Die Kichererbsen werden in 10 Minuten gar gedämpft. Dann legen wir sie auf ein Baumwolltuch und trocknen sie rund herum, damit wir sie leichter im Öl rösten können.

Diese »Nußkugel« schmücken die zarten Luzernensprossen, die wir kurz vor dem Anrichten mit der Salatsauce übergießen.

Kichererbsencreme mit Tahini

3 Tassen Kichererbsensprossen

1 Tasse Gemüsebrühe · 3 EL Tahini (Sesampaste)

Saft von 1 Zitrone · 1 Knoblauchzehe, gepreßt

Meersalz nach Geschmack

Wir pürieren die Kichererbsensprossen mit der Gemüsebrühe im Mixer, geben das Püree in einen kleinen Topf und lassen es 12 Minuten auf kleinster Flamme simmern.

Dann fügen wir die Gewürze hinzu, vermengen alle Zutaten gut und stellen die Masse zum Abkühlen in den Eisschrank.

Diese Sauce schmeckt ausgezeichnet zu kaltem Gemüse, aber wahrhaft wunderbar ist es, wenn wir duftende Scheiben des frischgebackenen Ezechiel-Brotes (s. S. 30) mit dieser Paste bestreichen.

… ein Vorschlag für das »Frühstück im Grünen«.

Kichererbsencreme

---

2 Tassen Kichererbsensprossen, 2 Tage gekeimt

---

1 Tasse Sprudel · 2 EL Zitronensaft

---

2 EL Kresse, gehackt · 1 Knoblauchzehe, gepreßt

Salz und Pfeffer nach Geschmack

Geben Sie das Wasser und den Zitronensaft in den Mixer und pürieren Sie die Sprossen, dann die Paste würzen.
Als Knäckebrotaufstrich ist diese Creme ebenso unersetzlich wie als Saucendip zu Staudensellerie.

Cremesuppe aus Kichererbsensprossen

---

4 Tassen Gemüsebrühe

---

2 Tassen Kichererbsensprossen

1¹/₂ Tassen Crème fraîche · 1 Knoblauchzehe, gepreßt

Pfeffer und Salz nach Geschmack · 2 EL Kresse

---

2 EL Petersilie, fein gehackt

Geben Sie die Keime mit der Gemüsebrühe in den Mixer und schlagen Sie sie zu einem Püree. Auf kleiner Flamme die Masse ca. 10 Minuten ausquellen lassen.
Die Crème fraîche in die Suppe schlagen und würzen. Überstreuen Sie die Cremesuppe vor dem Servieren mit den Kräutern.
Als Variante können Sie statt der Kräuter eine gedünstete Zwiebel über die Suppe geben.

Kalte Kichererbsensprossensauce

---

2 Tassen Kichererbsensprossen

---

4 EL kaltgepreßtes Öl · 2 EL Zitronensaft

---

2 EL Sesamsamen, 2 Tage gesprossen

---

2 TL Tamari

Füllen Sie alle flüssigen Zutaten in einen Mixer und geben Sie dann die Kichererbsensprossen in kleinen Portionen hinzu.
Diese Sauce ist eine wahre Köstlichkeit, zwar mächtig, aber delikat. Sie paßt zu Salaten, Pfannkuchen und dergleichen.

Kichererbsensprossenbällchen

---

2 Tassen Kichererbsensprossen, püriert

---

1 Tasse Zwiebeln, gerieben · 1 Tasse Möhren, gerieben

$1/2$ Tasse Weizenmehl · 1 Eigelb

Salz und Pfeffer nach Geschmack

---

10 Walnüsse, halbiert

Mischen Sie alle Zutaten zu einer dicken Paste und formen Sie dann kleine Bällchen, indem Sie je eine halbe Walnuß mit der Masse ummanteln.
Die Kugeln in heißem Fett ausbacken, bis sie goldbraun sind.

Kichererbsensprossenpaste
— eine sehr nahrhafte Vorspeise

¼ Blumenkohl
1 Tasse Kichererbsensprossen, püriert
2 Knoblauchzehen, gepreßt · 2 EL Sesamöl
2 EL Sojasauce · 2 EL Zitronensaft
2 EL Petersilie · etwas Joghurt zum Verdünnen

Blanchieren Sie den Blumenkohl und zerkleinern Sie ihn im Mixer mit dem Kochwasser zu einer Creme.
Anschließend werden die Zutaten nacheinander im Mixer verquirlt, so daß eine ziemlich dicke Paste entsteht.
Servieren Sie die Kichererbsenpaste mit Petersilie bestreut in kleinen Schalen. Essen Sie dazu Gemüse oder kleine Brotstückchen.

Blumenkohlauflauf in
Kichererbsensauce

1 mittelgroßer Blumenkohl
1 Tasse Kichererbsensprossen
2 Tassen Blumenkohlwasser · 2 Eiweiß
Pfeffer aus der Mühle · Salz nach Geschmack
1 Frühlingszwiebel, sehr fein geschnitten
2 EL Kresse

Ofen auf 200 Grad vorheizen. Den Blumenkohl in Röschen teilen und 5 Minuten in kochendem Wasser ziehen lassen. Kalt abschrecken.

Nun die Kichererbsensprossen pürieren und im Blumenkohlwasser 10 Minuten auf kleiner Flamme kochen. Das Eiweiß zu Schnee schlagen und unter die Kichererbsenmasse ziehen; anschließend würzen.
Buttern Sie eine Auflaufform und legen Sie die Blumenkohlröschen hinein, dann die Kichererbsensauce darübergießen.
Das Gericht wird 15 Minuten im Ofen bei Mittelhitze überbakken.
Vor dem Servieren den Auflauf mit den Frühlingszwiebeln und der Kresse überstreuen.

Sauerkraut mit Kichererbsensprossen

6 Tassen Sauerkraut · 5 getrocknete Morcheln	
2 Tassen Kichererbsensprossen · 1 Tasse saure Sahne	
Salz und Pfeffer nach Geschmack	
1 Frühlingszwiebel	

Den Ofen auf Mittelhitze vorheizen. Köcheln Sie die Pilze 1 Stunde in 3 Tassen Salzwasser. Um das Pilzkochwasser zu klären, dieses durch einen Papierfilter gießen.
Die Pilze in feine Streifen schneiden, das Sauerkraut 5 Minuten im Pilzsud wärmen.
Fetten Sie eine kleine feuerfeste Form, legen Sie die Hälfte des Sauerkrauts auf den Boden, schichten Sie Pilze und Kichererbsensprossen darauf und decken schließlich mit dem restlichen Sauerkraut ab. Gießen Sie die mit Salz und Pfeffer gewürzte Sahne über das Gemüse und lassen Sie das Gericht ca. 20 Minuten bei Mittelhitze backen.
Überstreuen Sie das Kraut mit feingeschnittenen Ringen der Frühlingszwiebel.

Kichererbsenkuchen

1 Tasse Mehl, ungebleicht

4 EL Crème fraîche · Salz nach Geschmack

BELAG:

1 EL Öl · 1 mittelgroße Zwiebel, fein gehackt

1 Tasse geraspelte Möhren

1 Stange Lauch, in feine Scheiben geschnitten

1 Tomate, gewürfelt · $\frac{1}{2}$ Paprikaschote, klein gewürfelt

$\frac{1}{2}$ Tasse Linsensprossen

2 Tassen Kichererbsensprossen

1 Tasse Mineralwasser

1 Knoblauchzehe, frisch gepreßt

Salz und Pfeffer nach Geschmack

1 Töpfchen Crème fraîche

Aus den angegebenen Zutaten einen festen Teig kneten und diesen 1 Stunde ruhen lassen.

Den Teig sehr dünn ausrollen und damit eine gefettete Form auslegen.

Den Ofen auf 220 Grad vorheizen. Die kleingeschnittenen Gemüse außer den Linsen werden kurz gedünstet. Die Kichererbsensprossen mit Mineralwasser im Mixer zerkleinern. Alle Zutaten in einer Schüssel vermischen und würzen.

Verteilen Sie dann die Masse auf dem Teig und backen Sie den Gemüsekuchen bei Mittelhitze 30 Minuten im Ofen. Essen Sie den Kuchen warm mit der pikant gewürzten sauren Sahne.

Tomaten, gefüllt
mit Kichererbsenpüree

---

4 große Tomaten · 1 Zwiebel, fein gewürfelt

---

1 EL Öl · 1 Knoblauchzehe · 2 EL Zitronensaft

---

1 Prise Rosmarinpulver, gestoßen · 1 Prise Majoran

---

2 EL Parmesan · Salz und Pfeffer nach Geschmack

---

1 Tasse Kichererbsensprossen, püriert

---

2 EL Paniermehl · 2 Eigelb · 2 EL Petersilie

Schneiden Sie Deckel von den Tomaten und höhlen Sie sie aus.
Legen Sie die Tomaten mit der Öffnung nach unten in ein Gefäß,
damit die Feuchtigkeit ausläuft.
Die Zwiebelchen sautieren und das Kichererbsenpüree mit den
Gewürzen vermischen, das Ei und die übrigen Zutaten beigeben.
Die Tomaten mit der Masse füllen und in eine gefettete Auflauf-
form stellen.
Backen Sie die Tomaten 20 Minuten im Rohr bei Mittelhitze.
Vor dem Servieren mit Petersilie bestreuen.

Geschmorte Kichererbsensprossen

---

2 EL Pflanzenöl · 2 Knoblauchzehen, fein gehackt

---

2 Zwiebeln, fein gehackt · 1 EL Tomatenmark

---

2 Tomaten, im Mixer püriert · 1 EL Rotweinessig

Salz und Pfeffer nach Geschmack

---

1 Paprikaschote, fein gewürfelt

---

4 Tassen Kichererbsensprossen

In einem Eisentopf werden die Knoblauchzehen und die Zwiebeln gedünstet, bis sie goldbraun sind.
Mit einer Tasse Wasser ablöschen und die Zutaten nacheinander

in den Topf geben, zuletzt die Sprossen. Das Gemüse soll auf kleiner Flamme 20 Minuten simmern, dann ist die Flüssigkeit aufgesaugt. Die Sprossen sollen noch trocken und knusprig sein.

SAUCE:
1 Tasse Crème fraîche · 1 EL Zitronensaft
Salz nach Geschmack · 2 EL Kressesprossen
1 Knoblauchzehe, frisch gepreßt

Die Zutaten verrühren und die Sauce kalt zu den Kichererbsen servieren.

Gebackene Käsecreme mit Kichererbsen

1 ½ Tassen pürierte Kichererbsen
1 ½ Tassen geriebener frischer Holländer Käse
½ l Milch · 1 verquirltes Ei
Salz und gemahlener Pfeffer nach Geschmack
2 EL Senfsprossen

Den Ofen auf 150 Grad vorheizen. Den Käse unter gleichmäßigem Rühren bei niedriger Temperatur in einem Topf mit der Milch auflösen. Die Milch darf dabei nicht kochen. Wenn der Käse geschmolzen ist, den Topf vom Herd nehmen und die Eier hineinrühren. Anschließend würzen und die Kichererbsen hinzugeben. Die Mischung in eine kleine, gefettete Auflaufform gießen und 20 Minuten backen.
Dekorieren Sie die Creme mit den Senfsprossen. Diese Vorspeise ist sehr mächtig und wird mit Brot serviert.

Variation:
Teilen Sie die Masse in 4 gefettete Keramikschalen auf und backen Sie sie 10 Minuten im Ofen.

Karotten-Kichererbsen-Gemüse

2 Tassen Kichererbsensprossen
2 Tassen Karottenstifte
1 Zwiebel, fein geschnitten
2 Tassen Chinakohl, fein geschnitten
1 kleiner Apfel, in feine Würfel geschnitten
3 EL Öl · 2 Tassen Gemüsebrühe
2 EL Stärkemehl · Salz und Pfeffer nach Geschmack
1 Prise Muskat · 2 Eigelb · 2 EL Schnittlauch

Köcheln Sie die Kichererbsensprossen 10 Minuten auf kleiner Flamme. Die Gemüse getrennt im Öl sautieren.

Bereiten Sie eine Sauce aus 2 Tassen Gemüsebouillon, in die Sie das im Wasser aufgelöste Stärkemehl gerührt haben. Die gedickte Sauce würzen und mit dem Eigelb binden; die Gemüse hineinrühren.

Vor dem Servieren mit Schnittlauch bestreuen.

Erbsensprossen

Erbsen sollten gut verlesen werden, weil halbierte Früchte im feuchten Umraum sofort gären!

Durch das Ansteigen des Zuckergehaltes in der Sprießzeit ist der Erbsenkeim extrem süß.

Das Ansteigen der Inhaltsstoffe

Der Proteinanteil von 25 % wandelt sich in Aminosäuren mit allen essentiellen Anteilen.

Der Prozentsatz der Vitamine A, B_1, B_2, B_6, B_{12} und C erhöht sich.

Calcium, Phosphor, Magnesium, Kupfer, Mangan und Zink wandeln sich in eine für den Organismus leichter aufnehmbare Form.

Erhöhung der Enzyme.

Kochen mit Erbsensprossen

Eine süße Wunderfrucht, aus der sich ganz besonders gut Cremesuppe und auch Füllungen bereiten lassen.
Das Garen der Erbsensprossen in Eintöpfen und Suppen ist der
einfachste Weg, von dem nahrhaften Sprossengemüse zu profitieren. Hier eine Grundbrühe, die zum Variieren verlockt:

Grundsuppe für Erbsensprossen

2 EL Butter · 1 EL Öl

1 grüne Pfefferschote, geschnitten

2 mittelgroße Zwiebeln, gehackt

2 Knoblauchzehen, in feine Scheiben geschnitten

1 Stange Porree, in Scheiben geschnitten

3 Möhren, in Stifte geschnitten

$1/4$ Knolle Sellerie, gewürfelt · 3 Tomaten, gepellt

1 l Wasser · 1 Lorbeerblatt

frischgemahlener Pfeffer

Meersalz (so wenig wie möglich) · Thymian

Diese Grundbrühe ergänzen wir mit Gemüsen der Jahreszeit und mit Sprossen aus der Gruppe der Erbsen, frischgehackten Kräutern sowie geriebenem Parmesan.

In einem großen Suppentopf die Gemüse im Fett andünsten und mit Wasser aufgießen.

Wir geben die Gewürze in die Brühe, lassen sie kurz aufkochen und 1 Stunde leise köcheln.

Wir fügen die Saisongemüse hinzu und lassen die Suppe erneut 20 Minuten simmern.

Die Sprossen, als letzte Beigabe, läßt man 10 Minuten in der Brühe weichziehen.

Erst bei Tisch reichen wir eine Schale mit frischen Kräutern und Parmesan.

Ein kräftiger, schmackhafter Eintopf für alle Jahreszeiten — ein Essen für ein Haus der offenen Tür.

Erbsensprossencremesuppe

3 Tassen Erbsensprossen · 1 l Wasser
1 EL Öl, kalt geschlagen · ½ Zwiebel, geraspelt
1 Möhre, geraspelt · 1 EL Öl, kalt geschlagen
1 kleiner Kopf Salat, in Streifen geschnitten
½ Tasse trockener Weißwein · 4 EL Crème fraîche
Meersalz (so wenig wie möglich)
4 EL Zitronenmelisse, fein geschnitten

Die Sprossen in der Hälfte des Wassers aufsetzen, aufwallen und 10 Minuten nachziehen lassen.

Die Gemüse werden einzeln im Öl kurz angedünstet, in einem neuen Arbeitsgang auch der Salat. Dann pürieren wir alle abgekühlten Gemüse im Mixer, geben sie in einen zweiten Topf mit der anderen Hälfte des Wassers, dem Wein, der Crème fraîche und dem Salz. Durch kurzes Aufkochen und Rühren verbinden sich die Zutaten zu einer cremigen Konsistenz. Bei Tisch streuen wir die Zitronenmelisse über die Suppe.

Das Säuerlich-Herbe läßt die Süße dieser Suppe geradezu aufblühen. Im Sommer serviere ich die Suppe mit Kapuzinerkresseblüten. Sie haben einen pikant-säuerlichen Geschmack und sehen wunderschön aus.
Wenn Sie die Scheu vor dem Genuß einer zart-schönen Blüte überwinden, werden Sie durch Außergewöhnliches belohnt. Diese Blüte ist wie ihr Samen Würze. Es ist praktisch in Vergessenheit geraten, daß viele Blüten eßbar sind.

Anmerkung:
Wie die Gartenerbse aus der Schote, kann die sanfte Erbsensprosse Beilage für viele Gerichte sein.

Gelbe Sojabohnensprossen

Hier ist sie, die legendäre Sprosse des alten China. Zusammen mit der schwarzen, der blauen und der weißen Bohne gehört sie zu seinen großen nährenden und heilenden Früchten. (Die kleine grüne Mungobohne ist eine neuere amerikanische Zucht.)
In ihrem Aussehen ist die gelbe Sojabohne unserer gelben Erbse zum Verwechseln ähnlich. Zudem gibt es viele Parallelen in der Zuchtweise.
Vorsicht, die Samen beginnen schnell zu modern, wenn sie nicht sofort aufquellen!
Die Bohne gärt sehr schnell. Das ist ideal für die Herstellung von Sojaprodukten (Tofu, Sojasauce), kann aber Ärger beim Keimen bereiten. Bei der Sprossenzucht muß die Fermentierung in vielen Waschungen beseitigt werden.
Die Sojabohne mit ihrem hohen Eiweißanteil ist wertvoller Fleischersatz. Wir sollten auf keinen Fall auf diese Proteinbombe verzichten, auch wenn die Zucht Geduld verlangt und Mühe macht.

Steigerung der Inhaltsstoffe

Das Proteinanteil von 36—38 % wandelt sich in Aminosäuren mit allen essentiellen Anteilen.

Der Prozentsatz der Vitamine B_1, B_2, B_3, B_5, B_{12}, C und K erhöht sich.

Calcium, Eisen, Mangan, Kalium, Kupfer, Magnesium und Phosphor wandeln sich in eine für den Organismus leichter aufnehmbare Form.

Anreicherung der Enzyme.

Vom Samen zur Sprosse

Keimmethode: im Glas

Einweichzeit: 12 Stunden

Temperatur: 18 Grad

Spülen und Wässern: alle 4 Stunden, sehr gründlich

Ernte: nach 3 Tagen

Länge des Keims: 1 cm

Ertrag: 1 Tasse Bohnen ergibt 4 Tassen Sprossen.

Kochen mit gelben Sojasprossen

Ohne charakteristischen Eigengeschmack sind Sojabohnen ideale Aromaträger. In einer schweren Eisenpfanne mit wenig Fett geröstet, nehmen sie jedoch einen Geschmack an, der von Nüssen kaum zu unterschieden ist. Sie können auch auf einem Backblech bei 170 Grad, ca. 15 Minuten lang, zu »Nüssen« getrocknet werden.

Ihre Haut schrumpelt, und sie lassen sich wunderbar zu »Nuß«-Splittern vermahlen.

Fenchelsalat mit gelben Sojabohnensprossen

---

2 Tassen Sojabohnensprossen, gedünstet

---

2 Fenchelknollen (das Grün verwahren!)

---

1 Tomate, gehäutet und in kleine Würfel geschnitten

SALATSAUCE:

---

4 EL Crème fraîche · 2 EL Weißwein

---

1 kleine gehackte Frühlingszwiebel

---

frischgemahlener Pfeffer

Meersalz (so wenig wie möglich)

Den gewaschenen Fenchel vierteln und kurz blanchieren.
Die Salatzutaten in eine Schüssel geben und mit der Sauce übergießen.
Das gehackte Fenchelgrün ist ein feiner Hauch, der über die cremige Salatsauce gestreut wird und einen anziehenden Geschmack verbreitet.

Variation:
Mit schwarzen Oliven und ca. 200 g gewürfeltem Schafskäse wird der Salat zu einer sättigenden Mahlzeit.

Quarkrollen mit gerösteten gelben Sojabohnensprossen

---

250 g Quark · 1 Zwiebel, sehr fein gewürfelt

½ EL Öl, kalt geschlagen

---

1 TL Senfkörner, im Mörser pulverisiert oder
frisch gemahlen

---

1 Tasse gelbe Sojabohnensprossen, gedünstet

---

1 EL Öl

Die Zwiebel im Öl dünsten und mit dem Quark vermischen; anschließend die Würze unterrühren. Wir stellen die Masse kalt und modellieren mit feuchten Händen kleine Kugeln.

Die abgetropften Sojabohnen in der Pfanne braun rösten, zersplittern und sie auf einen flachen Teller schütten.

Darin die Quarkkugeln wälzen, bis sie völlig ummantelt sind.

Diese Kugeln sind Vorspeise, Zwischengericht, Beilage zu Gemüse oder Abschiedshappen für unsere Gäste.

Marinierte gelbe Sojabohnensprossen

Im Dampf gegarte Sojabohnensprossen ergeben einen himmlischen Salat. Wir lassen die Sprossen nach dem Garen auf Küchenkrepp abtropfen.

3 Tassen gelbe Sojabohnen
MARINADE:
1 Tasse Weißwein · 2 EL Weinessig
2 EL Sonnenblumenöl, kalt gepreßt
1 Frühlingszwiebel, in feine Scheiben geschnitten
1 Möhre, in hauchdünne Scheibchen geschnitten
1 Zwiebel, sehr fein gewürfelt
je 1 EL Petersilie, Estragon und Kerbel
Pfeffer, frisch gemahlen · 1 Spur Knoblauch
Meersalz (so wenig wie möglich)

Wir verteilen die Sprossen in einer flachen Schüssel und übergießen sie mit der Marinade. Bei geschlossenem Topf ziehen die Früchte bis zu 12 Stunden. Kosten wir zwischendurch und überwachen, wie weit die Marinade eingezogen ist.

Diese marinierten Sprossen sind eine mächtige, aber köstliche Vorspeise.

Schleimbildende Samen

Gartenkresse

Eine Winterwürze — Kresse sollte in der kalten Jahreszeit immer auf den Tisch.

Diese Pflanze wächst so schnell wie kaum eine andere (lat.: crescere = wachsen). Sie ist voller Vitamin C, ersetzt Salz und ist eine gute Alternative zu fehlenden Sommerkräutern.

Im Bio-Snackygerät oder auf dickem Baumwolltuch erreicht die Kresse als Schnellstarter in 8 Tagen eine Höhe von ca. 3 cm. Sie bleibt bei guter Pflege etwa 5 Tage frisch und knackig. Es lohnt sich, auch eine größere Menge auszusäen.

Steigerung der Inhaltsstoffe

Der Gehalt an Vitamin A und C steigt beträchtlich.

Vom Samen zum Keim

Keimmethode: auf feuchtem Tuch
Einweichzeit: ca. 6 Stunden
Temperatur: 21 Grad
Wässern (Besprenkeln): 2mal täglich
Ernte: nach ca. 8 Tagen
Höhe des Pflänzchens: ca. 3—4 cm

Die Kresse in der Küche

Es gibt kein Gericht, das durch die würzige Kresse nicht bereichert würde. Salate, Suppen, der gute Gemüseeintopf, Nudeln, Getreideaufläufe — überall kann die herb-pikante »Würze« sich entfalten.

Kressesprossenbutter

---

250 g Butter · 1 EL Petersilie · 1 EL Estragon

---

1 EL Dill · Salz nach Geschmack

---

3 EL Kresse, fein gehackt

Überbrühen Sie die Kräuter und schrecken Sie sie kalt ab. Dadurch lassen sie sich besser weiterverarbeiten. Die Kräuter grob hacken und mit der Butter durch ein Sieb passieren.

Dann die Kräuterbutter salzen und die Kressesprossen daruntermischen.

Reichen Sie diese Kressebutter als Brotaufstrich oder zu gekochtem Fisch.

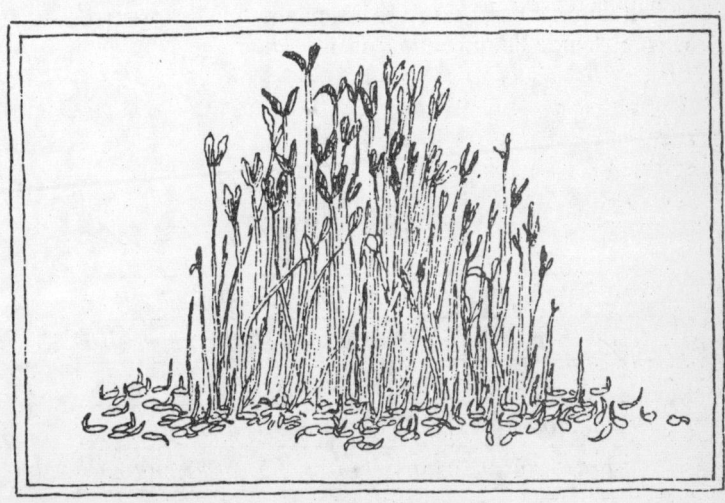

Kresse

Geraspelter Sellerie mit Kresse

---

1 mittelgroße Knolle Sellerie · 2 EL Zitronensaft

---

1 saurer Apfel, in sehr feine Streifen geschnitten

SALATSAUCE:

---

2 mittelgroße Zwiebeln, gehackt

---

2 EL Sonnenblumenöl, kalt geschlagen

---

12 Pflaumen, entkernt und eingeweicht

---

1 Hauch Knoblauch · 1 Prise gemahlene Nelke

---

1 Prise Zimt · ½ Tasse Kresse

Wir säubern die Sellerieknolle mit einer Bürste unter fließendem Wasser, raspeln sie sehr fein und beträufeln sie sofort mit der Zitrone.
Die Zwiebel in Öl glasig dünsten und zusammen mit den Pflaumen pürieren. Nun geben wir noch die Würze zu und verrühren alles zu einer weichen Creme.
Den geraspelten Sellerie und die feinen Apfelstreifen in Schalen verteilen und mit den grünen Kressepflänzchen dekorieren.
Das erquickende Pflaumenmus dazu reichen.

Kressecreme

---

1 Tasse Kresse, fein gehackt

---

1 Töpfchen Cottage-cheese · 1 Zwiebel, fein gerieben

---

1 TL Honig · Salz nach Geschmack

---

grober Pfeffer aus der Mühle · 1 Eigelb

---

1 Frühlingszwiebel, in sehr feine Ringe geschnitten

---

2 EL Mandeln, gehackt

Vermischen Sie zuerst den Käse mit der Kresse, dann die Würze mit dem Eigelb und verrühren Sie alles miteinander. Dann die Zwiebel und die Nüsse unterziehen.

Ein köstlicher, nahrhafter Brotaufstrich und eine interessante Füllung für Pfannkuchen!

Eissalat mit Kressesprossen

---

1 kleiner Eissalat · 2 EL Kressesprossen · 1 Tomate

SAUCE:

---

200 g Champignons · Saft von 1 Zitrone

---

125 g Crème fraîche · 1 EL Sojasauce

Pfeffer und Salz nach Geschmack

Teilen Sie den Eissalat in vier gleiche Stücke und legen Sie je ein Stück auf einen Teller.

Hacken Sie die Champignons zu einem feinen Mus. Würzen Sie die Crème fraîche und mischen Sie dann alle Zutaten zusammen, so daß eine cremige Sauce entsteht. Gießen Sie die Sauce kurz vor dem Servieren über den Salat und bestreuen Sie ihn mit Kressesprossen.

Legen Sie der hübschen Farbe wegen kleine Tomatendeckelchen auf den Salat und beträufeln Sie alles mit dem Zitronensaft.

Champignon-Kresse-Salat

3 Tassen Champignons, in feine Scheiben geschnitten
2 EL Zitronensaft · 2 kleine Tomaten, gehäutet
1 Tasse Luzernensprossen · 1 Tasse Kressesprossen
SALATSAUCE:
2 EL Sahne · 2 Stangen Sellerie, in Stücke geschnitten
1 Avocado, entkernt und ausgehöhlt
1 rote Paprika, fein gehackt · 1 kleine Zwiebel
Salz und Pfeffer nach Geschmack

Beträufeln Sie die Champignons mit dem Zitronensaft. Schneiden Sie die Tomaten in kleine Würfel und mischen Sie alle Salatzutaten in einer Schüssel.

Füllen Sie dann alle Saucenzutaten mit der Sahne und etwas Wasser in einen Mixer und pürieren Sie alles, bis eine weiche Sauce erzielt ist.

Reichen Sie die Salatsauce in einer kleinen Schüssel extra. Es sieht sehr nett aus, wenn Sie den Champignonsalat auf grünen Salatblättern servieren.

Wildkräutersalat
(aus selbstgesuchten Kräutern)

1 Handvoll Löwenzahnblätter, auch einige Knospen
1 Handvoll Taubnesselspitzen
1 Handvoll Brunnenkresse · 1 Tasse Weizenkeime
3 EL Sonnenblumenkerne, 2 Tage gekeimt
2 EL Sonnenblumenöl, kalt geschlagen
2 EL süßer Wein · 1 Spur Weinessig · 1 TL Honig
1 Hauch gemahlener Anis und Fenchel
Meersalz (so wenig wie möglich)

Wir waschen die Wildkräuter, trocknen sie sorgfältig und schneiden sie der Länge nach in grobe Streifen.
Die Sonnenblumensprossen in den Zutaten der Salatsauce pürieren und würzen.

Wildkräutersalat ist herzhaft; die süßlichen Weizensprossen und die liebliche Sauce heben den ursprünglichen Geschmack hervor.

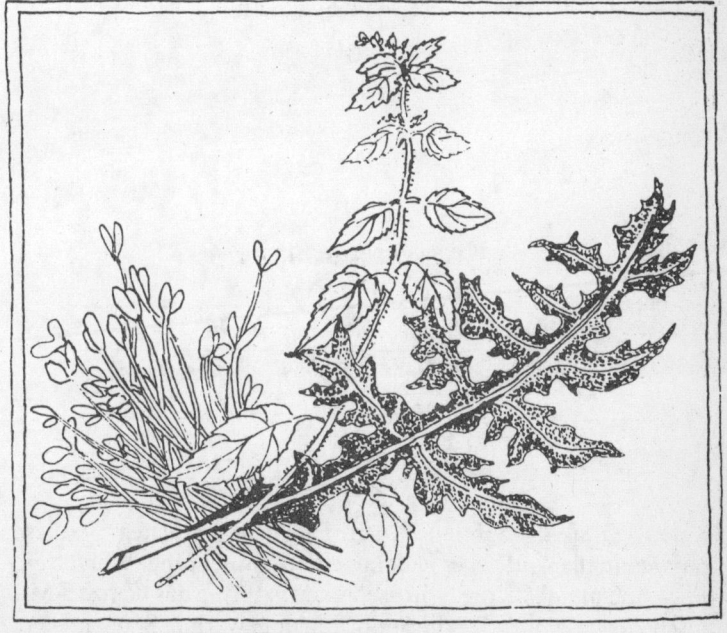

Wildkräuterblätter mit Kresse

Kressefüllung

250 g Spinat, fein gehackt und blanchiert

2 EL Öl · 1 Zwiebel, fein gehackt · 1 Tasse Kresse

2 EL Pinienkerne · 3 EL Rosinen, geweicht

Salz nach Geschmack

Den Spinat durch den Fleischwolf drehen. Die Zwiebel sehr kurz in Öl andünsten, den Spinat hinzufügen, dann die Kresse und die restlichen Zutaten beigeben. Die Masse auf kleinster Flamme ziehen lassen, bis die Flüssigkeit verdampft ist, und die Füllung abschmecken.
Je nach Jahreszeit kann die Kressefüllung warm oder kalt gegessen werden. Sie schmeckt besonders gut in Tomaten oder auch als Pfannkuchenbelag und eignet sich — eventuell mit Sahne verfeinert — auch als Sauce zu Reis und Spaghetti.

Kressecremesuppe

1 l Gemüsebrühe, aufgekocht

5 Eigelb, verschlagen · 1 Töpfchen Crème fraîche

Salz und Pfeffer nach Geschmack

1 Tasse Kressesprossen

Verquirlen Sie die Sahne mit dem Eigelb und arbeiten Sie diese Zutaten in die vom Feuer genommene Gemüsebrühe. Würzen Sie die Suppe mit den Kressesprossen und lassen Sie das Ganze 3 Minuten ziehen. Füllen Sie die Suppe in gut gewärmte Suppenteller. Eine Köstlichkeit voller Vitamine und Würze.

Tomaten-Sprossen-Gazpacho
(kalte Suppe)

---

8 reife Tomaten, geviertelt

---

1 Zucchino, in Stücke geschnitten

---

1 rote Paprikaschote, zerteilt

---

1 kleine Zwiebel, in Stückchen geschnitten

---

2 Knoblauchzehen, gepreßt

---

1 Frühlingszwiebel, gehackt · 1 Tasse Wasser, gefiltert

---

4 EL Weinessig · Salz nach Geschmack

---

2 TL Paprika · frischgemahlener Pfeffer

---

2 EL Linsensprossen · 3 EL Sojabohnensprossen

---

5 EL Kressesprossen · 3 EL Weizensprossen

---

2 hartgekochte Eier, gehackt

---

3 EL Zwiebeln, gehackt · 4 EL Sesamöl

Geben Sie das Wasser in den Mixer und pürieren Sie nacheinander die Gemüse. Geben Sie das Gemüsepüree in eine Schale und mischen Sie die Gewürze hinein.
Zum Servieren alle Sprossen sowie die »Salatzutaten« zusammen als Suppe in Schüsselchen füllen.

Käsesuppe mit Sprossen-Allerlei

4 Tassen Gemüsebrühe · 1 Tasse Crème fraîche
300 g alter Goudakäse, fein gerieben
2 EL Sojasauce
frischgemahlener Pfeffer und Salz nach Geschmack
1 Eigelb
2 EL Luzernensprossen, einmal durchgeschnitten
2 EL Weizensprossen · 3 EL Kressesprossen
1 EL Senfsprossen

Geben Sie die Gemüsebrühe und die Sprossen in einen Suppentopf. Rühren Sie bei lauer Hitze den Käse hinein, bis sich alles zu
einer weichen Masse bindet.
Streuen Sie die Sprossen hinein und wärmen Sie sie bei kleiner
Hitze. Servieren Sie die Suppe in gewärmten Suppenschalen.

Leinsamenkeimlinge

Der Samen hüllt sich während des Einweichens in eine gallertar-
tige Masse.
Wenn es uns gelingt, den Samen während des Keimens durch sorg-
fältiges Spülen davon zu befreien, wächst er zu köstlichen kleinen
Sprossen.

Steigerung der Inhaltsstoffe

23 % Protein verwandeln sich in essentielle Aminosäuren.
Der Prozentsatz der Vitamine E, F und K erhöht sich.
Calcium, Eisen, Phosphor, Magnesium und Kupfer wandeln sich
während der Keimung in eine für den Körper leichter aufnehmbare
Form.
Enzymanreicherung.

Der Leinsamenkeim in der Küche

Mit keinem anderen Keim läßt sich der Morgen so glücklich beginnen! Streuen wir den Keim in unser Müsli und kauen den nußartigen Samen, damit er sich in *jeder* Weise voll entfaltet.

Leinsamensprossen

Samen mit unverdaulichen Hülsen

Nach dem Sprießen werden die Hülsen entfernt. Sie werden *nicht* gegessen.

Buchweizensprossen

Steigerung der Inhaltsstoffe

12 % Protein wandeln sich in Aminosäuren mit allen essentiellen Anteilen.

Hoher Lysinanteil. Der Gehalt aller B-Vitamine und C steigt.

Phosphor, Kalium, Calcium, Kupfer, Magnesium und Eisen wandeln sich während des Keimens in eine für den Organismus leichter aufnehmbare Form.

Enzymanreicherung.

NICHT EINWEICHEN!

Vom Samen zum Keim

Keimmethode: feuchtes Tuch oder Glas

Temperatur: 21 Grad

Besprühen: 4mal täglich, oder kurzes Wässern 2mal täglich

Ernte: nach 2—3 Tagen

Länge des Keims: 5 mm

Ertrag: 1 Tasse Körner ergibt 3 Tassen Sprossen.

Buchweizensprossen in der Küche

Wir streuen die enthülsten Sprossen in Suppen, verfeinern Salate und Gemüseeintöpfe. Ganz kurz gedünstet sind die Sprossen unverwechselbar im Geschmack.

Buchweizensprossen

> *Ratschlag:*
> Buchweizen bildet beim Einweichen etwas Schleim.
> Damit die Körner nicht zu naß liegen, besprühen wir sie öfter.
> Bei der Zucht im Glas ist kurzes Spülen ratsam.

Kürbissprossen

Extrem hoch ist der Phosphorgehalt des Kürbiskerns, eines wichtigen Volksheilmittels.
100 g Samen enthalten 11,2 Milligramm Eisen. Kürbis ist bei Blutarmut eine Wundermedizin.

> **Steigerung der Inhaltsstoffe**
> Die Proteine wandeln sich in essentielle Aminosäuren.
> Der Prozentsatz der Vitamine A und B erhöht sich.
> Phosphor, Eisen und Calcium wandeln sich in eine für den Organismus leichter aufnehmbare Form.
> Enzymanstieg.

Vom Samen zum Keim

Keimmethode: im Glas
Einweichzeit: 12—16 Stunden
Temperatur: 21 Grad
Spülen und Wässern: 2—3mal täglich
Ernte: nach 3 Tagen
Länge des Keims: 3 mm
Ertrag: 1 Tasse Kürbiskörner ergibt 2 Tassen Sprossen.

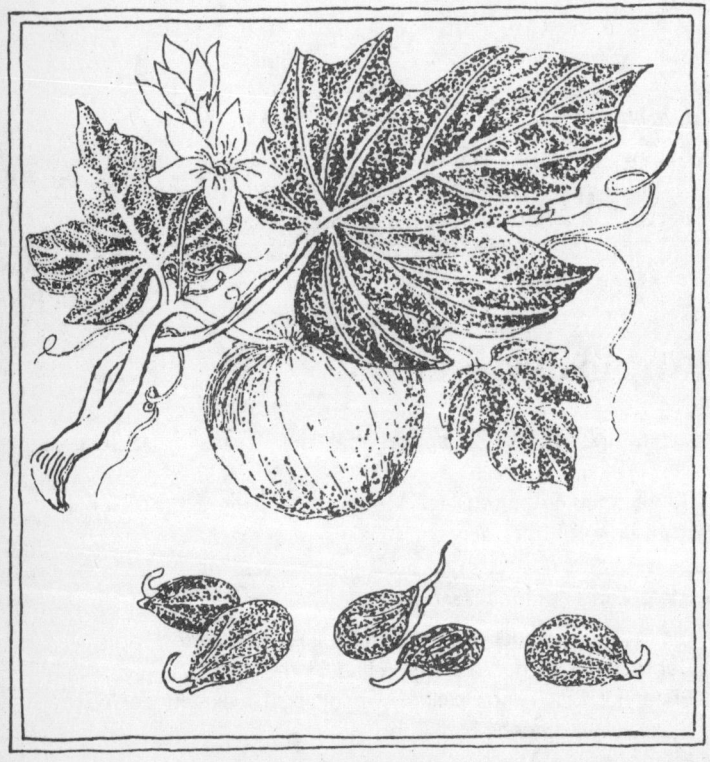

Kürbissprossen

Während des Keimens sind Ölfrüchte, besonders für darmempfindliche Menschen, leichter verdaulich.

Pürieren wir die Sprossen mit wenig Gemüsebrühe, erhalten wir eine bekömmliche Grundlage für Salatsaucen und können auf das Öl verzichten. Kürbissprossen bereichern Salate, Eintöpfe, Brote und Suppen.

Die Kraftsprossen verführen zu vielen neuen Rezepten und zum Naschen.

Mandelsprossen

Anreicherung der Inhaltsstoffe

18 % Protein wandelt sich in Aminosäuren mit allen essentiellen Anteilen.

Vitamine B_1, B_2, B_3 und A steigen an.

Ungesättigte Fettsäuren, fettlösliche Stoffe, Calcium, Kalium, Magnesium, Phosphor und Mangan wandeln sich während des Keimens in eine für den Körper leichter aufnehmbare Form.

Enzymanreicherung.

Vom Samen zur Sprosse

Keimmethode: auf feuchtem Papier oder im Glas

Einweichzeit: bis zu 20 Stunden

Temperatur: 21 Grad

Wässern (Besprühen): 2—3mal täglich

Ernte: nach 3—4 Tagen

Länge des Keims: ca. 5 mm

Ertrag: $1/2$ Tasse Mandeln ergibt $3/4$ Tasse Sprossen.

Wer gerne nascht, wird sich schnell daran gewöhnen, immer ein Mandelsprößchen zur Hand zu haben, und es gibt keine bessere Möglichkeit, Milchgetränke, feine Nußfüllungen oder Brotaufstriche zuzubereiten, als mit der Mandelsprosse!

Mandelsprossenmilch

½ Tasse Mandelsprossen

½ Tasse Sonnenblumensprossen

2 Tassen klares Wasser · 1 Prise Meersalz

Im Mixer pürieren wir die Sprossen zu einer feinen, liquiden Masse. Eventuell müssen wir noch ein wenig Wasser zugeben. Diese Milch hat einen natürlichen Nußgeschmack und ist ein nahrhaftes Lebensmittel. Eine herrliche Alternative, wenn Kuhmilch nicht vertragen wird.

Mandelfüllung

2 Eier · 1 Tasse Quark

1 Tasse Mandelsprossen, fein gehackt

½ Tasse Roggensprossen

1 kleine Zwiebel, sehr fein geschnitten

1 Knoblauchzehe, gepreßt

2 EL Sesamsprossen · Muskat

Meersalz (so wenig wie möglich)

Eier, Quark und Sprossen verrühren, die Zwiebel und die Sesamsprossen bräunen und alle Zutaten zu einer sämigen Masse vermischen, die mit Muskat und Salz abgeschmeckt wird.

Die Mandelmasse ist eine wunderbare Füllung für knusprige Pfannkuchen und ungewöhnlich im Bratapfel.

Verschiedene Samen in einem Glas zu Sprossen züchten

Bis auf die Samen der Hülsenfrüchte, wie Erbse usw., können wir die vielfältigsten Versuche anstellen, aus Samen der verschiedensten Sorten in einem Glas Sprossen zu züchten.

Gerade die teuren würzigen Samen, wie Senf und Rettich, sind schon in kleiner Dosierung ideale Zutat und Würze für einen Sprossensalat.

Das Mischen der Samen ist auch eine kluge Methode, von den verschiedenen Geschmacksnuancen und Inhaltsstoffen während nur einer Mahlzeit zu profitieren.

Der erste Vorschlag: Je ein Drittel Linsen, grüne Mungobohnen und Luzernensamen. Nach einer Einweichzeit von ca. 8 Stunden halten wir unsere Samen feucht und ernten nach durchschnittlich 3 Tagen.

Dieses Sprossentrio hat Pfiff — besonders als Salat.

Die zweite Kombination schließt Getreidekörner ein: Welche Kraft spendet die »Sprossenmelodie« aus zwei Teilen Weizen, einem Teil Roggen, einem Teil Gerste und einem Teil Leinsamen!

Die dritte, wohl erprobteste Mischung ist, 2 Teile grüne Mungobohnen, 2 Teile Linsen und je nach der gewünschten Geschmacksintensität 1 TL Senf, 1 TL Rettich und 2 EL Luzerne zugeben.

Der erfinderische Sprossengärtner steht vor einer Fülle von Kombinationsmöglichkeiten — zu seinem größtmöglichen Glück für Gaumen und Gesundheit.

3

12-Tage-Kräuter

Pflanzen in der Geschichte der Biologie

Kulturen überliefern uns seit Jahrtausenden: Pflanzen sind Lebewesen mit Charakter und Seele. Sie empfinden Freude und Schmerz. Bevor Peter Thomkins mit seinem Buch: »Das geheime Leben der Pflanzen« Furore machte, hatten schon viele andere vor ihm über das Pflanzenleben berichtet. Aristoteles z. B. gestand Pflanzen eine Seele zu, doch keine Empfindungen und nach Carl von Linné, dem großen Botaniker des 18. Jahrhunderts, unterscheiden sich Tier, Mensch und Pflanze nur durch ihre Bewegungsfähigkeit.

Doch das waren sehr zaghafte Beobachtungen. Der Wiener Biologe Raoul France erklärt endlich Anfang unseres Jahrhunderts, daß sich Pflanze, Tier und Mensch gleichermaßen frei, leicht und graziös bewegen. Es ist nur eine Frage des Schauens. Wir müssen uns Zeit nehmen, die Pflanzen zu studieren. Wurzeln graben sich forschend ins Erdreich und Schößlinge und Knospen schwingen Kreise.

Der Selbsterhaltungstrieb der Pflanzen zeigt sich in Duft und Schönheit, und ihr Liebesleben entfaltet sich in betörenden, konstruierten Kelchen. Oder, so sagt der Biologe France: Pflanzen scheinen zu ahnen, welche Ameisen allein des Nektars bedürfen und sie verschließen ihre Blütenkelche.

Nichts ist Zufall. Andere Blüten sind unauffällig und schlicht. Der Wind ist ihr Bräutigam.

Das alles läßt sich nachvollziehen, doch haben nun Pflanzen Gefühle?

Vor einigen Jahren wurden durch die Medien die Wundergärten von Findhorn bekannt. Oben im unfruchtbaren Schottland hatte vor 20 Jahren das Ehepaar Caddy aus Not auf kargem Schotter begonnen, ein Stück Land fruchtbar zu machen.

Heute ist die ehemals unwirtliche Erde verzaubert. Aus dem Reich der stürmischen Winde wurde ein magischer Lebensplatz für viele junge Menschen, die am Wunder von Findhorn teilnehmen und die geistige Verbindung mit Pflanzen suchen. Es klingt wie im Märchen. Die Presse berichtet von riesigen Früchten, 40 Pfund der Kohlkopf und 2 Meter hoch der Rittersporn.

Die Caddys und ihre Anhänger arbeiten nicht mit Kunstdünger

oder speziellem Fachwissen. Sie erwarben die Gabe, mit Pflanzen zu fühlen und machten dadurch das Unfaßbare möglich.

Es scheint Plätze auf der Erde zu geben, an denen feinste Kräfte mächtig wirken und Menschen beeinflussen, die solcher Dialoge fähig sind.

Einer der ältesten Bewohner, der Gärtner Allan D. Barton sagt: »Die Menschheit kann sich nur dann weiterentwickeln, wenn sie einen Weg findet und mit den Kräften in Verbindung tritt, die hinter allen Dingen wirken und von denen wir umgeben sind. Es sind die geistigen Kräfte.« Und weiter sagt er: »Der einfachste Weg, mit diesen Kräften in Verbindung zu treten ist, sie zu lieben. Unsere Zuneigung wird von Pflanzen wahrgenommen und gespeichert. Wie wir dafür empfänglich werden, was von ihnen wirklich ausgeht.« Und darüber hinaus läßt uns Barton wissen: »Es ist das größte Glück für Pflanzen, wenn sie an Leben und Fortentwicklung des Menschen beteiligt sind.«

Der Garten: Ein verlorenes Paradies?

Einst war unsere Erde ein paradiesischer Garten, ein Symbol für das Band zwischen Mensch und Gott. Die Natur war die Lehrmeisterin des Lebens. Alles Existierende unterstand der Ordnung des endlosen Universums. Die Menschen spürten sich in Sonne und Mond, Himmel und Sternen, Meeren und Flüssen, Berg und Tal.

Seitdem sind Jahrtausende vergangen. »Macht Euch die Erde untertan ...« — hat dieser Bibelspruch mit dem Herrschaftsauftrag Gottes an den Menschen zu der sich abzeichnenden Umweltkatastrophe geführt?

Heute schickt die Chemie dem Agrarproduzenten eine »Rückfahrkarte« ins Paradies. Nicht im Schweiße unseres Angesichts arbeiten wir, sondern per Knopfdruck. Die Agrikultur wird verwaltet, der »Planet geplündert«.

Aus dem Allround-Gärtner ist der Schmuckgartenbesitzer geworden, der sein Prestigegrün im Millimeterschnitt pflegt. Die *Selbstversorgung* ist gleich Null. Bestenfalls gibt es ein winziges Kräuterbeetchen, das oft in die sonnenlose Ecke gedrängt wird, damit das »wildwachsende Kraut« die Gradlinigkeit der Rasenbürste nicht stört: Gartenanlage nach TÜV-Kriterien.

In Betonsilos lebend essen wir Toast mit Antischimmelmitteln und verlangen nach noch mehr Naturfilmen im Fernsehen.

Die Beschäftigung mit Maschinellem und Funktionellem züchtet leblose Denkformen und Verhaltensmuster nach DIN-Norm.

»Ich teile Deine Sorgen, mein Freund, nicht Deinen Pessimismus.« Hoffnung: Wir sind nicht auf die sogenannte Industrienahrung angewiesen. Wir können sie unterwandern.

Werden wir zum 12-Tagekraut-Gärtner! Zeuge vom »Wachsen und Werden«.

»Von der Hand in den Mund«, sagt der Zimmergärtner, »das ist ein Biß ins Prinzip Hoffnung.« Heil- und Würzkräuter gehören seit Jahrtausenden zur Ernährung. Sie sorgen für den Aufbau und die Stärkung unserer Organe.

Legen wir also einen Zimmergarten an. Platz ist in der kleinsten Wohnung. In leichten Kisten, in alten Blechdosen, gereiht oder gehängt, lassen sich Samen in 12 Tagen zu einem heilenden und energiereichen Grünkraut züchten. Im Blattgrün lagert die unbändige Kraft der Sonne. Als grünes Pigment können wir uns diese Energie einverleiben — wie seit Jahrtausenden.

Das Zwölf-Tage-Kraut wird die Sterilität aus den Räumen verbannen, und wir können aufatmen. Grünpflanzen geben uns den ganzen Tag Sauerstoff.

Packen wir die Chance zum Überleben: Rückbesinnung auf die Natur — ihre Entdeckung im Kleinen. Jetzt geht's nicht mehr um die Selbstverwirklichung der späten siebziger Jahre, das eigene Seelenheil zu finden, die Bewußtseinsveränderung nach innen.

Was nützt es, wenn ich mich immer mehr abkapsele, aber meine Umwelt sich so unvorstellbar verschlechtert? Es kommt darauf an, sich nach außen zu öffnen und praktisch das anzugehen, was getan werden muß.

Eine sanfte Revolution beginnt. Lassen wir uns vom Zimmergarten finden.

Diese leiblich-seelische Erfahrung entfaltet unsere Sinne zur Wiederverzauberung unseres Planeten. Er ist mehr als eine Ressource.

Was macht das Kraut so grün?

Der Hauptbestandteil des Blattgrüns ist ein grüner Farbstoff, das Chlorophyll. Sein chemischer Aufbau ist dem des roten Blutfarbstoffes, dem Hämoglobin, ähnlich. Chlorophyll enthält als Zentralatom Magnesium, das Hämoglobin Eisen.

Mit Hilfe der Sonnenenergie synthetisiert das Chlorophyll aus dem Kohlendioxyd der Luft und aus Wasser die Bausteine der Pflanzen und damit die Bausteine des Lebens: Kohlenhydrate (Zucker, Stärke und Cellulose), Fette und Eiweiß. Bei diesem Vorgang atmet die Pflanze Sauerstoff aus und versorgt uns dadurch mit dem wichtigsten Element für unsere Existenz. Dieser geheimnisvolle Vorgang, der bis heute noch nicht geklärt ist, wird als Photosynthese bezeichnet.

Bei den Synthesen dieser Bausteine des Lebens spielen auch die Mineralstoffe, die die Pflanze dem Boden entnimmt, wie Phosphate, Kalium, Magnesium, Calcium, Spurenelemente, Nitrate, eine entscheidende Rolle.

Weitere lebenswichtige Stoffe wie Enzyme, Vitamine zum Aufbau und auch Abbau der Pflanzensubstanz entstehen auf noch meist ungeklärte Weise. Auch für diese Synthesen ist Energie notwendig: die der Sonne.

Vor vielen Jahren schrieb William L. Laurence in einem Artikel über Pflanzengrün: »Chlorophyll ist die einzige in der Natur bekannte Substanz, der die Fähigkeit innewohnt, als ›Sonnenlicht-Sammler‹ zu wirken und die aufgefangene Sonnenenergie in der Pflanze zu speichern. Ohne dieses Phänomen wäre kein Leben möglich. Von der Sonne erhalten wir die Energie, die wir zum Leben brauchen, gespeichert in der pflanzlichen Nahrung oder im Fleisch des pflanzenfressenden Tieres. Auch die aus Kohle oder Öl bezogene Energie ist Sonnenenergie, die vor Millionen von Jahren durch das Chlorophyll in Pflanzen aufgefangen wurde. Wir leben von der Sonne durch die Vermittlung des Chlorophylls.« Es ist wohl nicht besser auszudrücken.

Zusammenfassung

1. Chlorophyll enthält lebendige Bausteine, die sich zum großen Teil der chemischen Analyse entziehen. Ihr biologischer Wert läßt sich bis jetzt nur durch die heilenden Wirkungen an Lebensvorgängen beweisen. (S. Untersuchungen der amerikanischen Forscher Potenger und Simon im Buch »Lebendige Makromoleküle«.)
2. Durch das Chlorophyll wirken Vitamine und Enzyme.
3. Chlorophyll ist »der Blutfarbstoff des Pflanzenlebens«. Es ist dem Molekül des roten Blutfarbstoffes, dem Hämoglobin, ähnlich.
4. Chlorophyll absorbiert Sonnenenergie und benützt sie auf noch weitgehend unbekannte Art für die Produktion von Zucker, Fetten und Eiweißstoffen.
5. Chlorophyll ist lebende Nahrung.

Chlorophyll

Hämoglobin

Chlorophyll für die Gesundheit

Die Erkenntnis, daß grüne Kräuter Kraft und Gesundheit spenden, ist uralt. Wir finden Anhaltspunkte in Vegetationsmythen und Märchen. Medizinmänner und Heiler in aller Welt wußten von dieser elixierhaften Wirkung der grünen Blätter. Ihre Anwendungen und Wirkungen sind durch die Geschichte der Heilkräuter überliefert. Hildegard von Bingen hinterläßt uns in ihren Schriften den Begriff »Viriditas«, Grünkraft, um die sie ihre Heilkunde entwickelt hat. Die grüne Kraft wirkt nicht nur in der Vegetation, sondern auch in uns. Hildegard schreibt: »Die Seele ist die grünende Kraft des Leibes. Die Seele wirkt mittels des Leibes und der Leib mittels der Seele.« Und an einer anderen Stelle: »Weitherzigkeit, Gelassenheit und Liebe kennzeichnen die Seele des in Grünheit lebenden Menschen.« Hier wirkt ihre Aussage wie eine mahnende Botschaft an unsere Zeit; und der Volksmund meint:

Grün ist die Hoffnung.

Die Bedeutung des grünen Pflanzenfarbstoffes für die Behandlung vieler Krankheiten ist schon vor Jahrzehnten von hervorragenden Wissenschaftlern wie Bürgi, Willstätter, Gsell, Gordonoff und in den USA von Dr. Ann Wigmore, Bernhard Jensen und vielen anderen erkannt und in ausgedehnten Untersuchungen nachgewiesen worden. Die Forschung hebt immer wieder die auffallende Ähnlichkeit des molekularen Aufbaus von Chlorophyll und Hämoglobin hervor. Nichts beeinflußt unsere Gesundheit und unser Leben mehr als die Qualität unseres Blutes. Grundlage dafür ist Nahrung mit Blattgrün.

Chlorophyll ist im Organismus »Baumaterial« für den Blutfarbstoff. Es regt zur Blutbildung an, stimuliert den Kreislauf, stärkt und reinigt. In konzentrierter Form wirkt Chlorophyll leicht blutdrucksteigernd, in verdünnter Form schwach blutdrucksenkend. Es wirkt spasmolytisch (krampflösend) und bei Arteriosklerose der Anreicherung von Cholesterin entgegen. Selbst bei längerer Anwendung ist Chlorophyll nicht toxisch. Die Atmung, unser Grundumsatz, die Darmbewegung und der Eiweißstoffwechsel werden gesteigert.

In einem Artikel des amerikanischen Magazins »Science Newsletter« berichten Wissenschaftler über 1200 registrierte Fälle, in denen Chlorophyll tiefliegende Infektionen bekämpfte, offene Wunden reinigte, chronische Stirnhöhlenvereiterungen und allgemeine Erkältungen heilte. Noch bemerkenswerter ist, wie schnell und wirkungsvoll dies geschieht, ohne die typischen beeinträchtigenden Begleiterscheinungen der meisten Antiseptika.

Der Heiler Chlorophyll ist mächtig und mild zugleich, vernichtet Keime und schont das Körpergewebe.

Aus der gleichen Studie geht hervor, daß Chlorophyll der Peritonitis und Gehirntumoren entgegenwirkt (s. Anhang: Bernhard Jensen).

Dr. Ann Wigmore, Leiterin des Hippocrates-Health-Institute in Boston, Mass., übernimmt sogar den Versuch, Krebserkrankungen mit Chlorophyll (Weizengrassaft) zu heilen. Sie berichtet über die entgiftende Kraft des Chlorophylls im Weizengras und beschreibt, daß einige Halme Gras verseuchtes Wasser neutralisieren und auch Weizengrasbüschel vor dem Fernseher die negativen Strahlen auffangen. Leider wissen wir ja noch sehr wenig über die schädlichen Ausstrahlungen von Radar, TV und die radioaktive Abluft aus Atomkraftwerken.

Es wird vermutet, daß Chlorophyll in der Lage ist, Blei aus dem Organismus zu entfernen. Grünkraut ist nicht nur Lebensmittel: Es ist Überlebensmittel.

»Jede Pflanze kann aus der sie umgebenden Niederspannungsenergie eine Art Hochspannungsenergie erzeugen. Durch diese Energieumwandlung spannt sie eine Feder, die andere Lebewesen mit Nahrung und Kraft versorgt.« (Gustave Le Bon, 1919)

Nehmen wir diese strahlende Lebendigkeit, die nur in grünen Kräutern so intensiv wächst. Sie ist existentiell.

Zusammenfassung

- Chlorophyll reinigt das Blut. Es spült Ablagerungen und Gifte aus dem Körper.
- Chlorophyll hemmt Entzündungen und schafft ein für Bakterien ungünstiges Klima, ohne direkt auf das Gewebe einzuwirken.
- Chlorophyll desinfiziert und heilt Wunden.
- In verdünnter Form senkt es den Blutdruck und

- in konzentrierter Form wirkt es leicht blutdrucksteigernd.
- Bei Arteriosklerose wirkt es der Anreicherung des Cholesterins entgegen.
- Es lindert Schmerzen und entkrampft.
- Es klärt den Atem und beseitigt unangenehmen Körpergeruch.
- Es reinigt und verschönt die Haut.

Machen wir uns diese Erkenntnisse zu eigen: Wenden wir uns dem grünen Kraut zu! Nichts wächst einfacher als das Grünkraut aus dem Zimmergarten.

Der Zimmergarten

»Wer einen Tag glücklich sein will, trinke
Wer eine Woche glücklich sein will, schlachte ein Schwein
Wer ein Jahr glücklich sein will, heirate
Wer immer glücklich sein will — der werde Gärtner.«   CHINA

Leben — Überleben heißt für uns Städter, den Betondschungel zu begrünen und die Zimmer in fruchtbringende Gärten zu verwandeln. Hinter tausend Usambaraveilchen und exotischen Zimmerpflanzen verbirgt sich unsere archaische Sehnsucht nach Wald und Wiese.
Es ist nicht schwer, auf kleinstem Raum einen Zimmergarten anzulegen, Gärtner zu werden. Ein Hoffnungsstrahl und eine Chance, die Aufgaben unserer Zeit im Kleinen und mit eigenen Schritten anzugehen.
Machen wir die Fensterbänke frei für die 12-Tage-Kräuter, die wir säen und ernten. Wir haben genug Zeit dazu. Die Dauerklage »keine Zeit zu haben«, ist sehr oft nur vorgeschoben, weil wir für dieses oder jenes keine Zeit haben *wollen*. Innere Ablehnung zeigen wir durch Müdigkeit. Wer seinen Garten bejaht, entscheidet sich für seine bewußte und wache Lebenszeit.
Schon nach 12 Tagen können wir unsere Teller entscheidend be-

reichern. Das Grünkraut aus dem Samen der Sonnenblume, des Bockshornklees, des Buchweizens, des Senfs, der Kresse, des Rettichs und der Luzerne sprießt uns zu und weckt unsere Sinne. Betrachten, Riechen, Schmecken, Fühlen, eine ganzheitliche Ernährung fordert unsere Sinne heraus!

»Zum Sehen geboren — zum Schauen bestellt« und, so möchte ich es im Sinne dieses Buches fortsetzen, »zum Säen geboren und Ernten« bestellen wir, was wir über 12 Tage wachsend und mit ihm wachsend erleben. Wir sind zum Gärtner geboren. Lassen wir wachsen!

Und ganz nebenbei:

Durch eine Lupe suggeriert uns der Liliputgarten Zauberlandschaften. Für die müden Fernsehaugen der Stadtkinder eine Reise in den Mikrokosmos — live. Am Kleinen üben, das Große zu sehen.

Die Praxis des Zimmergartens

Wasser

Mit der Verdrängung der heidnischen Götter, der Mutter Erde, der Erntegöttin, des Sonnengottes, des Gottes der Meere, der Waldgeister und Elfen und der Etablierung des Christentums, mit dem »Menschen als Krönung der Schöpfung«, hat eine Entwicklung begonnen, in der der Mensch die Natur nur noch als Ressource mißbraucht.

Diese Lebensweise hat zu einer ungeheuren Umweltverschmutzung und Verarmung geführt, deren eklatante Folgen wir nur mit einer neuen und persönlichen Initiative Herr werden können.

Uns ist Wasser scheinbar unbegrenzt verfügbar und damit viel zu gering geachtet. Es ist in höchstem Maße gefährdet, denn jede Verschmutzung nimmt ihren Weg in seine Reservoire. In alten Kulturen war Wasser Mangelware und zugleich Lebensspender ersten Ranges und damit heilig.

Schauen wir nur einmal auf die kargen Mittelmeerlandschaften, die trockenen Steppen, die Wüsten und denken wir an den Monsun in Indien, den »heiligen Regen«, der über Leben und Tod der Menschen entscheidet.

In den europäischen und amerikanischen Industrieländern wird nicht nur die fehlende Menge Probleme schaffen, sondern die zunehmende Verschmutzung. Die Schäden, die das Wasser genommen hat, werden in erster Linie durch Schwermetalle wie Zink, Cadmium, Blei und Nickel und durch Stichstoffverbindungen wie Nitrat und Ammonium verursacht. Die meisten der in den Industrieländern angebauten Nutzpflanzen (Getreide, Sonnenblumen etc.) sind in der Lage, die Schadstoffe des Bodens und Wassers zu absorbieren, d. h. in Halmen, Wurzeln und Blättern abzulagern. Damit bleibt die Frucht bzw. die Ähre weitgehend schadstofffrei, wobei allerdings die Schadstoffzufuhr aus der Luft und dem Regen nicht aufgehoben ist.

Anders ist dies beim 12-Tage-Kraut. Durch das Wachsen im feuchten Umraum können sich die im Wasser vorhandenen Schadstoffe auf den Pflänzchen ablagern.

Dem beugen wir vor! Nichts darf die Qualität unseres Grünkrautes in Frage stellen. Es gibt drei sehr einfache, aber effektive Maßnahmen für die Wasserqualität:

1. **Aktivkohlefilter (Brita-Filter)**

a) In Form eines Küchengeräts oder

b) als angeschlossener Aktivkohlefilter an den Wasserhahn. Die Kohle nimmt die Schadstoffe auf und das Wasser wird gereinigt. (Wichtig ist, den Aktivkohlefilter häufig zu wechseln, da sich die Aufnahmefähigkeit je nach Wasserqualität schnell erschöpft.)

2. **Biosmon**
   Ein reinigendes Mineralpulver aus dem Reformhaus.

3. **Weizengras**
   Eine Handvoll Gras in einem Eimer Wasser eine halbe Stunde ziehen lassen.

Dr. E. Thomas bestätigt Dr. Ann Wigmore den Befund, daß Chlorophyll im Weizengras die Toxizität von Fluornatrium, das als Rattengift und zur Reinigung des Trinkwassers benutzt wird, neutralisiert: Da Weizengras verhältnismäßig reich an Calciumphosphat ist, wird das negativ geladene freie Fluorion als schwerlösliches Calciumphosphatfluorid umgesetzt.

Erde

»*In der Natur stammt jede Nahrung aus abgelaufe-
nen Lebensvorgängen. Eines lebt vom Tode des anderen, von den Abfällen des anderen.*«

H. P. RUSCH

Boden und Pflanze: eine Lebensgemeinschaft. Fruchtbarer Boden
gibt der Pflanze Nahrung.
Um den Kreislauf zu wahren, verbleibt ein Teil zur Humusbil-
dung im Boden — Geben und Nehmen.
Millionen verschiedener Kleinstlebewesen bauen die zurückge-
bliebenen Pflanzenteile ab.
Wo finden wir solchen Boden? Helfen wir uns selbst!

Kompostieren auf kleinstem Raum

Zubehör:

1. Erde ohne jeden chemischen Zusatz aus Gärtnereien.

2. Ein übergroßer Abfalleimer, besser zwei (ich benutze einen Eimer mit Rädern, das ist sehr praktisch).

3. Regenwürmer aus Zoohandlung oder Versand (sie vermehren
   sich schnell und es bleibt bei einem Einkauf).

Wir legen mit Hilfe von Regenwürmern und Küchenabfällen
(bzw. später aus Resten unserer Anpflanzung) einen kleinen
Kompost an. Die Regenwürmer sind unersetzliche Helfer. Sie
durchkämmen den Boden, durchlüften ihn und bereichern seinen
Mineralgehalt. Es scheint unglaublich: Der Regenwurm ernährt
sich von der Erde und scheidet sie wertvoller wieder aus!

Fangen wir an

1. Eine gute Handbreit Erde auf den Grund des Eimers geben
   und 3 bis 4 Regenwürmer verteilen. (Wer noch nie einen Regenwurm angefaßt hat, sollte dankbar sein! Er darf ab sofort
   bei der Ökologie mitreden.)

2. Küchenabfälle auf die Erdschicht geben. Für den Anfang, sozusagen als Starter, sind zwei überreife Bananen sehr effektiv.

Das Kompostieren im Zimmer

Ab und
zu mit
einem Stock
Löcher bis
auf den
Grund
bohren.

Nach
6—8 Wochen
mit Torf
mischen.

und so
weiter ...

Abfall

Erde

Abfall

Erde

Abfall

Regen-
würmer

Erde

3. Diese mit Erde bedecken, ca. 2 Finger hoch, so daß kein Fruchtrest mehr zu sehen ist. Später können wir Reste unseres Zimmergartens, z.B. ein mattenartiges Wurzelwerk (Weizengrün) zerrupfen und hinzufügen.

4. So geht es weiter, Schicht um Schicht.

5. 3- bis 4mal pro Woche wird der Boden mit einem alten Besenstiel, den wir an verschiedenen Stellen bis zum Grund bohren, durchlüftet.

6. Der Deckel des Eimers muß zur Luftzufuhr immer lose aufliegen oder an mehreren Stellen durchbohrt werden.
Wenn das Gefäß gefüllt ist, dauert es 6 bis 8 Wochen, bis die Erde sich umgesetzt hat. (Dies gilt für Zimmertemperatur, draußen dauert es entsprechend länger oder im Sommer kürzer.)

Merke: Gleichmäßige Temperatur von ca. 20°C.
Gute Durchlüftung durch Stochern und offenen Deckel.
Nur Reste von organisch gewachsenem Gemüse verwenden.

Die so entstandene Vollwerterde wird im Verhältnis 1:1 mit Torf gemischt, damit in unserem Winzlingsgarten für Durchlüftung der Erde gesorgt ist und sich die Feuchtigkeit im Torf gut hält.
Nun haben wir »an Boden gewonnen«, ideal für das Erwachen und Wachsen der Saat. Alles kann umfassend aufeinander wirken.

> *»Kuhmist ist wichtiger als Dogmen.«* MAO

Ein Geschenk an andere, die draußen einen Garten haben! Wurzelreste des Zimmergartens im Abfall sind ein Jammer. Wer sie nicht zur Aufwertung des Minikomposts verwahrt, sollte sie an einen Gartenfreund weitergeben. Es gibt kaum eine Gartenerde, die sich nicht durch das Wurzelwerk aus dem Zimmergarten regenerieren ließe. Mit der Wurzelmatte des Weizengrüns läßt sich der Boden abdecken — wie Blätter im Herbst. Sie fördern die Mikroexistenz im Boden und bilden Humus. Die Matten werden nie eingegraben, bestenfalls untergefächelt.

Quellennachweis:

Regen- und Kompostwürmer
Zuchtfarm Bernd Feinen
5207 Rupp. Winterscheid
Am Hohenstein 10

Saatgut

Im Zimmergarten benötigen wir einen naturreinen Samen von höchster Keimfähigkeit und natürlicher Widerstandskraft. Der Samen ist gezüchtet auf die kurze Wachstumszeit hin, besonders hoch ausgestattet mit Nahrungsvorrat für die Hydrokultur, die keinen Boden unter den Füßen hat. Draußen im Feld und im Garten liegt der Samen im lockeren, gut durchlüfteten Erdreich. Hier versorgt er sich nicht nur mit dem Nahrungsangebot der Erde, sondern holt sich direkte Sonnenenergie und unverbrauchten Sauerstoff.
Im Zimmergarten wird sehr feuchtwarm angekeimt und dicht gesät. Nur ein speziell gezüchteter Samen kann sich diesem Milieu anpassen. Jeder »schwache« Samen, vor allem nichtkeimende, beginnen zu faulen und es kommt zu Schimmel und Pilzbildung.
Ich empfehle die Saat aus dem Reformhaus, die für Sprossen und Zwölftagekräuter gezüchtet und von mir überprüft worden ist. Samen aus dem Fachhandel sind gegen Ungeziefer mit Chemikalien gebeizt und sind selten naturrein.
Es ist klar, daß jede Chemikalie des Samens in der Feuchtigkeit des Ankeimungsprozesses in den Schößling dringt und sich nicht mehr abbaut.

Merke: Wir nehmen weder Getreidekörner (Eßqualität) noch Senfkörner (Würze) noch Sonnenblumenkerne (Vogelfutter) für die Aussaat im Zimmergarten. Sie haben eine ungeprüfte Keimfähigkeit.

Bitte:

Verwahren wir doch Samen, die vom Fruchtfleisch umschlossen waren, z. B. aus Gurken, Kürbissen, Tomaten oder Paprika. Sie werden sorgfältig gewaschen und getrocknet. Auf diese Weise lernen wir Saatgut zu würdigen.

Lustig verpackt ist dieser Samen ein originelles Geschenk für einen Gartenfreund. So »verwahren« wir Lebendiges und praktizieren Ökologie »en miniature«.

Die Aussaat

Zur Anpflanzung eignet sich jedes flache Behältnis, ein altes Backblech, ein Tablett, kleine Holzkistchen vom Gemüsemann, mit genügend Löchern zur Durchlütung.

1. Die Fläche wird mit durchlöcherter Plastikfolie abgedeckt, darüber kommt eine Schicht Zeitungspapier. Das erspart Säuberungsarbeit und saugt überschüssiges Gießwasser auf.

2. Wir verteilen die Torf-Erde-Mischung (Verhältnis 1:1) ca. 4 cm dick gleichmäßig auf dem Zeitungspapier.

3. Wer seine Hände schützen möchte, wird Handschuhe tragen, aber es ist ein wunderbares Gefühl, Erde mit den Händen zu ertasten, Torfstücke zu bröseln und alles gut zu mischen.

4. Mit einem Wäschesprenger wird die Erde gut durchfeuchtet. Vorsicht: Keine Pfützen! Zu nasse Erde ist besonders im Winter ein Starter für Mehltau und Pilz.

5. Die vorgekeimten Samen (s. Beschreibung der einzelnen Samen) werden dicht an dicht auf dem Erdbett verteilt. Nebeneinander, nicht übereinander.

6. Wir wässern Zeitungspapier und legen es glatt über den Samen, damit er feucht bleibt.

7. Wir schieben das Pflanzenbeet in einen undurchsichtigen Plastiksack, leicht verschlossen, damit Luft eintreten und zirkulieren kann, oder wir durchlöchern den Sack.

8. Der Samen entwickelt sich mehr oder weniger schnell, je nach Sorte, im Tütentreibhaus. Umgeben von gleichmäßiger Wärme (ca. 21°C), Feuchtigkeit und Sauerstoff.

Der Anbau mit Erde

fertige Pflänzchen
muß nur
noch wachsen
Licht!

dann:
für ca. 3 Tage
mit dunklem
Plastik abdecken
Luftlöcher!

feuchte
Zeitung

eingeweichte
Samen

Torf/Erde-
Mischung

darüber:
Zeitungs-
papier

Plastik
auf den
Boden

Tablett oder
Kistchen
zum Beispiel

9. Nach 3 Tagen holen wir unsere Aussaat heraus. Die kleinen Schößlinge tragen ihre Samenhülsen wie Kappen. Sie können sie nicht abstreifen, da sie nicht mit Erde bedeckt werden.

10. Von nun an werden die Pflanzen täglich ca. 2mal befeuchtet, bis zur Ernte.
(Im Sommer, wenn die Außentemperatur 21°C übersteigt, müssen wir die Feuchtigkeit besonders beobachten. Das bedeutet Nachfeuchten und gute Sauerstoffzufuhr im Minitreibhaus in den ersten drei Tagen.)

Licht und Wärme

Wir suchen einen Platz mit höchstem Lichteinfall. Die Assimilation des Lichtes verhilft unseren Pflanzen zu Aufbaustoffen. Ein Fensterbrett ist ideal. Die Nähe zum Licht ist entscheidend, wobei eine Ost-, West- oder Südlage gleichermaßen gut ist. Das Pflanzenleben entwickelt sich entsprechend der Helligkeit. Lichtmangel schafft nicht nur faden Geschmack und bleiche Farbe, sondern verhindert auch die nährende Fülle durch die Grünung.
In der kalten Jahreszeit reicht das natürliche Licht nicht aus. Wir helfen elektrisch nach (z.B. mit der Osram-FLUORA-Leuchtstofflampe). An besonders dunklen, grauen Wintertagen beleuchte ich meine Pflanzen bis zu 6 Stunden. Im Sommer, oft auch schon im Frühling, ist es notwendig, die Pflanzen vor einem Übermaß an Licht zu schützen. Mit dunkler Plastikfolie läßt sich jederzeit ein zu starker Lichteinfall dämmen. Es gibt Spezialfolien, die Lichtstrahlen filtern.
Zu guten Lichtverhältnissen gehört gleichmäßige Wärme (18 bis 21°C). Sie ist im Winter, vor allem wenn die Pflanzen am Fenster stehen, schwierig zu halten. Denken wir daran, daß Pflanzen — wie wir — Kälte, Durchzug und vor allem Lieblosigkeit spüren.

Wasserversorgung

Wir brauchen das rechte Maß. Das Wasser transportiert die Nährstoffe in Stengel und Blatt und pumpt sie sozusagen auf. Nur die mit Wasser gefüllte Pflanzenzelle arbeitet. Die aufrechte Gestalt und ihren »inneren Halt« verdankt die Pflanze der Flüssigkeit, mit der sie sich dem Licht entgegenstreckt.

Nach der Selbstversorgung mit Feuchtigkeit in der Plastiktüte (durch das angefeuchtete Zeitungspapier) gießen wir unsere Pflanzen täglich ca. zweimal mit zimmerwarmem Wasser. Wie wir aus Liebe zu uns selbst unsere Mahlzeiten regelmäßig einnehmen, sollten wir auch unsere Pflanzen immer zur gleichen Stunde versorgen.

Merke: Die Erde soll stets feucht, doch nie naß sein.

Licht, Temperatur, Feuchtigkeit und Sauerstoff — die richtige Dosierung ist für den Anfänger schwierig. Allzuviel ist ungesund. Die Pflanzen sind von unserer Intuition abhängig. Es gibt keine Regeln, nur wegweisende Anhaltspunkte. Das Geheimnis liegt in unserer Liebe und Aufmerksamkeit.

> *»Wenn ich einen grünen Zweig im Herzen trage, wird sich ein Singvogel darauf niederlassen.«*
>
> CHINA

Zusammenfassung

1. Der Same wird, je nach Größe, 3 bis 10 Stunden eingeweicht.

2. Das Wasser wird abgegossen und der Same im feuchten Milieu eines Keimgerätes drei Tage vorgezogen (s. Rose-Marie Nöcker: »Körner und Keime«, Heyne-Taschenbuch Nr. 07/4362).

3. Die vorgekeimten Samen werden auf die gut angefeuchtete Erde gelegt.

4. Drei Tage in einem Plastiksack mit Luftlöchern, sorgt feuchtes Zeitungspapier für notwendiges »Naß«.

5. Am Tag nach der Ankeimung wird die Pflanzschale herausgenommen.

6. Durch Licht, Sauerstoff und Wasser gedeiht unser Grünkraut prächtig. Vorsicht, kein Durchzug!

7. Wir ernten nach 10 bis 14 Tagen.

Der Anbau ohne Erde

Wer wenig Zeit hat oder die Erdarbeit zu aufwendig findet, kann das Grünkraut auf Watte, Molton oder Fließpapier wachsen lassen. Meiner Erfahrung nach garantieren diese Anbaumethoden keine gleichmäßige Durchlüftung und keine balancierte Aufnahme von Wasser. Es kommt zur Bildung von Mehltau und Schimmel.

Ideal und von mir ausprobiert ist das neue Hydro-12-Gerät der Firma Biokosma. Hier werden die Pflanzen durch einen mit Schlitzchen versehenen Kanal, der in der Deckelmitte liegt, gegossen und gespült. Jede Schimmel-/Pilzbildung wird fortgewaschen. Die Wurzeln liegen, wenn sie die Perforierung der Pflanzschale passiert haben, im luftumspielten Raum, bevor sie mit den Spitzen ins Wasser tauchen und sich vollsaugen.

Das neue, gut durchdachte Gerät macht andere Anbaumethoden fragwürdig. Hinzu ist es aus speziellem lichtdurchlässigem, spülmaschinenfestem Acrylglas. Es garantiert die notwendige Sauberkeit, die im Zimmergarten Voraussetzung ist.

Das Hydrogerät besteht aus 3 Teilen:
1. Eine grüne Wasserschale. Die Einfärbung bringt den Wurzeln gedämpftes Licht, wie in der Erde, und verhindert gleichzeitig die Trübung des Wassers.
2. Eine Schale für die Keimlinge mit durchlöchertem Boden.
3. Einen Kuppeldeckel mit einem vertieften Deckelgriff, der gleichzeitig Ansatz und Öffnung ist für die Spülung und Wässerung im Gerät. Der Halbkugeldeckel vervielfältigt durch seine große Oberfläche den Lichteinfall.

In diesem Gerät herrscht ein idealer Sauerstoff- und Feuchtigkeitskreislauf. Wasser verdunstet und kondensiert an der großflächigen Deckelwandung.

Die freie Luftzirkulation im Gerät balanciert Feuchte und Wärme und sorgt für das Abziehen von Umwandlungsstoffen, die bei Keimung und Chlorophyllbildung frei werden.

Wir gehen vor wie im Erdgarten:
1. Die 3 Tage vorgekeimten Samen werden in der durchlöcherten Pflanzschale ausgebreitet. Bitte nicht zu dicht säen, nebeneinander, nicht übereinander.

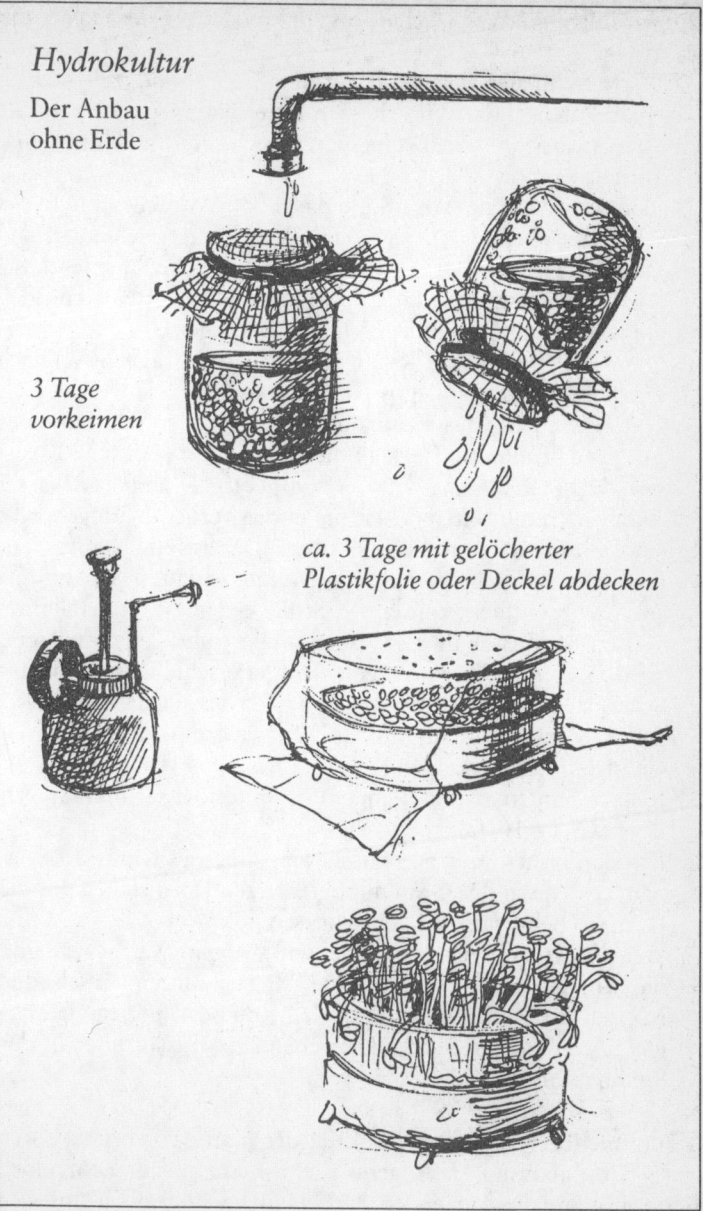

Hydrokultur
Der Anbau
ohne Erde

3 Tage
vorkeimen

ca. 3 Tage mit gelöcherter
Plastikfolie oder Deckel abdecken

2. Wir füllen die Wasserschale bis zur Unterkante der Löcher mit Wasser.

3. Wir verschließen das Gerät mit dem Deckel und stellen es an einen guten Platz. Wir schützen unsere Pflanzen vor direkter Sonneneinstrahlung. Erinnern wir uns daran: Pflanzen sind Wesen.

   Jede Veränderung beeinflußt das Pflanzenwachstum. Es ist GUT, das Gerät, den Zimmergarten, immer wieder an den gleichen Platz zu stellen und die Pflanzen beobachtend, sie wieder in die gleiche Lichtposition zu bringen. Neigen doch Stengel und Blatt sich der Helligkeit entgegen.

4. Das heranwachsende Kraut wird 1—2mal täglich, je nach Zimmertemperatur, gegossen und gespült.

   Dazu fassen wir das Gerät mit beiden Händen und halten es mit der Öffnung im Deckel unter den vorher geöffneten Wasserhahn. Der Hahn ist nur wenig geöffnet, und das Wasser rinnt durch die Seitenlöcher, die in der Vertiefung angebracht sind, brauseartig über die Pflanzen. Das ist eine sanfte Spülung und Berieselung, die ca. $1/2$ Minute andauert. Überschüssiges Wasser fließt durch die Schlitze der Wasserschale ab. Sollte das Wasser in der Wasserschale trübe geworden sein, wird es durch diesen Vorgang ausgetauscht. Durch leichtes Schrägstellen des Gerätes kann der Wasserspiegel im Wassergerät gesenkt werden, und das Wasser wird beim Zurückstellen nicht überschwappen.

5. Je nach Samenart und Temperatur erntet der Grünkrautgärtner nach 8—10 Tagen.

6. Um den besten Nutzen von der Ganzheit des Krautes zu haben, ernten wir das Grün mit der Wurzel. Dazu ziehen wir die Pflanzen behutsam aus der Pflanzschale.

7. Wer die Wurzeln nicht mitessen will — beim Weizengras sind die Wurzeln hart — schneide die Pflanzen mit einem scharfen Messer, gebe die Wurzeln auf den Kompost und reinige das Gefäß mit milder Seife und kochendem Wasser oder in der Spülmaschine.

Wenn auch der Anbau in der Erde der Natur entspricht, so ist doch der Anbau im Hydrogerät sehr zu empfehlen. Zehrt doch der Schößling in den ersten 14 Tagen hauptsächlich aus den

Kraftreserven seines Samens, durch Sauerstoff, Licht, Wasser und Wärme. Erst im späteren Pflanzenwachstum nimmt er entscheidendes »Baumaterial« aus dem Boden.

Das Gerät ist den Bedingungen des natürlichen Wachstums nachempfunden. Es ist vor allem ein Genuß für unser Auge: »Tautropfen« perlen vom gewölbten »Himmel«. Das grünweiße »Glashaus« atmet Natur. Wenn die sattgewachsenen Sonnenblumenschößlinge das Kuppeldach heben, ist jeder Blumenschmuck überflüssig.

Ernte

Wer noch nie Gärtner war, wird dem ersten Erntetag mit besonderer Spannung entgegensehen. Welch ein Reichtum quillt uns entgegen. Der neugewonnene »Frieden« mit der Natur scheint in Gefahr. Die Ernte trennt uns von den liebgewordenen Pflanzen. So ist nun mal der Kreislauf der Natur. Das eine lebt vom anderen.

Wir lösen die jungen Triebe vorsichtig aus dem Boden und essen sie möglichst mit der Wurzel. Außer beim Weizengrün. Es bildet eine mattengleiche Verwurzelung mit holzigem Geschmack.

Um aus unserem Zimmergarten die ganze Kraft zu ziehen, gehören die Wurzeln immer dazu. Die Inhaltsstoffe wirken nur in ihrer Ganzheit. Jede Lagerung beeinträchtigt die Lebendigkeit der Triebe. Die lebenden Substanzen und ihre Ausstrahlung leiden unter jeder Form des Eingreifens. Es gibt Kräfte in Pflanzen, wie z.B. Geruch und Geschmack, die recht subjektive Erfahrungen sind. Wenn wir begreifen, daß wir mit der Natur in einer Lebensgemeinschaft stehen, verhelfen uns ganz besonders die Zwölf-Tage-Kräuter zu tiefgreifenden Einsichten über unsere seit langem verdrängten Abhängigkeiten.

> »Es gibt keinen Unglauben. Wer jemals ein Samenkorn in die Erde gelegt und es hat aufgehen sehen, der glaubt an Gott.«
>
> ELISABETH YORK CASE

Die Küche der 12-Tage-Kräuter

Lebendige Nahrung

»In der Nahrungskette des Menschen ist etwas Grünes der Anfang.«

»Wir verhungern an überladenen Tischen«, heißt es, unsere Nahrung ist voller Schadstoffe, denaturiert und leer.
Damit nicht genug: Durch Lagern, Erhitzen, Einfrieren und überkochen töten wir das Lebendige. Bis zu 85 % des Nährwertes verkocht z. B. das hochgelobte Eiweiß, für das wir soviel ursprüngliche Nahrungsenergien opfern (»denn alles Fleisch ist Gras« oder 1 kg Fleisch = 16 kg verfütterte Energie: Weizen und Soja). Schlimm ist der Verlust der Enzyme durch den Kochprozeß. Unser Stoffwechsel ist von ihnen abhängig. Sind sie doch die Katalysatoren, die Anmacher der Körperchemie. Sie ermöglichen die Aufnahme der Vitamine und die Entwicklung körpereigener Enzyme, die Spaltung der Proteine, ja, die ganze Verwertung unserer Lebensmittel mit ihren Inhalten. Nahrungsmittel ohne Enzyme werden nicht ausgenützt und belasten. Schließlich entstehen Ablagerungen.
Wir müssen die Wirkkraft des Lebendigen in unseren Nahrungsmitteln wahren und das Natürliche so natürlich wie möglich sein lassen. Zwölf-Tage-Kräuter werden für uns zum Lebenselixier — zum Jungbrunnen, wenn wir ihren Zellverband und die Strahlkraft des grünen Blattes erhalten. (Das heißt auch für die Entsaftung, die schonendste Form, die geringste Umdrehung im Mixer wählen.) Es gibt viele Kräuter mit einem hohen Heilwert, aber kaum eines wächst in so kurzer Zeit, das ganze Jahr über und garantiert giftfrei, aus eigener Zucht.
»Die Moleküle sind durch Lichtladungen lebend geworden. Sie zeigen in diesen angeregten Zuständen Pulsationen und Fluoreszenz«, sagt Dr. J. Knuth in ihrer Doktorarbeit, »der Mensch als Teil der Ordnung im Universum.«
In Sprossen und dem 12-Tage-Kraut finden wir das komplexe Gefüge, das Nahrung zum Lebensmittel erhebt. Das steht im Gegensatz zum Boom der »grünen« Medizin aus »Gottes Apotheke«!

Woher kommen die getrockneten Kräuter, um den sprunghaft angestiegenen Bedarf nach Heilkräutern zu decken? Stammen sie nicht aus Importen hauptsächlich der Dritten Welt und wachsen sie nicht genau wie unser Industriegemüse? Antoine Illes berichtet in seiner Dissertation über Pflanzenmedizin, daß er an 270 Proben von Heilkräutern, die aus 4 Kontinenten stammen, Untersuchungen durchgeführt hat. Er stellte dabei 840 Pestizidrückstände fest. (Aus »Pflanzenmedizin« von Jean-Marie Pelt, Econ-Verlag.)

Darum müssen wir lernen, uns selber zu versorgen. Unsere knackfrischen Grünkräuter mit ihren ätherischen Ölen, heilenden Bitterstoffen und Vitaminen, Enzymen, Hormonen und Mineralien, stellen sich mit ihrer ganzen Wirkkraft und Lebendigkeit zu unserer Verfügung. Sie sind nicht getrocknet, überlagert und mit Chemie gewachsen. Vor allem verwirklichen sie das alte Geheimnis, daß die einzige dem Menschen angemessene Nahrung die sei, die in seiner nächsten Umgebung wächst.

Mit dem Grünkraut entwickeln wir ein neues Schmecken. Es erweitert unsere Geschmackssensibilität durch ein unbekanntes Bitter, ein erfrischendes Sauer, eine ungeahnte Milde und eine hitzige Schärfe. Die Vielfalt der Geschmacksvarianten läßt uns schmerzlich erkennen, wie sehr die auf Menge und Marktwert hingezüchteten Kräuter und Salate im Geschmack verarmt sind.

Doch werden wir intuitiv und gehen kleine Schritte. Jede Übertreibung rächt sich. Zuerst mischen wir das ungewöhnliche Grün in kleinen Portionen in Salate, Suppen, Eintöpfe, Eier und Körnermahlzeiten als Würze, bis ganz allmählich das Kraut ein meßbarer Bestandteil unserer Mahlzeiten wird.

Und im kleinen begreifen wir den Satz von Sheng Nung, dem chinesischen Kaiser, der Botaniker war, und der schon 3000 v. Chr. sagte: »Die Kraft deines Körpers liegt in den Säften der Pflanze.«

Die Bitterstoffe

Die Bitterstoffe aus unseren Zwölf-Tage-Kräutern bestehen aus den verschiedensten chemischen Verbindungen. Gemeinsam ist ihnen, daß sie uns Menschen bitter erscheinen und ihre Wirkstoffe für unseren Stoffwechsel Signale bedeuten, bestimmte Stoffe zu produzieren oder als innere Sekretion auszuschütten. Fehlen unserer Nahrung diese Bitterstoffe, so laufen bestimmte Stoffwechselvorgänge nicht so ab, wie sie ursprünglich angelegt sind.

Zum Beispiel: eine halbe Stunde nach dem Essen von Bitterstoffen bilden sich starke Magensekretionen.
Unsere Nahrungsmittel sind heute auf die weiche Süße programmiert und mit ihnen unsere Geschmacksnerven. Gurken, Chicorée — selbst die schöne Artischocke ist entschärft, durch Spezialzüchtung »entbittert«.
Allein zulässig sind noch Aperitifs, die die Sekretion der Magensäfte anregen sollen. Aber all diese Appetitmacher enthalten mehr oder weniger weißen Zucker, und ihre Bitterstoffe stammen aus der Aromafabrikation.
Aus dem Zimmergarten können wir alle Nuancen von Bitterstoffen ernten. Kresse, Rettich, Senf, der scharfe Bockshornklee sind taufrische Würze und liefern in naturverbundener Ganzheit das vorbeugende Heilkraut.
Unsere Geschmacksnerven entwickeln nach einer kleinen Zeit der Anpassung geradezu einen Heißhunger nach der »bitteren Pille« ... Recht so, der Körper weiß, was er braucht: und Bitteres wird süß.

Wirkung:

Bitterstoffe wirken auf die Magen- und Darmsekretion und die Peristaltik. Die Verdauung wird angeregt und schwere Mahlzeiten, die Sodbrennen oder Blähungen hervorrufen, werden ausbalanciert. Stimulierende Bittermittel haben eine resistenz- und leistungssteigernde Wirkung. Durch die Sekretionsförderung werden bei langfristiger Einnahme chronische Entzündungen des Nasen-, Stirnhöhlen- und Rachenraums geheilt.

Weniger Fleisch — Nahrung für alle

Fleisch war früher ein teures und seltenes Nahrungsmittel. Erst im Laufe des letzten Jahrhunderts, durch die Industrialisierung der Landwirtschaft, haben sich unsere Eßgewohnheiten verändert und das tierische Protein hat, trotz seiner alarmierenden Giftstoffe, einen überdimensionalen Stellenwert bekommen.

Der bekannte Ernährungsforscher Dr. A. Wearland beendet den mühsamen Streit, ob wir nun Früchte- oder Fleischesser sind, anhand seiner Untersuchungen, in denen er aufgrund des Aufbaus des Verdauungstraktes, der Kiefer- und Zahnbildung nachweist: Wir sind vom Ursprung her keine Fleischesser.

Im Verdauungstrakt von Tier und Mensch stellte er unterschiedliche Bakterienstämme fest. Gärungsbakterien zur Verarbeitung von tierischen Substanzen und Fäulnisbakterien für Pflanzenstoffe. Biologisch gesehen entfernen wir uns seit Jahrtausenden immer weiter von unserer ursprünglichen Natur; denn wir sind Allesesser geworden.

Das Welternährungsproblem, die Knappheit der Nahrungsmittel bei zunehmender Bevölkerung fordern eine Antwort. Wir fallen nicht gleich vom Fleisch, wenn wir uns langsam der tierischen Nahrung entwöhnen. Vielmehr entlasten wir unseren Verdauungsorganismus. Der Krieg zwischen Fäulnis- und Gärungsbakterien, der, wie Waerland sagt, der Grund für unsere Krankheiten ist, wird eingestellt zugunsten einer ausgeglichenen Darmflora.

Der gute Gesundheitszustand von rein vegetarisch lebenden Völkern, die aus religiösen Gründen oder durch die Gegebenheiten aus ihrer Umwelt kein Fleisch essen, widerlegt die Ansicht, daß eine vegetarische Kost gleichbedeutend mit einer Eiweißmangelernährung ist.

> *»15 Pfund Weizengras entsprechen in bezug auf ihren Nährwert 350 Pfund auserlesenem Gemüse.«*
>
> DR. E. THOMAS, USA

Regeln für das Essen von grünem Kraut

Lebensmittel sind Gottesgaben.
Bereiten wir eine Mahlzeit mit Herz und unserer ganzen Aufmerksamkeit!

1. Wir essen unsere Grünkost frisch geerntet und möglichst roh zu Beginn unserer Mahlzeiten.
2. Mit kleinen Portionen als Würze beginnend, steigern wir die Grünkrautmengen bis zum eigenständigen Salat.

3. Zur gegenseitigen Aufwertung der Wirkstoffe mischen wir viele verschiedene Salate.

4. Wir ergänzen Blattsalate mit möglichst zwei Gemüsearten, die jeweils in und über der Erde gewachsen sind.

5. Soll der Rohkostsalat Hauptmahlzeit sein, ergänzen wir ihn durch Nüsse, Körner und Sprossen.

6. Wir mischen Salatsaucen aus kaltgepreßtem Öl, Gemüsesäften, Sauermilcharten und etwas Zitrone.

7. Wurzeln, Knollen und Gemüse werden erst kurz vor dem Genießen geraspelt, in sehr feine Streifen geschnitten, oder mit größtem Vergnügen einfach abgebissen. Dazu gibt's dann und wann ein Löffelchen Sauce.

8. Unser Grünkraut aus dem Zimmergarten wird zur Erhaltung seiner Strahlkraft möglichst nicht geschnitten oder gehackt, sondern wenn überhaupt, gerupft.

9. Wir kauen bedächtig, bis die Kost gut eingespeichelt ist. Das entlockt Pflanzen wahren Geschmack und Wirkung.
Merke: »Trinke dein Essen und kaue deine Suppe.«

10. Wir essen zu getrennten Mahlzeiten Obst und Grünkost.

11. Zum gezielten Entschlacken und Aufbauen unseres Körpers sollten 50% unserer Nahrung roh gegessen werden.

12. Jede Kur, jedes ausschließliche Rohkostessen, muß mit einem Arzt abgesprochen werden.

13. Durch Rohes und Lebendiges essen wir weniger, wodurch sich unser Gewicht entsprechend unserer individuellen Gestalt normalisiert.

14. Diese Kost ist für unseren Körper und unsere Umwelt ökonomisch.

Vom Essen und Trinken

Kahlil Gibran
(zeitgenössischer indischer Philosoph)

... darauf sprach ein alter Mann, ein Gastwirt: »Erzähle uns vom Essen und Trinken.«

Und er sprach also:

»Ach! könntet ihr doch leben vom Duft der Erde und euch nähren am Licht, gleich einem Luftgewächse!

Aber da ihr gezwungen seid zu töten, um zu essen, und zu rauben dem Neugeborenen seiner Mutter Milch, um euren Durst zu stillen, so machet aus dem Zwang einen Akt der Verehrung.

Und euer Tisch sei ein Altar, auf dem das Reine und Unschuldige aus Wald und Fluß geopfert werde für das, was im Menschen noch reiner und unschuldiger ist.

Tötet ihr ein Tier, so spreche euer Herz zu ihm:

»Durch die gleiche Macht, die dich erschlägt, werd' ich erschlagen; und auch ich werde verzehrt.

Denn das Gesetz, das dich ausliefert meiner Hand, liefert mich einer mächtigeren Hand aus.

Dein Blut und mein Blut ist nichts als der Saft, der den Baum des Himmels nähret.«

Und zermalmt ihr einen Apfel unter den Zähnen, so spreche euer Herz zu ihm:

»Dein Same wird leben in meinem Körper,

Und deine Knospen von morgen werden aufblüh'n in meinem Herzen.

Und dein Duft wird mein Atem sein,

Und gemeinsam werden wir uns freun aller Zeiten des Jahres.«

Und im Herbste, wenn ihr die Trauben eurer Weinberge für die Kelter erntet, so spreche euer Herz:

»Auch ich bin ein Weinberg, und meine Trauben werden gelesen für die Kelter,

Und gleich neuem Wein werd' ich verwahrt in ewigen Gefäßen.«

Und im Winter, wenn ihr den Wein zapfet, sei ein Lied in eurem Herzen;

Und in dem Lied sei ein Gedenken an die Tage des Herbstes und an den Weinberg und die Traubenkelter.«

Suppen

Die gute Suppe gehört in die Grünkräuterküche wie der Rohkost-salat. Suppen sind die ideale Unterlage für Kräuter, eine weiche Basis, die unsere Würze in allen Nuancen wirkungsvoll entfaltet.

Die hausgemachte Suppe ist ein unübertroffener, schonender Magenschmeichler. Wer dächte da noch an Suppen, die früher ta-gelang auf dem Herd simmerten und, wie wir heute wissen, sich mit ihrem hohen Harnstoffanteil in reine Giftbrühen verwandel-ten.

Unsere Suppen sind blitzschnell angegarte Gemüsebrühen: Wir raspeln Gemüse genauso, wie wir das für Salate tun würden und kochen diese kurz an, vor eventuellem Andünsten. Das Wasser sollte immer gefiltert werden und nur doppelt soviel sein wie die Menge des Gemüses. Das angekochte Gemüse wird im Mixer zu Creme geschlagen und ist dann Suppe oder Fond, inhaltsreich und unvergleichlich im Geschmack. Sprossen und Würze der Grünkrautküche werden in Suppen sanft erwärmt, damit sie le-bendig bleiben. Wunderbarerweise gewöhnt sich selbst der Skep-tiker ganz leicht an die neue Kost, wenn sie als Suppe serviert wird. Für alte Menschen oder auch Magenkranke ist eine Gemü-sebrühe mit Frischkostanteil ein belebender Morgengruß, im Ge-gensatz zum Körnerfrühstück, ganz zu schweigen vom Kaffee.

Merke:

Gemüsefonds für die Kräuterküche sind geraspelte Gemüse, die in gefiltertem Wasser ganz kurz aufgekocht und dann im Mixer zu Creme geschlagen werden.

Am Beispiel von *Möhrensuppe:* Der Fond ist eine geschmackliche Ergänzung. Er kann darum aus einem anderen Gemüse bestehen (Lauch, Kohlrabi etc.).

Der Fond kann aber auch das Restwasser sein, in dem Kartoffeln, Nudeln, Getreide oder Spinat gekocht wurden.

Merke:

Haben wir Kräuter übrig, können wir ihre Frische über einige Ta-ge im Kühlschrank bewahren. Dazu wickle ich die Würze gut an-gefeuchtet in ein ausgewrungenes Leinentuch.

Grüne Säfte

Nichts ist täglich erquickender und wichtiger als ein kleiner frischer Gemüsesaft. Der therapeutische Wert ist durch das Chlorophyll besonders groß. Es geht sehr einfach:

Wir nehmen außer unserem Grün aus dem Zimmergarten alle erreichbaren Grünteile von Pflanzen (auch Sprossen) und schneiden sie sehr fein, um sie anschließend mit Flüssigkeit bei kleiner Umdrehung im Mixer zu zerkleinern.

Je nach Flüssigkeitsmenge und Konsistenz der Blätter erhält man Creme oder Saft.

Grünsäfte sind exzellente Zugaben zu Salatsaucen. Sie werden ganz langsam und anfänglich sehr unverdünnt getrunken. Immer eine halbe Stunde vor den Mahlzeiten, noch besser auf nüchternen Magen. Dann ist unser Körper ganz besonders aufnahmefähig.

Grüne Säfte lassen sich mischen mit:

Möhren
oder roten Beten
oder Sellerie
oder Tomate, Gurke, Zucchini, Paprika und auch Ananas.

Merke:
Pflanzensäfte werden immer sofort nach dem Pressen *frisch* getrunken.

Bockshornklee

Welch ein Geruch! Der flache, rautenförmige Samen dieses Hülsenfrüchtlers verströmt ein starkes Aroma. Sein lateinischer Name bestätigt die mediterrane Herkunft: Griechisches Heu. Seine Heimat ist Asien und in Ägypten galt er als Heilpflanze.

Die Gestalt erinnert an Klee. Die Blüten sind gelblich weiß. Ausgewaschen haben die Früchte säbelförmige Schoten und sind ca. 10 cm lang.

In Mittelmeerraum und Zentralasien wächst der Bockshornklee auch heute noch wild, und nördlich der Alpen wird er vereinzelt als Futterpflanze angebaut. Karl der Große (768 bis 814 n. Chr.)

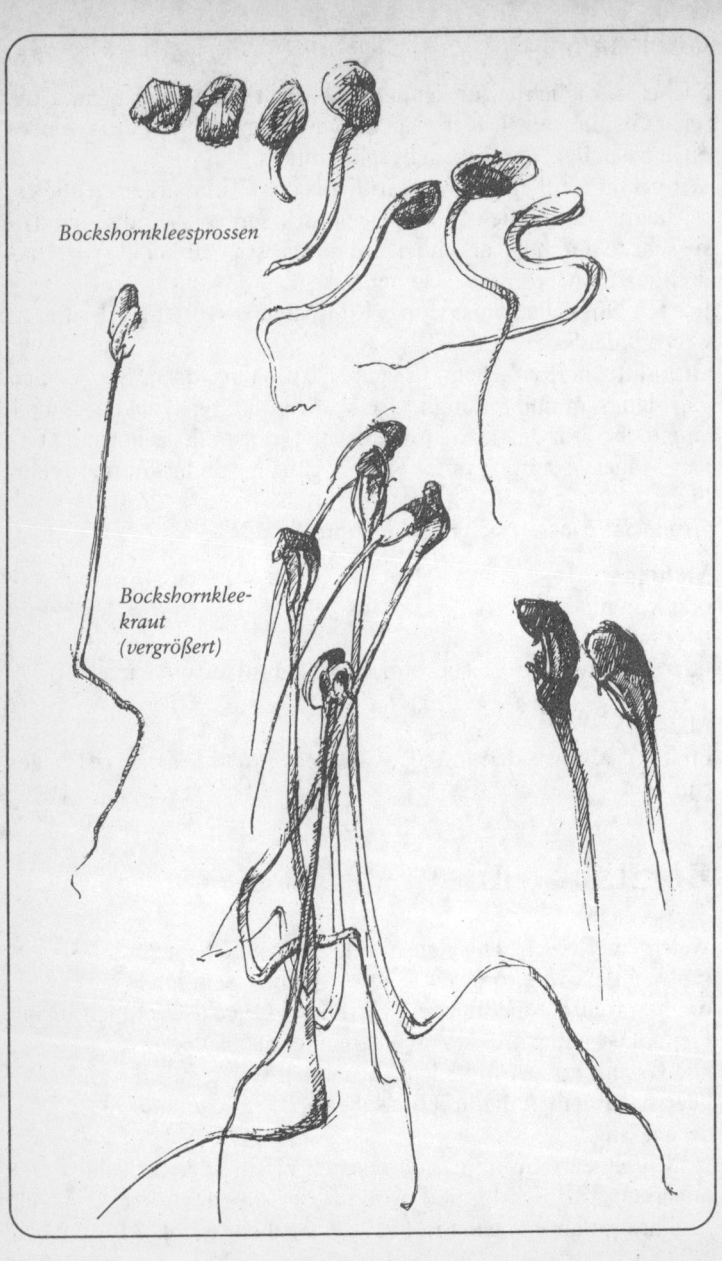

Bockshornkleesprossen

Bockshornklee-
kraut
(vergrößert)

befahl den Anbau der Heilpflanze in Wirtschafts- und Kloster-gärten.

Die Heilwirkung des Samens

1. Gemahlener Samen wird mit kaltem, abgekochtem Wasser zu einer Paste verrührt und auf ein Tuch gestrichen. Auf die Haut gelegt, heilt diese Furunkel, Drüsenschwellungen und Nagel-bettvereiterungen.

2. In kleinen Mengen eingenommen verstärkt Bockshornklee-pulver die Darmarbeit und die Peristaltik.

3. Neuerdings wird die altbekannte Heilwirkung von Bocks-hornkleepulver bei Diabetes wissenschaftlich bestätigt.

4. Bockshornklee-Tee/Zubereitung: In einem Viertelliter Wasser 2 TL Samenpulver aufkochen und 10 Minuten ziehen lassen. Kleine Schlückchen lindern chronischen Husten und gelten als Aphrodisiakum.

Inhaltsstoffe des Samens

27 % Eiweiß

6 % Öl

Schleimstoffe, Aromastoffe (Bitterstoffe)

Eisen, Phosphor, Cholin, Saponin, Trigonelin, Nikotinsäureamid

Enzyme, Hormone

Vom Samen zum Bockshornkleegrün

Anbaumethode: in Erde oder im Hydrogerät

Einweichzeit: 9 Stunden. Bitte viel Einweichwasser nehmen. Der Samen quillt sehr auf.

Temperatur: ca. 21 Grad

Wässern (Besprenkeln): 2—3mal täglich

Ernte: nach ca. 10 Tagen

Länge des Schößlings: 3—4 cm

Ertrag: 2 EL Samen im Hydrogerät (20 cm ∅) ergeben 2 Tassen Grün

Ratschläge für den Bockshornkleegärtner

Im Hydrobehälter schießen die Wurzeln erst einmal in die Höhe. Warum? Es ist auch mir ein Rätsel. Darum ist es besonders wichtig, den Bockshornklee in einem feuchten Umraum gedeihen zu lassen, bis die zarten Wurzeln sich selbst aus dem Wasser der Schale versorgen können. Nach dem 5.—6. Tag nehmen die Wurzeln ihre Wendung nach unten und wachsen besonders schnell. Das Bitterkraut wächst problemlos. Bei der Ernte tragen die grünen Blättchen ihre gelben Samenhülsen auf dem Kopf.
Und: Immer tief einatmen aus Freude am würzigen Aroma!

Bockshornklee in der Küche

In Indien ist der aromatische gelb-braune Samen Teil der Currywürze. Doch wir entdecken das zunächst so befremdlich bittere Grünkraut.
Es verschlägt uns den Atem. Sein »heißer« Geschmack kühlt im Sommer und feuert im Winter an. Der exotische Geruch dieser Pflanze macht Appetit.
In Indien wird das zu Kraut geschossene Grün blanchiert und als Gemüse gegessen. Das Jungkraut ist die frechste Zutat aus dem Kräutergarten. Es erfreut den Lukull der neuen Zeit und stabilisiert Magen und Darm.
Streuen wir die Würze behutsam und wohldosiert in orientalische Gemüseeintöpfe oder Getreidemahlzeiten, Omeletts und Salate. Ein Obstsalat mit gezupften Bockshornkleeblättchen und, zur Feier des Tages, ein Bällchen Fruchteis! Der feine Geschmack wird uns zum Freund. Der Schleier fällt — eine Verführung aus »Tausendundeiner Nacht«.
Wie heißt es so schön: »Laß Dich nicht ins Bockshorn jagen.« Herbheit, Bitterkeit und Schärfe werden zum süßen Vergnügen.
»Wenn Du noch nie Bockshornklee gegessen hast, darfst Du Dir etwas wünschen.«

Weizenschrotbrei »Greenpeace«

---

200 g Weizenschrot

---

2 Tassen Champignons, in feine Scheiben geschnitten

---

2 Zwiebeln, fein gehackt · 2 EL Butter

---

1 l Gemüsefond · 1 Prise Salz

---

2 Tassen Buchweizenkraut · 2 EL Bockshornkleegrün

---

1 EL Senfsprossengrün · 1 EL Rettichgrün

Die Champignons und die Zwiebeln werden 5 Minuten sanft in Butter gedünstet. Den Weizenschrot einrühren und 5 Minuten anbraten.

Die mit Salz und Pfeffer gewürzte Brühe aufgießen. Kurz aufkochen lassen.

Die Suppe wird nun auf kleinster Flamme ca. 30 Minuten geköchelt, dann hat sie die Flüssigkeit absorbiert. Der Weizen ist sanft, weich und aufgequollen. Wir rühren die geschnittene Grünwürze unter.

Ein stärkender Eintopf!

Buchweizen

Im 15. Jahrhundert kam der Buchweizen mit den Tataren von Mittelasien zu uns. Er gehört zur Familie der Knöteriche. Sein Fruchtstand trägt keine Ähren, hat aber lockere, traubenartige Rispen. Der Samen ist dreikantig wie die Buchecker. Der Buchweizen hat durch seinen hohen Lysinanteil (Eiweißanteil) eine große Bedeutung in der Körnerküche, weil er Getreide vorzüglich ergänzt. Vor allem in kalten Ländern ist er heimisch.

Inhaltsstoffe

12 % Protein
2,7 % Fett
Hoher Lysinanteil, fast doppelt soviel wie andere Getreide, Rutin, Vitamine B_1, B_2, B_3 und E
Phosphor, Kalium, Calcium, Kupfer, Magnesium, Eisen, Fluor, Natrium
Enzyme, Hormone

Heilwirkung des Buchweizenkrauts

Durch schlechte Ernährung wird die Elastizität unserer Blutgefäße strapaziert. Jeder, der schon früh einer Arteriosklerose oder einer erblich bedingten Venenschwäche vorbeugen möchte, sollte täglich vom Rutin des Buchweizengrüns profitieren. Wissenschaftliche Untersuchungen der Firma Fink (bekannt durch die Buchweizenprodukte Fagorutin) bestätigen den hohen Rutingehalt des Buchweizengrüns und bescheinigen: Buchweizengrün ist Medizin ohne toxische Nebenwirkung. Es ist interessant, daß kaum ein Heilkundebuch über dieses überaus wichtige Kraut bisher Auskunft gegeben hat.

Zusammenfassung

Buchweizengrün wirkt als Gefäßtonikum bei Veranlagung zu Arterienverkalkung und Bindegewebsschwäche sowie zur Vorbeugung gegen Operationsblutungen.

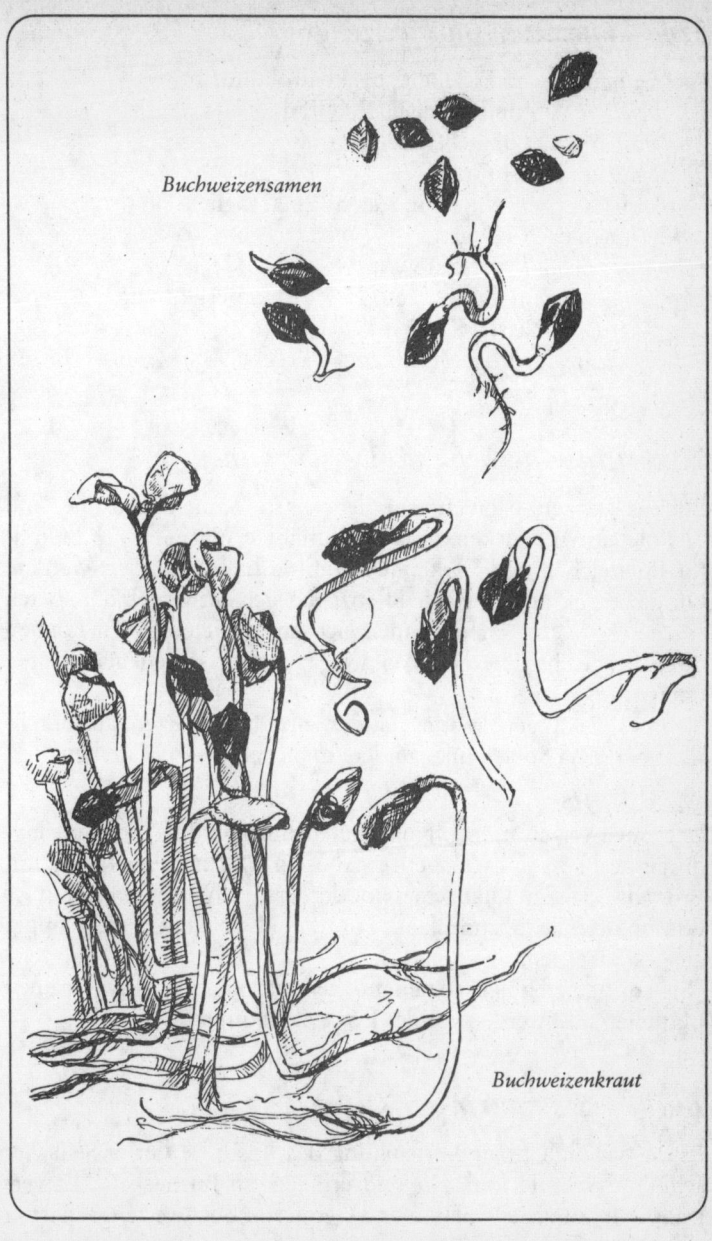

Buchweizensamen

Buchweizenkraut

Vom Samen zum Buchweizengrün

Anbaumethode: in Erde oder als Hydrokultur

Einweichen: 8 Stunden bei ca. 30 Grad

Vorkeimen: ca. 3 Tage bei ca. 30 Grad

Temperatur: ca. 21 Grad

Wässern (Besprenkeln): mindestens 2mal täglich

Ernte: nach ca. 14 Tagen

Länge des Schößlings: ca. 8 cm

Ertrag: bei einem Tablett von 33 × 30 cm ergibt eine Tasse Samen 4 Tassen Kraut
Beim Hydrogerät (20 cm Ø) ergeben 3 EL ½ bis 2 Tassen grünes Kraut

Nachrichten für den Buchweizengärtner

Buchweizenkerne haben eine sehr harte Samenhülse. Sie sind nicht leicht zu knacken. Eine gleichmäßige Wärme (ca. 30 Grad) für Einweichen und Vorkeimen muß deshalb garantiert werden. Oft dauert es lange, bis alle Pflänzchen sich entwickelt haben. Ich würde es als ein Nacheinanderwachsen bezeichnen. Wir können diese ungleichmäßige Auskeimung zu 2 verschiedenen Ernten nutzen.

Nach ca. 14 Tagen steht er da, der zarte Buchweizen, auf durchsichtigen rosa Stielen und runden, noch gefälteten Blättchen.

Wichtiger Tip:

Der Buchweizen muß oft nachgefeuchtet werden, auch im Hydrogerät. Es ist sinnvoll, bei der Anpflanzung auf dem Tablett mit Erde die zarten Pflänzchen in der ersten Woche mit dünner Frischhaltefolie abzudecken. Für die Hydrokultur muß üppig ausgesät werden.

Die kantigen Samenschalen hocken oft noch auf den grünen Blättchen und werden vor der Ernte abgeknipst.

Buchweizenkraut in der Küche

Essen wir täglich zur Vorbeugung das köstliche Grün. Sein Geschmack ist mild und zart und erinnert an Bucheckern. Er verträgt sich mit vielen Salaten und Gemüsen. Buchweizengrün ist in sich ein vollendeter Salat und ein Fest für den Gaumen, besonders mit Nußöl.

Der Rutingehalt des Krauts steigert sich proportional zur Größe des Blattes. Wer die Schößlinge 3—4 Wochen in Erde wachsen läßt, kann sie auspressen — ein heilsames Liquid.

Birnencreme mit Rettichsprossen und Buchweizengrün

Eine Harmonie von Süß und Herb. Eine Kaltschale für den Sommer und ein Dessert nach mächtigem Eintopf — wer weiß, wozu dieses Rezept Sie verführen mag.

6 reife Birnen · 1 l Gemüsebrühe oder -fond
3 EL Zitronensaft · 1 Tasse Buchweizengrün
2 EL Rettichsprossen · 1 Hauch Salz
½ Tasse süße Sahne

Die Birnen schälen und vierteln. Das Kerngehäuse verwahren. Die Birnen im Gemüsefond mit dem Zitronensaft sofort zu Püree schlagen, damit sie nicht anlaufen.

In einem kleinen Teil des Gemüsefonds Schalen und Kerngehäuse 15 Minuten köcheln, damit sie ihr Aroma abgeben. Die gekochten Birnenteile werden durch ein Sieb gestrichen und der Cremesuppe zugefügt. Die Suppe auskühlen lassen und sehr kalt in tiefen Schalen servieren.

Mit Rettichsprossen und feingeschnittenem Buchweizengrün bestreuen und je 1 Tupfer festgeschlagene Sahne aufsetzen.

Salat »Nach grüner Farb' mein Herz verlangt«

1 Handvoll Feldsalat · 1 Tasse Sonnenblumengrün
1 Tasse Buchweizenkraut · 1 EL Rettichgrün
1 EL Kresse · 1 EL Bockshornkleekraut
1 EL Weizengras, sehr fein mit der Schere geschnitten (8 Tage gewachsen)
SAUCE:
2 Eigelb, hart gekocht · 1 TL Sonnenblumenöl
1 EL frisch geriebener Parmesankäse
1 EL Rotweinessig
$^1/_2$ Tasse Tomatenpüree aus frischen Früchten
4 EL Walnußöl · $^1/_2$ Zitrone, frisch gepreßt
1 Prise Salz

Den Feldsalat waschen und in einem Tuch abtrocknen.
Alle Zutaten in eine Schüssel geben und gut vermischen.
Für die Sauce die Tomaten überbrühen, enthäuten und zu einem Püree schlagen.
Das Eigelb mit einer Gabel verrühren, dann schubweise das Öl hinzugeben und nach und nach die übrigen Zutaten.
Wir übergießen den Salat mit der cremigen Sauce.

Hier entdeckt ein knackiger Salat die »sanfte Welle«.

Variation:
Vergessen wir den Parmesan und reiben statt dessen frischen Ingwer in die Creme — ein pikanter Seitenblick in den Fernen Osten.

Wiesengefühl mit Reis

---

500 g Spinat · 3 EL Butter

---

*1 Bund Frühlingszwiebeln, in sehr feine Scheiben
geschnitten*

---

¹/₂ Knoblauchzehe, gepreßt · 1 Spur Salz

---

frisch gemahlener Pfeffer

---

2 Tassen Buchweizenkraut

---

2 Tassen Sonnenblumenkraut

Der gut gewaschene Spinat wird in einem Sieb mit kochendem
Salzwasser übergossen. Das macht ihn geschmeidig.
In einem Topf die Butter zerlassen und die Zwiebeln anbräunen.
Den gut abgetropften Spinat in die gesottenen Zwiebeln geben.
Nun würzen. Das 12-Tage-Kraut wird unter den Spinat gemischt
und sanft untergezogen.
Diesen Salat, solange er noch warm ist, mit körnigem Reis essen.

Weiße Bohnen im Buchweizengrund
für den »Froschkönig«

---

2 Tassen weiße Bohnen, gekocht

---

2 Möhren, grob geraspelt · 2 Tassen Linsensprossen

---

1 Tasse Luzernengrün

SAUCE:

---

1 große Tomate, abgepellt und püriert

---

1 kleine Schalotte, fein geschnitten

---

1 TL Sonnenblumenöl · 2 EL Walnußöl

---

2 EL Weinessig · 1 Spur Salz

---

1 Hauch frisch gemahlener Kümmel

---

4 Tassen Buchweizengrün

Die Salatzutaten werden in einer Schüssel vermischt.

Die Schalotte im Öl andünsten. Das Tomatenpüree und in der Folge alle noch fehlenden Zutaten zu den gedünsteten Zwiebeln geben.

Die lauwarme Salatsauce wird über den Salat gegossen und dieser zum Durchziehen kalt gestellt.

Wir garnieren einen großen Teller mit Buchweizen und häufen den Bohnensalat darüber.

Kresse

Kein Kraut wächst schneller als die Kresse. Seit dem Mittelalter ist sie in Europa bekannt. Ihr Samen galt im Orient als Heilmittel gegen Kopfschmerzen, Entzündung im Mundraum und gegen die Reichenkrankheit, die Gicht. Fürwahr ein Heiler. Hippokrates erwähnt ihn 400 v. Chr. als Jungbrunnen. Das Senföl und die Bittermittel im Samen geben die anregende Wirkung weiter in die zarten Blättchen. Kresse belebt und erfrischt.

Die ausgewachsene Kressepflanze wird ca. 50 cm hoch und die Blätter sind lappig, die Blüten weiß bis rötlich.

Die schnelle Kresse ist im Frühjahr das erste eßbare Grün. Sie sollte das ganze Jahr als Würze auf unserem Tisch stehen. Sie ist einfach zu züchten. Als Geschmacksbereicherung und zur Anregung des Stoffwechsels sollte sie nie fehlen.

Wir ernten die auf den Stielen stehenden Blättchen der Kresse nach 10 Tagen und können nach dem ersten Beschneiden mit der Schere ein zweites Mal ernten.

Die Heilwirkung der Kresse

Verbesserung des Stoffwechsels. Kresse regt die Nieren an und wirkt gegen rheumatische Beschwerden und die Gicht.

Inhaltsstoffe

Bis zu 60 % Senföle (ätherische Öle und Bitterstoffe)

Vitamin A, B, B_2, reichlich Vitamin C und D

Kalium, Calcium, Phosphor, Eisen und Jod

Enzyme, Hormone

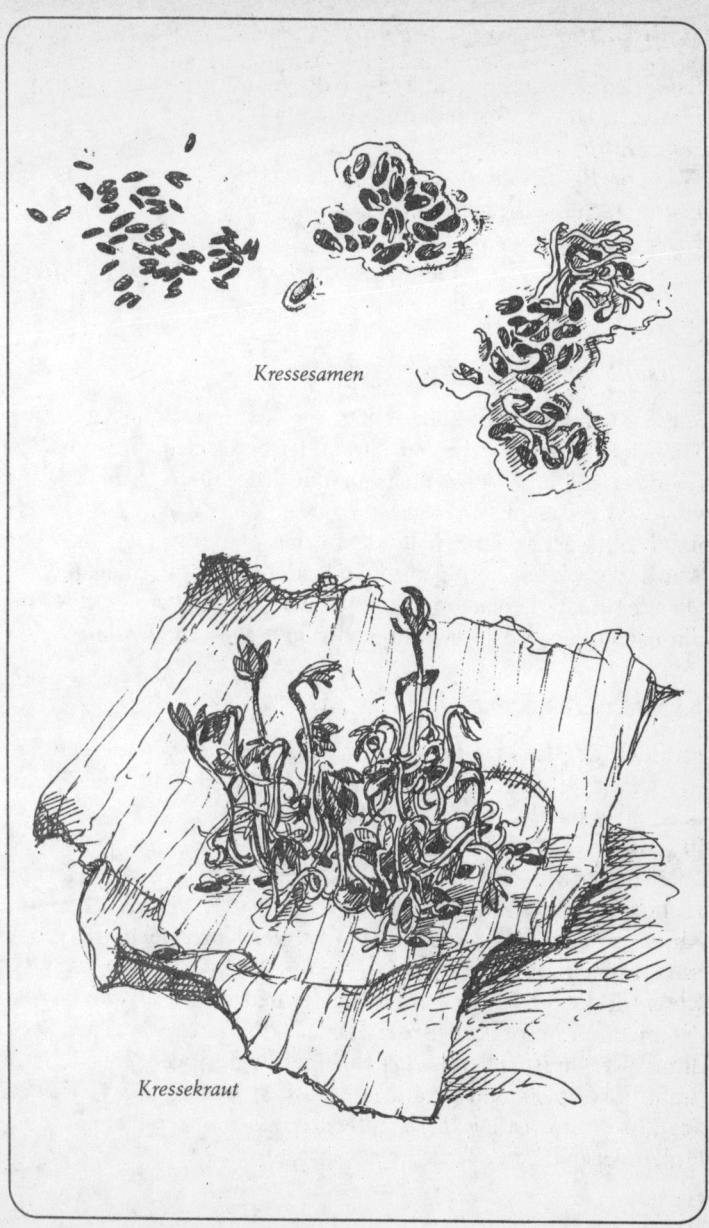

Kressesamen

Kressekraut

Vom Samen zum Grünkraut

Keimmethode: in Erde oder im Hydrogerät
Einweichzeit: ca. 6 Stunden
Temperatur: ca. 21 Grad
Wässern (Besprenkeln): 2mal täglich
Ernte: nach ca. 8 Tagen
Höhe des Pflänzchens: ca. 4 cm
Ertrag: aus 2 EL Kressesamen wachsen im Hydrogerät (20 cm Ø)
1 ½ Tassen Grünkraut

Ratschläge für den Kressegärtner

Die Saat der Kresse quillt sehr stark auf und muß in reichlich Wasser eingeweicht werden. Sie bildet einen Schleim und wird *ohne Vorkeimung* sozusagen auf die Erde aufgestrichen. Wenn wir die Kresse im Hydrogerät wachsen lassen, ist es praktisch, damit die Löcher der Schale nicht verstopfen, das Gefäß vor der Aussaat mit 2 Lagen ungefärbtem Seidenpapier auszulegen.
Die Keimblättchen nehmen die Samenhütchen wie eine Kappe mit nach oben. Sie können durchaus mitgegessen werden.

Kresse in der Küche

Im Buch der 12-Tage-Kräuter ist die Kresse ein alter Freund — wer kennt sie nicht? Ob im Frühjahrsquark, als winterliche Garnitur oder als Frischmacher für Sandwiches.
In jedem Kaufhaus steht sie in Pappschälchen das ganze Jahr über, leider oft schon angewelkt und im Vergleich zur selbstgezüchteten Kresse arm im Geschmack. Jeder, der das 12-Tage-Kraut prüfen möchte, stelle diesen Vergleich an: Gekauftes gegen Selbstgezüchtetes.
Ich entdecke die Kresse gerade wieder neu: Als Würze in Getreidegerichten, besonders in der Hirse — da hab' ich einen Bock drauf! Kresse ist füllende Basis meiner Salatsaucen. Ihre scharfe Schärfe ist angenehm pikant und paßt sich fast allen Gerichten an. Ein Traum ist sie in Kartoffelschaum mit geriebenem alten Holländer und einer Tasse Linsensprossen.

Luzerne

Der blauviolette Schmetterlingsblütler, seit altersher Futterpflanze, ist seit Jahren die Wundersprosse in den USA, der Geheimtip der Vegetarier.

In dem winzigen Samen sitzt eine weithergeholte Kraft! Die Wurzeln der Pflanze bohren sich bis zu 20 Meter (!) in den Boden, auf der Suche nach Mineralien und Spurenelementen.

Alfalfa kommt aus dem Arabischen und heißt »gutes Futter«. Die Schnelligkeit der ausdauernden Araberhengste wird auf das Kraftfutter »Luzerne« zurückgeführt, und nun wissen's alle: Auf »Luzerne« kann man »setzen«.

Wir sind vor allem an ihrem hohen Chlorophyllgehalt interessiert und werden das zarte Pflänzchen noch genauer kennenlernen. Ja, es ändert seinen Geschmack auch durch die starke Grünung der Blättchen, die in der Sprossenzucht sehr hell ausfällt.

Heilwert der Luzerne

Die wissenschaftlichen Studien von Frank Bower haben das »Pferdefutter« in die Küche gebracht. Die Blättchen enthalten acht essentielle Enzyme und das seltene Vitamin U.

Labortests haben gezeigt, daß die Luzerne im Durchschnitt 150 % mehr Protein enthält als Weizen und andere Körner.

Erinnern wir uns der unglaublichen Nachricht: Eine halbe Tasse Luzernensprossen enthalten den gleichen Vitamin-C-Gehalt wie 6 Gläser Orangensaft!

Aber nicht genug, in der Luzerne sind alle Vitamine, die der Mensch zu seiner Gesundheit braucht, versammelt. Auch der Ernährungswissenschaftler Dr. Lloyd Rosenvold, Montrose, Colorado, hält die kleine Wunderpflanze für den besten Lieferanten der Vitamine A und C. Luzernengrün klärt den Atem und belebt unseren Mundraum mit einem frischen Geschmack. Ihre Wirkung auf den Magen und Darm ist stärkend. Sie aktiviert die Peristaltik und regt sogar den Appetit an. Jeder, der sich seine gesunden Zähne erhalten will, sagt Dr. Sherman Davis von der Universität Indiana, esse täglich Luzerne. In Amerika werden Tees und Vitamine auf der Basis von Luzernen hergestellt. Luzernengrün hat hochdosiert all die aufsehenerregenden Heileffekte, die

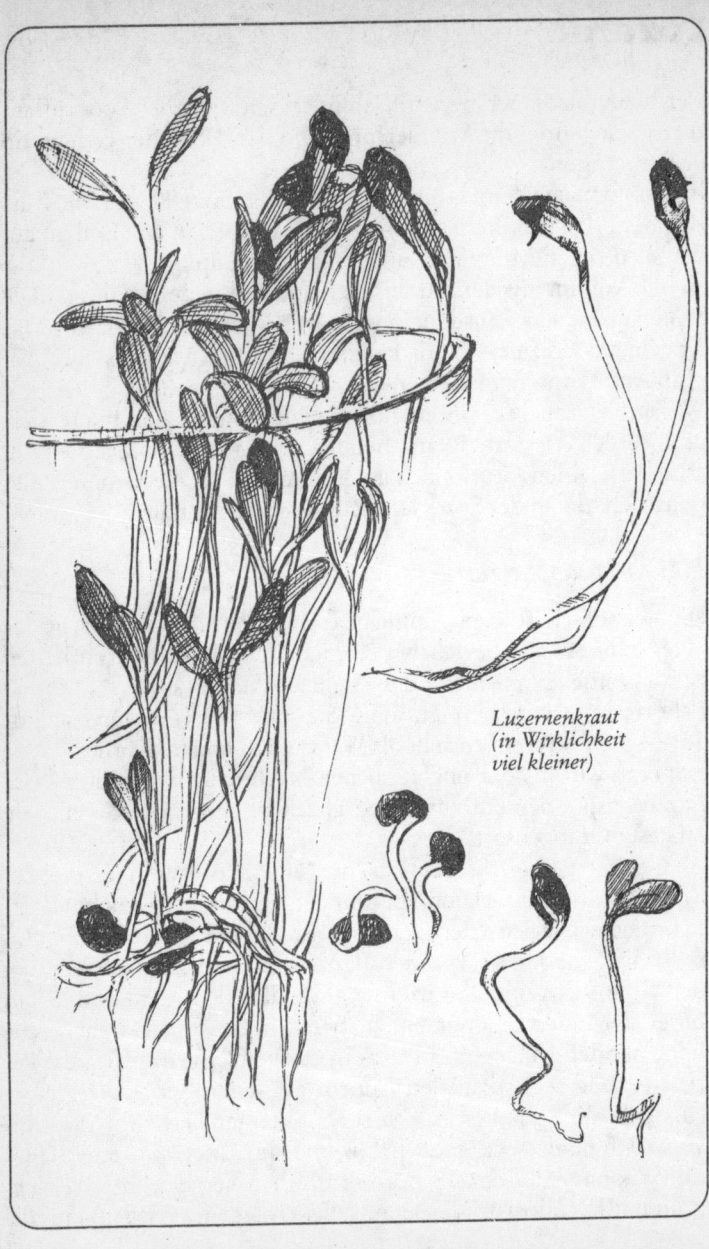

Luzernenkraut
(in Wirklichkeit
viel kleiner)

im Kapitel »Chlorophyll« zu finden sind. Hervorstechend ist die Anzahl der Enzyme, die gerade älteren Menschen fehlen. Schon kleine Quantitäten Frischgrün regeln den Stoffwechsel.

Inhaltsstoffe

Aminosäuren mit allen essentiellen Fettsäuren

Vitamine: C, D, E, K, U, B_1, B_2, B_3, B_{12}

Phosphor, Calcium, Aluminium, Silizium, Schwefel, Magnesium, Soda, Kobalt

alle 8 essentiellen Enzyme (die bis jetzt entdeckt sind), Hormone

---

Vom Samen zum Luzernengrün

Anbaumethode: auf Erde oder im Hydrogerät
Einweichzeit: ca. 6 Stunden
Temperatur: ca. 21 Grad
Wässern (Besprenkeln): 2—3mal täglich
Ernte: nach ca. 10 Tagen
Höhe des Schößlings: 5—6 cm
Ertrag: 3 EL Luzernensamen auf einem Teller (20 cm Ø) oder im Hydrogerät ergibt 2 Tassen Luzernengrün
1 Tablett 33 × 20 cm, mit einer guten halben Tasse Luzernensamen ergibt 5 Tassen Luzernengrün

Ratschläge für den Luzernengärtner

Es ist ratsam, Luzernen in kleinen Portionen zu züchten. Wenn ich sie auf einem Tablett anpflanze, sorge ich für gute Durchlüftung und säe nicht zu dicht ein. Die Saat läßt sich besonders gut kontrollieren, wenn ein oder zwei Furchen gezogen werden, die frei bleiben, damit die aufgehende Saat sich besser mit Luft versorgen kann. Die Luzerne wächst meinen Beobachtungen nach im Winter nicht gut in Erde.

Im Gegensatz zur Luzernensprosse steht der Luzernenschößling auf kerzengeradem Stengel und spreizt seine kleinen dunkelgrünen Blättchen ins Licht. Es ist eine Wonne, vor der Ernte den Luzernen »das Fell« zu streicheln.

Die Küche des Luzernengrüns

Die Luzerne begleitet uns vom morgendlichen Müsli bis zum Abend. Nahezu jedes Gericht kann mit den sanften Luzernen »grüner« werden. Ich empfehle sie nicht nur als Würze, sondern besonders wegen ihres therapeutischen Stellenwertes als Salat und als Saft.

Heilender Saft

---

2 Möhren · 2 Äpfel

---

1 Tasse Luzernengrün

Möhren und Äpfel auspressen und den Saft mit dem Luzernengrün in einen Mixer geben. Die durchquirlte Masse ist dickflüssig und wird wie eine Suppe gegessen. Keine Frage, dies ist ein Heiler, besonders für Magen und Darm.

Apfelsuppe für Isis
Morgenstund hat Gold im Mund ...

---

1 Tasse Wasser, gefiltert · 3 EL Sonnenblumenkerne

---

1 EL Weizenkeime

---

4 Tassen Wasser, gefiltert

---

4 Äpfel (Boskop), grob gerieben · 2 EL Butter

---

1 EL Zitrone · 1 TL Honig · 1 EL Senfgrün

---

4 Pflaumen, vom Stein gelöst und gehackt

---

1 Tasse Luzernengrün

Im Mixer auf kleinster Stufe die Sonnenblumenkerne im Wasser grob mahlen.
Die Äpfel in Butter andünsten und mit der Zitrone beträufeln. Das Wasser angießen, mit den Äpfeln kurz aufkochen und sofort wieder abstellen. Die Pflaumen und den Honig einrühren.

Die Weizenkeime werden kurz angebräunt.

Die Suppe in vorgewärmte Schalen füllen. Senf, Luzernengrün und Weizenkeime werden darüber gestreut.

Welch ein Tag! Ein Apfel war schon in der Bibel Verführung.

Reissalat mit Hizikialgen

³/₄ *Tassen Hizikialgen aus dem Reformhaus oder Bio-Laden*
1 EL Sesamöl
2 Tassen Champignons, in sehr feine Streifen geschnitten
3 kleine Zwiebeln, in feine Kuben geschnitten
1 Tasse Sojabohnensprossen · 4 Tassen gekochter Reis
SAUCE:
2 EL Sonnenblumenöl · 2 EL Rotweinessig
3 EL Kresse · 1 Ei · 1 Prise Salz · 1 Spur Honig
3 Tassen Luzernengrün · 2 EL Bockshornkleeblättchen
2 EL Rettichgrün

Die Algen werden unter fließendem Wasser gründlich gewaschen und 2 Stunden eingeweicht.

In einer Kasserolle das Öl erhitzen und die Zwiebel darin glasig dünsten. Die geweichten Algen hinzufügen und sie für 15 Minuten sehr leise simmern lassen. Die Champignons für kurze Zeit bei starker Hitze zu den gegarten Hizikialgen rühren. Wir müssen darauf achten, daß der feine Geschmack der Pilze, Algen und Zwiebelwürze sich gut miteinander verbindet und lassen dazu alles auskühlen.

Nun die Salatsauce bereiten. Die Zutaten mit dem abgekühlten Reis und den Bohnensprossen vermischen.

Wir gießen die Sauce über den Salat und lassen alle Ingredienzen für ca. 1 Stunde gut durchziehen.

Auf einen großen Salatteller einen Kranz aus den grünen Schößlingen der Luzerne, mit dem Reissalat in der Mitte, legen. Ganz
zum Schluß den Reissalat mit den Blättchen unseres Grüns bestreuen.
Ein Ehrenkranz!

City-Salat »Bonne femme«

1 Apfel, in kleine Würfel geschnitten
1 Tasse Mungobohnensprossen
1 Tasse Linsensprossen · 3 EL Weizenkeime
1 Tasse Luzernengrün
3 Kartoffeln, gekocht und in Scheiben geschnitten
2 Möhren, grob geraspelt
2 EL Senfgrün, klein gezupft
1 EL Bockshornkleegrün · 1 EL Rettichgrün
SAUCE:
2 EL Sonnenblumenöl · 2 EL Olivenöl
Saft einer halben Zitrone · 1 Spur Salz
1 Knoblauchzehe, um die Salatschüssel auszureiben

Die Salatschüssel mit der Knoblauchzehe ausreiben und die Zutaten darin verteilen.
Alle Saucenbestandteile in einem Gefäß verquirlen und das Gemisch über den Salat gießen.

Grüne Revolution am Morgen

Dazu gehören zwei: Lukull und ich.

2 Äpfel, geraspelt · 1 Tasse Luzernengrün
2 EL Rosinen, geweicht
½ Tasse Weizengras, mit der Schere in kleine Stückchen geschnitten
2 EL Kresse · 2 EL Sonnenblumenkerne
2 EL Weizenkeime · 1 EL Sesamsamen, gemahlen
1 ausgepreßte Orange · 2 Töpfchen Joghurt

Alle Zutaten in einer Schüssel vermischen und gut durchziehen lassen.
Wir verteilen die Morgenspeise in 4 Schalen, jeweils mit einem Klacks Joghurt.

Dann kann es losgehen — wir sind stark für einen ganzen Tag!

Smaragdsalat

1 Paprikaschote · 1 Tasse Mungbohnensprossen
1 Tasse Luzernengrün · 1 Tasse Gerste, gekocht
1 Glas herber Weißwein · 1 Tasse Sonnenblumengrün
1 Stange Sellerie, in sehr feine Scheiben geschnitten
2 EL Bockshornklee
SAUCE:
1 Avocado, sehr reif · 2 EL Zitrone · 1 TL Honig
1 Prise Salz · grob gemahlener Pfeffer

Die Körner 1 Stunde im Weißwein säuern.
Die Paprikaschote wird der Länge nach in feine Streifen geschnitten. Alle Salatzutaten in einer Schüssel vermischen.

Die Avocado mit der Gabel zerdrücken und zu Püree schlagen. Alle Saucenzutaten werden verquirlt und über den Salat gegossen.

Salat Greenhorn

1 Tasse geriebene Möhren
2 Tassen Luzernengrün (nicht schneiden!)
1 Tasse Linsensprossen
1 Tasse Sellerie, fein gerieben, und mit ein wenig Zitronensaft beträufelt
½ Tasse gehackte Nüsse nach Wahl
2 EL Rosinen, geweicht
1 EL Zwiebeln, sehr fein gehackt
2 Tassen Buchweizenschößlinge
SAUCE:
2 Tassen saure Sahne · 1 Prise Salz
1 Spur frisch geriebener Ingwer · 2 EL Senfsprossen

Alle Salatzutaten vermischen. Die saure Sahne wird gewürzt und abgeschmeckt.
Die Salatsauce am Tisch gesondert zum Salat reichen.

Rettich

Im Pharaonenreich 2000 v. Chr., so zeigen es altägyptische Wandreliefs, wurde schon Rettich angebaut. Herodot, der römische Geschichtsschreiber, berichtet, daß die an den Pyramiden bauenden Arbeiter zur Stärkung Knoblauch und Rettich aßen. Aus dieser Zeit stammt auch die Aussage über die verschiedenen Geschmäcker des Rettichs, die an den Blättern auszumachen sind. »Das rauhe Blatt birgt den herben Geschmack, das glatte den weicheren.«

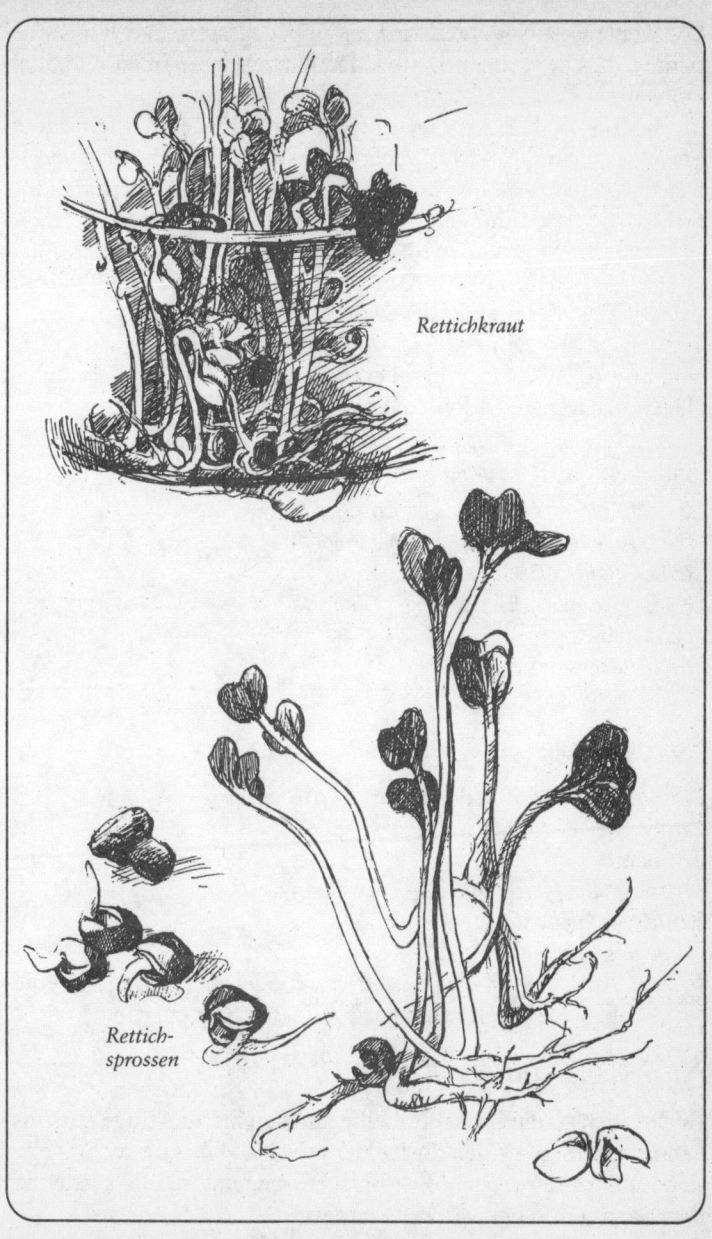

Rettichkraut

*Rettich-
sprossen*

Die weiße Rettichwurzel wird mit Salz gegessen, und Plinius berichtet, daß die grünen Blätter der Wurzel den Armen vorbehalten waren.

Im Tempel zu Delphi wurde Apoll ein goldener Rettich dargebracht, eine Salatrübe aus Silber und eine Speiserübe aus Blei.

Der Rettich muß eine besondere Wirkung haben. Er begegnet uns bei sakralen Handlungen und gehört darüber hinaus zur Eßkultur in Orient und Okzident. Verwechseln wir den Rettich nicht mit der Neuzüchtung des Krens. Die alte Form des *Raphanus sativus* ist das hier besprochene vorchristliche Gemüse.

Tun wir es den Armen gleich und essen das scharfe Grün. Es ist eine unvergleichliche Würze, erquickend scharf. Der Geschmack gleicht der weißen Erdwurzel.

Inhaltsstoffe des Samens

37 % Öl, schwefelhaltiges ätherisches Öl
hohe Anteile von Senföl und Bitterstoffen
hoher Vitamin-C-Gehalt
Kalium, Natrium, Eisen, Magnesium
Raphanol
Enzyme, Hormone

Vom Samen zum Grünkraut

Keimmethode: auf Erde oder im Hydrogerät
Einweichzeit: ca. 10 Stunden
Temperatur: ca. 21 Grad
Wässern (Besprenkeln): 2—3mal täglich
Ernte: nach ca. 12 Tagen
Höhe des Pflänzchens: ca. 4 cm
Ertrag: Auf einem Teller mit 20 cm Ø oder im Hydrogerät ergeben 3 EL Rettichsamen 1 $\frac{1}{2}$ Tassen Rettichgrün.

Nachrichten für den Rettichgärtner

Der Rettichsamen braucht im allgemeinen bis zu 4 Tage zur Auskeimung. Einige Samenkörner lassen sich sogar noch mehr Zeit. In dieser Vorkeimzeit muß er im Sprossengerät mehr als jeder andere Samen durchgewaschen werden.

Seine Stengel und Blättchen sind lila-rosa bis grün. Je nach Sorte ist sein Geschmack milder oder schärfer.

Heilwirkung

Bei einer Verschleimung der Nebenhöhlen und Atemstockungen bringt Rettichgrün Linderung. Durch längere Behandlung wird der Schleim abgebaut. Der Körper reinigt sich. Rettichgrün wirkt galletreibend und heilend bei Blasenentzündungen.

Rettich in der Küche

Der Rettich ist sehr intensiv. Gewöhnen wir uns an seinen Geschmack! Er ist eine pikante Würze und wird nur zusammen mit anderen Speisen genossen. Im Winter wird er zur besseren Verdauung unter mächtige Eintöpfe gemischt und macht das Essen bekömmlicher. Rettichgrün entwickelt seine Schärfe besonders, wenn es sich an »Süßem« mißt. Er wirkt verführerisch, wenn wir in der Küche fantastische Gerichte entwerfen wollen. Ob Salatsaucen mit herbem Weißwein, Honig und Nußöl, Obstsalate, sanfte weiße Saucen und Suppen — Rettichgrün macht schöpferisch.

Merke:
Die Bitterstoffe im Kraut regen die Darmsekretion an und helfen sogar bei akuter und chronischer Gastritis. Doch dosieren wir das Kraut über längere Zeit wie eine Medizin in kleinen Mengen.

Senf

Im Neuen Testament heißt es:
»Das Himmelreich ist gleich einem Senfkorn, das ein Mensch nahm und säte es auf seinem Acker, welches ist das kleinste unter allen Samen; wenn es aber gewachsen ist, so ist es größer als alle Sträucher und wird ein Baum, daß die Vögel unter dem Himmel kommen und wohnen in seinen Zweigen.«

Seit Jahrtausenden verfeinert Senfwürze die Speisen. Griechen und Römern war sie beliebtes Heilmittel. Ein Sprung in unser

Jahrhundert: Seit 1937 überwacht der französische Staat den Anbau und die Herstellung des Senfes aus Dijon, um seine erstklas-
sige Qualität zu garantieren.

Der köstliche »Moutarde de Dijon« wächst aus der Sorte *Sinapis
alba,* im Gegensatz zum schwarzen Senf *Sinapis nigra.* Der weiße
Senf sprießt auch heute noch wild in Kornfeldern. Vorzugsweise
in Äthiopien und Süditalien wird der Senf angebaut, mit dem wir
seine Schößlinge züchten.

Inhaltsstoffe

30 % Fett

Senföl, Bitterstoffe

Eiweiß

Schleim

Traubenzucker

Vitamin C, A, B_1, B_2

Schwefel, Phosphor, Kalium, Eisen

Enzyme, Hormone

Vom Samen zum Senfkraut

Keimmethode: in Erde oder im Hydrogerät
Einweichzeit: 6 Stunden
Temperatur: ca. 21 Grad
Wässern (Besprenkeln): 2mal täglich
Ernte: nach ca. 10 Tagen
Länge des Schößlings: ca. 5 cm
Ertrag: Auf einem Teller (20 cm ∅) oder im Hydrogerät brau-
chen wir 3 EL Senfsamen und ernten 1 Tasse Grün.

Ratschläge für den Senfgrüngärtner

Senfkörner sprießen ganz problemlos, und nach 3—5 Tagen sind
ihre Wurzeln soweit, daß sie sich im Hydrogerät mit Wasser versorgen können.

Schon am 4. bis 5. Tag entfalten sie kleine Blättchen, die schnell
zum fertigen Schößling wachsen.

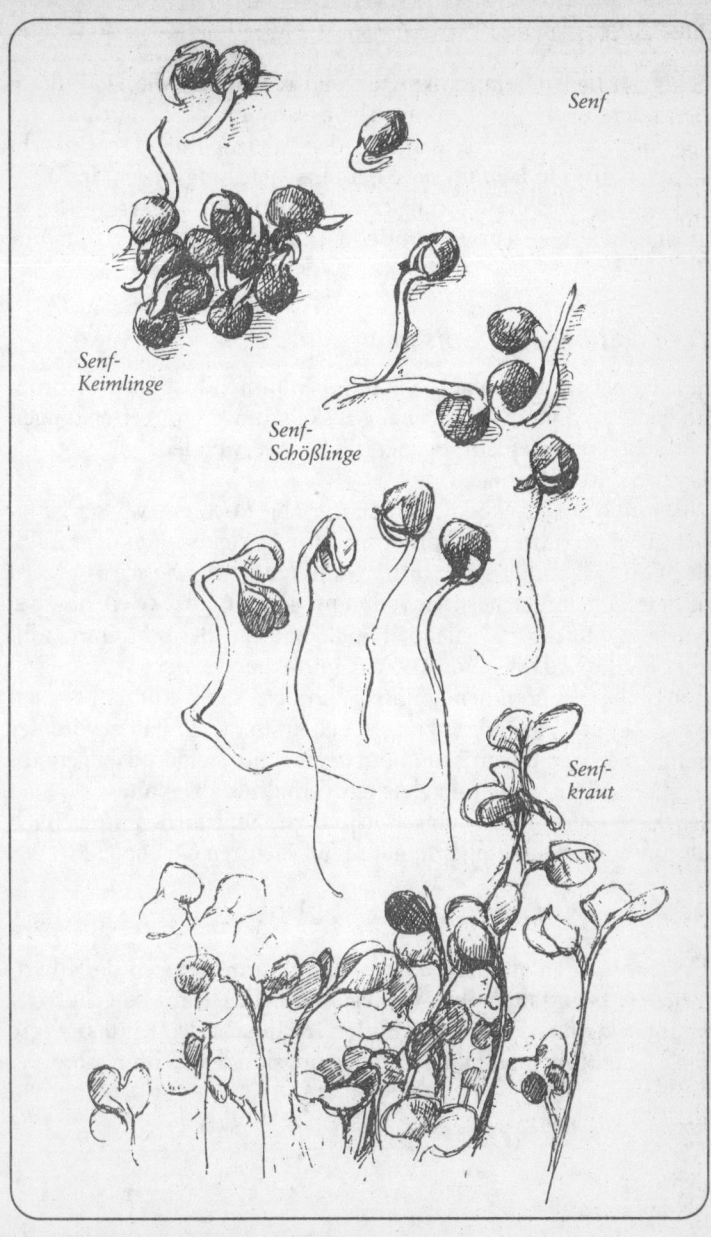

Senf

Senf-Keimlinge

Senf-Schößlinge

Senf-kraut

Heilwirkung

Senfgrün heilt Darmkrankheiten und regeneriert die Darmflora, besonders nach dem Gebrauch von Antibiotika. Senfgrün wirkt verdauungsanregend und belebt den Speichelfluß. Ideal mischt sich Senfgrün in Gemüsesäfte bei Entschlackungskuren. In Kräuterbüchern wird die Wirkung des Senfgrüns mit Wasserkresse verglichen, die eine entwässernde Wirkung hat und reich an Vitamin C ist.

Anwendung von Senfsamen

Senfkörner sind ein altes, beliebtes Heilmittel. Haben wir Körner im Haus, können wir sie bei Muskelschmerzen, Verrenkungen und Rheuma zu einem sog. Senfpflaster verwenden.
Und so wird es gemacht:
100 g pulverisierter Senf werden mit abgekochtem Wasser zu einem Brei verrührt (Senfkörner im Mörser kleinstoßen oder in einer Getreidemühle auf feinster Stufe mahlen). Diese Paste wird auf ein Leinentuch gestrichen und mit der Pastenseite ein bis zwei Minuten auf die zu heilenden Stellen gelegt. Bei sehr empfindlicher Haut wird die Leinwand nach unten gewendet.
Innerlich eingenommen können Senfpulver oder -körner bei allen Magen- und Darmerkrankungen helfen. In diesen Fällen wird der Senfsamen, mit einem Minimum beginnend, steigernd eingenommen und dann wieder im gleichen Verhältnis abgebaut.
Nach neuesten Forschungsberichten gilt Senf im Kräuterbereich als eines der bekömmlichsten und hilfreichsten Gewürze.

Senfgrün in der Küche

Es gehört in Salate, Saucen und Säfte, in denen sich die ätherischen Öle entfalten. Im Winter, wenn das Marktangebot der Kräuter klein ist, läßt der scharfe Geschmack des Krauts unsere Speisen erblühen und klärt den heizungsmüden »Zimmerkopf«.

Ein Saftvorschlag

---

1 Teil Möhre · 1 Teil Sellerie

---

1 Teil Spinat · 1 Teil Senfgrün

Das macht uns munter und verscheucht jeden Anflug von Erkältung.

Eine Herausforderung:
Senfgrün zum Rheinischen Kartoffelsalat! Keine Frage, durch Senfgrün können wir in Saucen auf Essig und Pfeffer verzichten.
Die Senfblättchen sind »grüne Magie«, und wer würde da noch an eingemachte grüne Pfefferkörner denken, oder an die berühmte Senfwürze aus dem Gläschen?
Die Blättchen können mild schmecken oder feurig erblühen. Es liegt an unserer Gabe des Kombinierens.

Kalte Gurkensuppe
»Gletschergrün«

---

1 Salatgurke, gewürfelt · 2 Zucchini, gewürfelt

---

2 EL Zitronensaft · 2 EL Kresse · 3 EL Sauerrahm

---

1 Hauch Salz, frischgemahlener Pfeffer

---

2 EL Senfgrün · 2 EL Sonnenblumenkerne, geröstet

Die Gurken- und die Zucchinistücke werden mit dem Saft der Zitrone im Mixer zu einer Creme geschlagen. Die Suppe in eine Schüssel füllen und mit dem Schneebesen den Sauerrahm unterschlagen. Die Kresse zufügen. Mit Salz und Pfeffer würzen und die Suppe mit dem Senfgrün garnieren.
Zu der kalten Suppe reichen wir Sonnenblumenkerne — warm und knusprig.

Sonnenblume

»Die Sonnenblume liebt das Licht; sie will sich stets
zur Sonne drehen. So mußt du Gottes Angesicht,
willst du nicht irren, auch ansehen.«

GERHARD TERSTEEGEN

Aus dem Sonnenland der Azteken und der Mayas strahlt eine
goldgelbe Blume. Sie ist das Wahrzeichen eines sonnenverehren-
den Volkes und schenkt dem Menschen Nahrung und Schönheit.
Die Züchter der Sonnenblume jedoch waren die Inkas. Nur Menschen mit Wissen und Weisheit konnte die geheimnisvolle Züchtung der Sonnenblume gelingen. Ist sie doch eine Symbiose von
strahlender Blüte, nährender Frucht und genialem Bau.
Der leuchtende Blütenkranz ist immer der Sonne zugewendet.
»Tournesol« — heißt es im Französischen. Vom frühen Morgen
bis zum Abend folgt die Blüte der wärmenden Energie und setzt,
selbst in kühler Nacht, ihren Weg fort und hat jeden Morgen einen Kreis vollendet. Und so beginnt sie jeden Tag mit Blick nach
Osten.
Im 16. Jahrhundert wurde die Sonnenblume in Spanien eingeführt. Heute wächst sie in allen Gärten Europas und überragt Bü-
sche und kleine Bäume. Kann sie doch bis zu 3 Meter hoch werden. Ihr Blütenkranz mißt 40 cm im Durchmesser und steht auf
festem Röhrenstamm, verankert mit einer starken Faserwurzel.
Ihre herzförmigen Riesenblätter sind behaart, führen in einer
Schraubenlinie am Stengel entlang und stellen die Pflanze in einen optimalen Winkel zum Sonnenlicht. Die Blätter lenken den
Regen soweit ab von der Wurzel, daß das Erdreich um den
Stamm herum nicht aufgeweicht wird.
Es hat bis ins 19. Jahrhundert gedauert, bis von der Ukraine aus-
gehend der herrliche Geschmack der Kerne bei uns entdeckt wurde. Während der Fastenzeit in der griechisch-orthodoxen Kirche
wurde das tierische Fett durch das sogenannte »Fastenöl« der
Sonnenblume ersetzt. Welch eine sinnvolle Kur! Welch wunder-
barer Beweis, daß Verzicht auf »Tierisches« mehr ist als ein Kir-
chengebot.
In Rußland ist es Brauch, Sonnenblumenkerne einfach zu kauen,

Sonnenblumenkraut

sie sozusagen auszulutschen. »Gut gekaut, halb verdaut« beweist heute die Wissenschaft: Kauen und Einspeicheln ist die Verdauung, die bereits im Mund beginnt.

Die Heilwirkung

Die Indianer Nordamerikas wußten, daß sie mit den Wurzeln und Blättchen der Pflanze Wunden heilen konnten.
Heute finden wir den ausgereiften Samen in homöopathischen Tinkturen. Sie wird gegen Verstopfung verabreicht und in Wundsalben gemischt.

Inhaltsstoffe

28 % Eiweiß
40 % Öl, mit hohem Anteil an ungesättigten Fettsäuren
0,42 % Lecithin
ätherische Öle, Inosit, Biotin, Cholin, Phytosterine, Betain
Enzyme

Vom Samen zum Sonnenblumenschößling

Anbaumethode: in Erde oder im Hydrogerät
Einweichzeit: 12 Stunden
Temperatur: ca. 21 Grad
Wässern (Besprenkeln): 4mal täglich
Ernte: nach 12 Tagen
Höhe des Schößlings: ca. 8 cm
Ertrag: 4 EL Sonnenblumenkerne auf einem Teller (20 cm Ø) oder im Hydrogerät ergeben ca. 3 Tassen Schößlinge. Ein Tablett, 33 × 20 cm, mit 1 ½ Tassen Sonnenblumenkernen ergibt 6 Tassen Sonnenblumengrün.

Ratschläge für den Sonnenkrautgärtner

In Erde oder über Wasser schwebend, wächst der Sonnenblumenkern nach einer geruhsamen Auskeimung prächtig. Ich kam während der ersten Entwicklungstage zu unterschiedlichen Auskeimungsergebnissen. Ich warte grundsätzlich, bis die Wurzeln ca. 2 cm lang sind, damit sie den Weg ins Wasser finden und sich alleine versorgen können. Wohlige Wärme und Feuchtigkeit muß die feinen Wurzeln bis zur Selbstversorgung schützen. Wir ernten die kleinen Pflanzen nach 12 Tagen. Die Schößlinge tragen ihre gestreiften Samenhülsen auf den grünen Blättchen. Sie werden abgeknipst oder fallen ab, wenn wir sie in lauwarmes Wasser tunken. Gerade im Winter braucht die Sonnenblume wohldosiertes künstliches Licht, damit sie ihren vollen Geschmack entwickeln kann.

Sonnenblumengrün in der Küche

Aus den ungeschälten Kernen — sie sind weiß oder schwarzweiß gestreift — wächst der Sonnenblumenschößling. Eine grüne kleine Fettpflanze, die nach mildem Sonnenschein und lieblicher Nuß schmeckt. Das Sonnenblumengrün vermählt sich mit leichten Saucen zu einem unbeschreiblichen Salat. Der Genuß des Sonnenblumengrüns weckt eine absolut *neue* sinnliche Erfahrung und stärkt.

Möhrensuppe im grünen Grund

1 l Basissuppe (Gemüsefond) · 2 Möhren, geraspelt
¼ Knolle Sellerie, geraspelt · 2 EL Butter
1 EL Honig · 1 kleine Zwiebel, sehr fein gehackt
2 Äpfel, gerieben · 1 Töpfchen Crème fraîche
2 EL Senfsprossen
2 Handvoll Sonnenblumenschößlinge
Meersalz (ein Hauch)

Die Möhrenstückchen und die Sellerieteile in der Grundbrühe angaren und anschließend im Mixer pürieren.
Die feingehackte Zwiebel in der Butter und im Honig glasieren und garen, leicht salzen. Alle Zutaten in einen Topf füllen. Die geriebenen Äpfel zufügen und alles sanft erwärmen.
Die Crème fraîche mit den Senfsprossen vermischen.

Wir füllen die Suppe in Schalen, die wir vorher mit dem Sonnen-blumengrün ausgelegt haben. Über dieses Gericht geben wir die Crème fraîche, die mit den Senfsprossen gewürzt wurde.

Schelmensuppe

1 Tasse Sonnenblumensprossen
1 Tasse Buchweizensprossen · 2 kleine Köpfe Salat
30 g Butter · 1 l heißes Wasser oder Gemüsefond
3 EL Zitronensaft
1 Hauch Salz, frischgemahlener Pfeffer
2 Eigelb, leicht verquirlt

Das Sonnenblumengrün mit den Salatblättern ganz sanft in Butter schwenken (nicht länger als 3 Minuten). Die Buchweizen-sprossen hinzufügen. Dann gießen wir vom Rand her das vorge-wärmte Wasser über das Grün. Wir lassen alles kurz aufkochen und würzen mit Zitrone, Pfeffer und Salz. Das Eigelb in der Sup-pe verrühren.

Ihre Freunde werden Ihre Suppe mit Behagen auslöffeln — aus *einem* Topf.

Salat »La Lune«

---

1 Tasse Sonnenblumengrün

---

*1 Tasse Champignons, in sehr feine Scheiben
geschnitten*

---

3 EL Weizenkeime

---

1 Schalotte, fein gehackt und in wenig Butter gedünstet

---

1 Tasse Krabbenfleisch

---

1 EL Zitrone zum Übergießen der Champignons

---

2 EL Kresse

SAUCE:

---

1 halbe Avocado, sehr reif und mit der Gabel püriert

---

1 Eiweiß, zu Schnee geschlagen

---

1 Prise Meersalz und 1 Hauch Knoblauch, frisch gepreßt

---

2 EL Sonnenblumenöl · 1 Hauch Cherryessig

---

3 EL Rettichgrün

Die Champignons mit dem Zitronensaft übergießen.
Alle Salatzutaten in eine Glasschüssel schichten. Die Zwiebelchen werden warm unter den Salat gezogen. Den Salat mit der Kresse garnieren.

Salatsauce
Das Avocadopüree mit dem Eischnee zu einer weichen Masse rühren.
Die übrigen Saucenzutaten in einer gesonderten kleinen Schale verrühren und dann in die Avocadoschaummasse mischen. Wir gießen die Sauce über den Salat, damit sich die Ingredienzen verbinden können.

Hommage an den Sämann

---

4 Tassen Rotkohl, sehr fein geraspelt · 2 EL Öl

---

2 Tassen Sonnenblumengrün

---

2 kleine Äpfel, gerieben

---

1 Zwiebel, sehr fein in kleine Kuben geschnitten

SAUCE:

---

2 EL Öl, kalt gepreßt · 1 EL Limonensaft

---

1 Hauch Meersalz · 1 Prise Pfeffer, frisch gemahlen

---

1 TL Honig

---

2 EL Sesamkörner, in der Pfanne leicht gebräunt

In einer schweren und daher sicher stehenden Keramikschüssel stampfen wir mit einem Holzstößel den Kohl im Öl, damit er geschmeidig wird. Die fehlenden Salatzutaten untermischen.
Für die Sauce alle Zutaten in einer kleinen Glasschale, mit dem Öl beginnend, innig miteinander vermischen.
Wir bestreuen den Salat mit den pikanten Sesamkörnern.

Vollkornspaghetti »a la sole verde«

---

500 g Vollkornspaghetti · Salz

---

3 EL Olivenöl, kalt gepreßt · 2 Zehen Knoblauch

---

1 Prise Paprikapulver · 1 Prise Salz

---

4 Tassen Sonnenblumengrün

---

100 g Parmesan, frisch gerieben

Die Nudeln in einem großen Topf (3 bis 4 l) kochen.
Der Knoblauch wird in einer kleinen Kasserolle im Öl angekrustet. Mit einer Gabel ausdrücken und braune Reste aus dem Öl nehmen. Nun würzen und für einige Sekunden das Sonnenblu-

mengrün ins heiße Fett geben. Dieser Vorgang muß blitzschnell geschehen, damit die Sonnenblumen nicht verderben.

Die Nudeln werden nach ca. 10 Minuten abgegossen und mit dem Grün gut vermischt. Auf vorgewärmten Tellern servieren.

Mit Parmesan bestreut ist dies ein köstliches Gericht!

Hafergeknusper aus dem Backofen

125 g Haferflocken · 1 Tasse Weizensprossen
$^1/_2$ Tasse geschälte und halbierte Mandeln
1 EL Rosinen · $^1/_2$ Tasse Sonnenblumenkerne
1 Prise Salz
HONIGMISCHUNG:
4 EL Honig · 2 Tassen Wasser, gefiltert
$^1/_2$ Schote Vanillemark
2 EL Sesamöl oder 2 EL Sonnenblumenöl
2 Tassen Sonnenblumengrün · $^1/_2$ l heiße Milch

Wir heizen den Backofen auf 200 Grad vor.

Die erstgenannten Zutaten werden einschließlich des Salzes vermischt.

Die folgenden Zutaten werden, mit dem Honig beginnend, verrührt.

Die Haferflockenmischung auf ein gefettetes Backblech geben und 15 Minuten im Ofen überkrusten.

Die Honigmischung wird auf die heißen Haferflocken getröpfelt und für weitere 15 Minuten eingebacken.

Die Haferflockenkrusteln nun aus dem Ofen nehmen.

Wir verteilen das Sonnenblumengrün in 4 Schalen, geben das Hafergeknusper darüber und füllen mit heißer Milch auf.

Weizen

Wenn von Weizen die Rede ist, heißt es oft: ein Lebensmittel wurde »geboren«, denn dadurch veränderte sich die Daseinsform des Jägers, Fischers und Sammlers, die allmählich ihr Nomadenleben zugunsten der Seßhaftigkeit aufgaben. Das »Gold der Zivilisation«, das »Amelkorn«, brachte Reichtum und Kultur an Euphrat und Tigris. Urahnen des Weizens sind Gräser. Mit seinen nachfolgenden Stufen, wie wilder Einkornweizen, Einkorn und wilder Emmerweizen, begründeten die Altkulturen ihre ersten Schritte in die Zivilisation. Noch viele weitere Stufen führen bis zu jenem Weizen, von dem heute fast die Hälfte der Weltbevölkerung lebt.

In Frühjahrszeremonien stand die Opfergabe von Weizen im Vordergrund, bezeugt durch die Göttinnen der Fruchtbarkeit, Isis und Demeter, auf vorchristlichen Wandbildern. In China verweisen die Spuren des Weizens sogar auf das Jahr 2000 v. Chr. zurück.

Und eine tibetanische Sage erzählt, daß der Mensch erst durch Getreide seine Wandlung vom Affen (Primaten) zum Menschen nahm.

> *»Als Staatsmann ist nur qualifiziert, wer sich auf die Fragen des Weizens versteht.«*
>
> SOKRATES

Es mag uns berühren, daß es immer noch vereinzelt die archaische Anbauweise des Weizens mit einem hölzernen Pflug gibt, wie vor 4000 Jahren. Dem steht heute eine industriell ausgerichtete Monokultur einiger reicher Länder gegenüber, die auf unermeßlich großen Feldern Weizen produzieren. Er geht zu einem großen Teil in fremde Länder und tritt dort an die Stelle einst heimischer Lebensmittel. Die Abkehr vom regional typischen Anbau zugunsten einer weltumspannenden Weizenpolitik hat zu einer Polarisierung der Welternährung geführt. Die Importierenden sind in die Abhängigkeit der produzierenden Länder geraten. Der Weizen ist zum Werkzeug politischer Macht herangewachsen.

Der aus Gräsern gezüchtete Weizen ist über Jahrtausende durch planerische Auslese zu den heutigen Sorten entwickelt worden. Aber er hatte bis vor 20 Jahren noch eine Vielfalt, die auf lokale

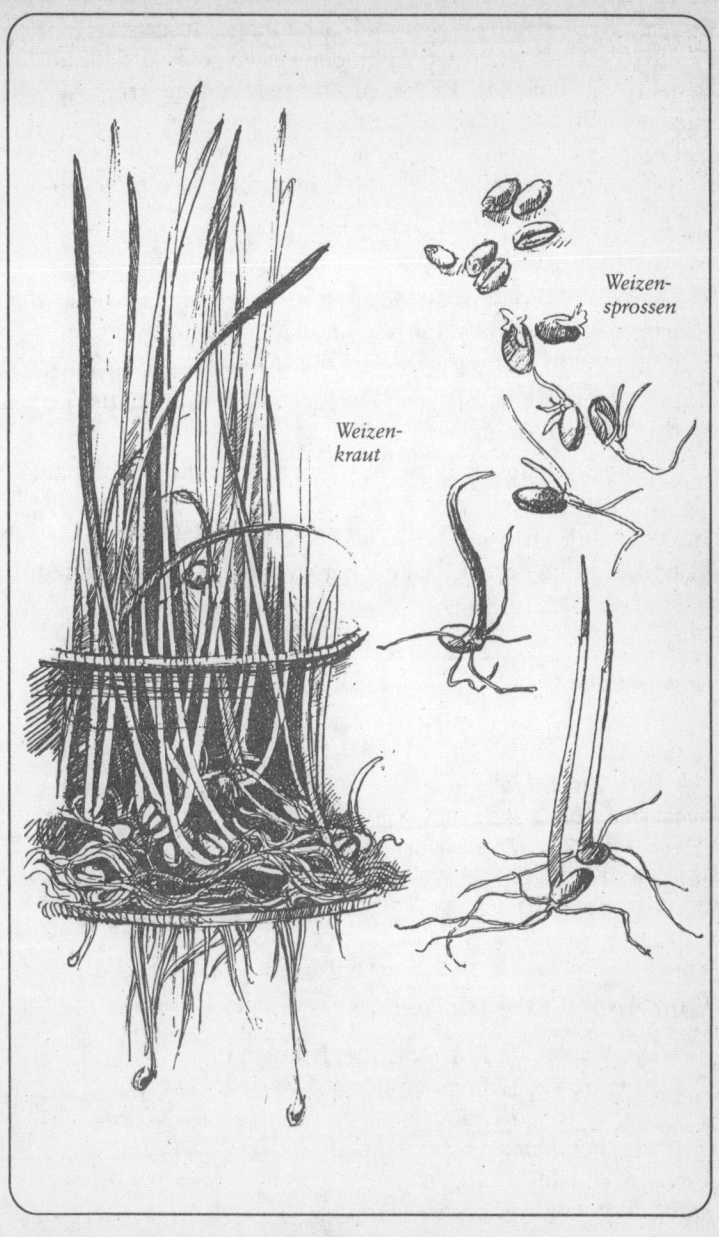

Weizen-
kraut

Weizen-
sprossen

Böden, Wetterbedingungen und Schädlinge ausgerichtet war. Heute werden überzüchtete Hybridenweizen gesät, die auf höchsten Ertrag, schnelles Wachstum und maschinelle Ernte, sprich kurzen Halm hin gezüchtet sind. Sie haben eine viel geringere Nahrungsquelle, diese Wundersorten der sogenannten »grünen Revolutionen« der 60er und 70er Jahre. Sie entpuppen sich als Bumerang:

1. die Erträge gehen zurück,

2. die neuen Weizensorten wachsen nur noch in der teuren Abhängigkeit von Kunstdüngern und Pflanzenschutzmitteln.

3. Eine Unzahl von wichtigen Weizensorten für neue Kreuzungen sind verlorengegangen. Die Folge sind Monokultur, genetische Gleichförmigkeit.

4. Unsere Erde, unsere Umwelt, werden durch die Überdüngung verseucht.

5. Die Nährkraft des Weizens wird durch forciertes Wachstum und zu frühe Ernten (keine Sonnenvollreife) bedenklich reduziert.

Inhaltsstoffe

11,7 % Protein
2,0 % Fett
69,3 % Kohlenhydrate
Vitamin B_2, B_5, C und sehr viel E
Eisen, Phosphor, Magnesium und Zink
Enzyme, Hormone

Vom Samen zum Weizengras

Anbaumethode: auf Erde oder im Hydrogerät
Einweichzeit: ca. 12 Stunden
Temperatur: ca. 21 Grad
Wässern (Besprenkeln): 2mal täglich
Ernte: nach 8 bis 12 Tagen
Höhe des Schößlings: ca. 8—10 cm

Ertrag: Bei einem Tablett, 33 × 20 cm, benötigen wir 1 ½ Tassen Weizen und ernten ca. 5 bis 6 Hände voll Weizengrün. Bei einem Teller (20 cm ∅) oder im Hydrogerät benötigen wir ½ Tasse Weizen und ernten 1 ½ Tassen Grün.

Anmerkungen für den Weizengrasgärtner

Weizenkörner, die in der Erde wachsen sollen, werden nur über Nacht geweicht und dann ins feuchte Erdbett gelegt. Bei der Anzucht ohne Erde lassen wir die Körner 3 Tage keimen, bevor wir sie im Hydrogerät weiterzüchten. Weizengras wird nicht mit der Wurzel gegessen.

Getreidegrünkraut kann nicht nur aus Weizen, sondern auch aus Gerste (bitter) und Roggen (herb) gezüchtet werden. Nach Kulvinskas ist jedoch keines dem Weizen vorzuziehen.

Inhaltsstoffe des Weizengrüns

Mit einem Chlorophyllanteil von 70 % haben wir im Weizengrün den höchsten Heilwert. Weizen nimmt 92 von 102 bekannten Mineralien aus dem Boden und ist extrem reich an Protein.

Protein mit allen essentiellen Aminosäuren

alle Vitamine, besonders A, C, B und E

alle 8 essentiellen Enzyme (die bisher bekannt sind), Calcium, Phosphor, Magnesium, Schwefel, Kobalt, Zink, Kalium, Natrium

Hormone

Heilwert

Im Hippocrates Health-Institute in Boston, Mass., USA, experimentiert Dr. Ann Wigmore seit über dreißig Jahren mit Chlorophyllsaft aus Weizen. In ihrer Therapie heilt sie sogenannte Zivilisationskrankheiten mit Weizensaft. Er wird oral und anal verabreicht.

Wegen der extrem reinigenden Wirkung wird Weizengrassaft erst in sehr kleinen Portionen, immer ½ Stunde vor dem Essen getrunken. Wir beginnen mit 2 TL und steigern bis zu einem halben Wasserglas: Der Saft kann mit gefiltertem Wasser (oder Gemüsesäften) verdünnt werden. Seine reinigende Kraft ist schnell durch die Ausscheidungen über Haut und Darm zu spüren. Weizengras-saft hat einen sehr strengen Geruch. Für den einen ist er der Zauber des frischen sommerlichen Grasschnittes, für den anderen einfach äußerst fremd. Lernen wir diesen Geruch zu akzeptieren und mit ihm den Geschmack. Der Saft muß immer frisch gepreßt sein, um möglichst intensiv zu wirken.

Leider gibt es in Deutschland noch keine Maschinen, die den Saft von den extrem harten Fasern trennen. Bleiben folgende Möglichkeiten:

1. Das Gras kauen und die Fasern ausspucken.

2. Mit einer gewöhnlichen Körnermühle oder mit einem Fleisch-wolf aus Edelstahl kann das Gras mit feiner Scheibe durchge-dreht und anschließend durch ein Sieb oder ein Tuch gedrückt werden.

3. Die Halme werden sehr fein geschnitten und mit einer adä-quaten Menge Wasser im Mixer zu Mus geschlagen und da-nach im Sieb oder im Tuch durchgeseiht.

4. Die Halme werden nur 8 Tage gezüchtet. Sehr fein geschnitten können sie als Würze verwendet werden.

5. Als letzter Versuch: Die Halme mit einer Schere winzig klein schnippeln und im Wasser sozusagen auslaugen lassen. Bei dieser Methode können jedoch luftempfindliche Inhaltsstoffe verloren gehen.

Merke: Weizengras nie auf dem Brett hacken. Der Saft fließt in die Unterlage.

Wer täglich Saft trinken möchte, muß sich mindestens mit einer Tellerportion, sie ergibt bei mir $\frac{1}{2}$ Glas, eindecken, d.h. man muß diese Menge täglich neu säen.
Im Weizensaft liegt die höchste Heilwirkung des Chlorophylls.

Zusammenfassung meiner eigenen Erfahrungen:

Chlorophyll reinigt den Darm und regelt die Verdauung.
Chlorophyll heilt Allergien.
Chlorophyll vitalisiert, regeneriert und fördert die Konzentration.
Chlorophyll verbessert die Beschaffenheit unserer Haut (Falten, Unreinheiten).
Chlorophyll heilt Entzündungen.
Chlorophyll festigt das Zahnfleisch.
Chlorophyll hemmt Schuppen, auch äußerlich angewendet.
Chlorophyll heilt Halsschmerzen.
Chlorophyll beschleunigt die Heilung von Verbrennungen und Schnittwunden (äußerlich).
Chlorophyll verhindert schlechten Mundgeruch.
Chlorophyll hemmt schlechten Körpergeruch.
Chlorophyll verscheucht Kopfschmerz und Kater durch seine kreislaufanregende Wirkung.
Chlorophyll hat Einfluß auf Gedächtnis und Kreativität.
Chlorophyll ist das ideale Schönheitsmittel.

»Chlorophyll wird im kommenden erleuchteten Zeitalter das Hauptprotein sein. Im frisch zubereiteten Getränk enthält es synthetisierten Sonnenschein und den für die Wiederbelebung des Körpers so erforderlichen elektrischen Strom und es wird Teile des Gehirns erschließen, von denen der Mensch noch nichts weiß.«

ANN WIGMORE

Weizengrün in der Küche

Weizengrün bildet das Blut neu, regeneriert und verjüngt. Nach Forschungen von Dr. Ann Wigmore und Viktoras Kulvinskas gilt Weizengras als komplette Nahrung. Sehr fein geschnitten, nach einer Ernte von 8 Tagen, ist Weizengras Würze für Salate. Oder wir trinken es nach 12 Tagen als Saft. Wer Grassaft trinkt (»wir beißen nicht ins Gras dabei«), nimmt eines der ungewöhnlichsten Heilmittel unserer Zeit zu sich. Sein voller Wert ist in Europa, im Gegensatz zu den USA, noch nicht so bekannt.

Glück und Gras, wie leicht wächst das!

Quellennachweis

I. Bücher zur Ernährung

Dr. M. O. Bruker
»Gesund durch richtiges Essen«
Econ-Verlag

Prof. Dr. W. Kollath
»Getreide und Mensch — eine Lebensgemeinschaft«
Helfer Verlag

Prof. Dr. W. Kollath
»Die Ordnung unserer Nahrung«
Haug-Verlag

Dr. Udo Renzenbrink
»Zeitgemäße Getreideernährung«
Rudolf Geering Verlag

Rudolf Steiner
»Naturgrundlagen der Ernährung«
Verlag Freies Geistesleben

Francis Moore-Lappé
»Die Öko-Diät«
Fischer-Verlag

II. Bücher zur Sprossenzucht

Viktoras Kulvinskas
»Leben und Überleben — Kursbuch ins 21. Jahrhundert«
F. Hirthammer Verlag

D. A. Phillips
»Gesunder Boden — gesunde Seele«
Aurum Verlag

Dr. Ann Wigmore
»You Are Your Own Healer«
Eigenverlag: Boston, Mass. 02116, USA, Exeterstreet

Eydie Mae
»How I Conquered Cancer Naturally«
Production House, 4307 North Euclid Avenue,
San Diego, Ca. 92115, USA

Karen Cross Whyte
»The Complete Sprouting Cookbook«
Troubador Press, San Francisco

Claude Aubert
»Das große Buch der biologischen gesunden Ernährung«
Pietsch Verlag

»Leben in Findhorn«
Modelle einer Welt von morgen
Hermann Bauer Verlag

III. Bücher zu den 12-Tage-Kräutern

Viktoras Kulvinskas
»Leben und Überleben — Kursbuch ins 21. Jahrhundert«
F. Hirthammer Verlag

Dr. Ann Wigmore
»You Are Your Own Healer«
Eigenverlag: Boston, Mass. 02116, USA, Exeterstreet

Stephan Blauer
»Rejuvenation«
Eigenverlag wie Nr. 2

»Love your body«
OMango D'Press
Rte 171, POB 64, Woodstock Valley, CT 06282, USA

From Living Plant Life
Bernhard Jensen
BiWorld Publishers Inc.
P.O. Box 62 Provo, Utah 84601, USA

Hans P. Rusch
»Naturwissenschaften von Morgen« (vergriffen)

Jean-Marie Pelt
»Pflanzenmedizin«
Econ-Verlag

H. E. Kirschner, M. D.
»Natures Healing Grasses«
H. C. White Publications
P.O. Box 8014, Riverside, California 92505, USA

Hildegard von Bingen
»Heilkunde«
Otto Müller Verlag, Salzburg

»Leben in Findhorn«
Modelle einer Welt von Morgen
Hermann Bauer Verlag

W. Ostertag
»Lebende Makromoleküle«
Humata Verlag

Alphabetisches Rezeptregister

Rezeptregister nach Sachgruppen

KEIME

KLEINE SAMEN

GETREIDE- UND SONNEN-
BLUMENSPROSSEN

SPROSSEN VON »WEICHEN«
HÜLSENFRÜCHTEN

SPROSSEN VON »HARTEN«
HÜLSENFRÜCHTEN

Persönliche Anmerkungen:

_____

_____

_____

_____

_____

_____

_____

_____

_____

_____

_____

_____

_____

_____

Persönliche Anmerkungen:

_____

_____

_____

_____

_____

_____

_____

_____

_____

_____

_____

_____

_____

Persönliche Anmerkungen:

_____

_____

_____

_____

_____

_____

_____

_____

_____

_____

_____

_____

_____